Adolescence
as a Node

高坂康雅 編
Yasumasa Kosaka

ノードとしての青年期

ナカニシヤ出版

はじめに

　かつて青年期は「疾風怒濤」と表現されていた。近年では，「青年期平穏説」が唱えられるなど，以前ほどの慌ただしさは感じられないようであるが，現在も青年期の慌ただしさは変わらないように感じられる。急激な身体の変化，中学・高校と目まぐるしく変わる環境，親子関係，クラスメイトや友人，先輩・後輩，教師など学校内の対人関係でなく，共通の趣味を楽しむ仲間や恋人，アルバイト・ボランティア先の人，インターネット上で交流のある人など，青年を取り巻く対人関係はどんどん広がり，そして多様になっていく。青年が生きる時代も重要である。社会は日々変化し，テクノロジーはますます進化を続け，多様な文化・流行が生まれては廃れていく。これらは青年に影響を与え，また青年が文化や流行，そして時代を作り出すこともある。そのような中で，青年はアイデンティティ形成に代表される大きな心理的な動きの渦中にある。悩み，不安，劣等感，希望，充実感，自尊感情など，青年に特徴的な感情は，今も多くの青年が抱いている。

　このような青年期，そしてそれを生きる青年を理解するために青年心理学は生まれ，発展してきた。（生涯）発達心理学の一時期を扱っているにもかかわらず，青年心理学は他の発達段階を扱う心理学とは異なる，独自の発展を遂げてきた。その根幹は，青年の発達の機序を理解し，その過程で生じる問題行動に対する支援・教育に関する知見を得ることである。Hall が 1904 年に『Adolescence』（日本訳『青年期の心理』は 1910 年）を著してから 100 年以上が経ち，青年や青年期に関する知見は着実に蓄積されてきている。

　改めて青年期を考えると，発達の一時期であり，多くの青年が教育を受けている時期である。発達的・教育的・臨床的な問題も起こりやすく，時代・文化・社会・流行などの影響を敏感に受ける時期である。このことは，Hall が『Adolescence』を著したときから変わることはない。青年期とは，様々な学問・領域・分野が複層的に取り組むことができる（あるいは，取り組むべき）時期であり，それらが結び付くことで，より一層青年期や青年を理解すること

ができると考えられる。いわば，青年期は様々な学問・領域・分野の「ノード（結節点）」なのである。

　本書では，青年期が多様な領域などの「ノード（結節点）」であることを，改めて強く認識してもらい，青年心理学を含む青年研究・青年期研究を行っている研究者だけではなく，近隣領域の研究者が青年研究・青年期研究に携わったり参入するきっかけになることを意図して企画されたものである。また，大学生などの読者に対しては，青年期や青年は発達的な観点やアプローチだけではなく，様々な観点やアプローチによって理解され得るものであることを知ってもらうとともに，尺度への回答を含めて，自分自身という青年を多面的・多角的に理解してもらうことを願っている。

＊　　　＊　　　＊

　本書は，青年心理学で扱う主要な 12 のテーマを取り上げた。また，それぞれのテーマについて，7 つのフィールドを設けている。「1. 知る」は定義や主要な理論などを紹介する概説である。「2. 変わる」は青年期を中心とした発達的変化を取り上げている。「3. 比べる」は日本の青年と海外の青年とを比較検討している調査結果を紹介している。「4. 取り巻く」は青年に影響を及ぼす社会的・時代的な影響について論じている。「5. 陥る」は青年の不適応やダークサイドについて紹介している。「6. 支える」は青年に対する教育実践や臨床的支援について実例も含めて説明している。「7. 測る」はそれぞれのテーマに関する主要な尺度について紹介しており，そのまま回答もできる形となっている。

　12 のテーマについて 7 つのフィールドが設けられているため，本書は 84 の項目で構成されている。それぞれが見開き 1 ページであるため，十分な情報量とはいい難く，ここから関心のあるキーワードなどについて調べて，理解を深めていただければと思う。また，ページ順としてはテーマごとに並べてあるが，例えば文化比較に関心のある者は「3. 比べる」を通して読んでいただければと思う。テーマごとに読む場合と，フィールドごとに読む場合とで，また青年期・青年のみえ方も変わってくるであろう。

目 次

はじめに　*i*

A 身体と性 ——————————————— 1

- A-1 思春期の身体的変化と性　2　　　　　　　　　　　（知る）
- A-2 思春期を通した身体と性の成熟　4　　　　　　　　（変わる）
- A-3 海外における思春期・青年期の身体的変化　6　　　（比べる）
- A-4 身体的変化の世代差と個人差　8　　　　　　　　　（取り巻く）
- A-5 身体と性にまつわる落とし穴　10　　　　　　　　（陥る）
- A-6 性について教えるというリスク　12　　　　　　　（支える）
- A-7 性別受容性尺度　14　　　　　　　　　　　　　　（測る）

B 認知・感情 ——————————————— 19

- B-1 青年期における認知と感情の特徴　20　　　　　　（知る）
- B-2 青年期における認知と感情の発達　22　　　　　　（変わる）
- B-3 日本と海外における青年の認知と感情　24　　　　（比べる）
- B-4 青年の感情に及ぼす社会的な動向・変化　26　　　（取り巻く）
- B-5 青年期における劣等感　28　　　　　　　　　　　（陥る）
- B-6 認知・感情に関わる臨床・教育実践　30　　　　　（支える）
- B-7 成人用認知・感情共感性尺度（CEES-A）　32　　（測る）

C 自己意識 ——————————————— 37

- C-1 青年期における自己意識の特徴　38　　　　　　　（知る）
- C-2 青年期を通した自己意識の発達　40　　　　　　　（変わる）
- C-3 日本の自己意識と欧米の自己意識　42　　　　　　（比べる）
- C-4 青年の自己意識に及ぼす社会的な動向・変化　44　（取り巻く）
- C-5 自己の中のズレ　46　　　　　　　　　　　　　　（陥る）
- C-6 自己意識に関わる臨床・教育実践　48　　　　　　（支える）
- C-7 自己意識傾向尺度　50　　　　　　　　　　　　　（測る）

D アイデンティティ ——————————————— 55

- D-1 アイデンティティ　56　　　　　　　　　　　　　（知る）
- D-2 青年期を通したアイデンティティ発達　58　　　　（変わる）
- D-3 海外におけるアイデンティティ研究の動向　60　　（比べる）
- D-4 アイデンティティ発達に及ぼす社会的な動向・変化　62　（取り巻く）

D-5	アイデンティティ拡散と否定的アイデンティティ　64		（陥る）
D-6	アイデンティティ発達に関わる臨床・教育実践　66		（支える）
D-7	多次元アイデンティティ発達尺度日本語版（DIDS-J）　68		（測る）

E 親子関係 ──────────────────────────── 73

E-1	青年期における親子関係の特徴　74	（知る）
E-2	青年期を通した親子関係の変化　76	（変わる）
E-3	青年の自律性と親の権威における文化差　78	（比べる）
E-4	青年期の親子関係を取り巻く社会的問題　80	（取り巻く）
E-5	親子間の葛藤（反抗期）　82	（陥る）
E-6	ひきこもりの子をもつ家族への支援　84	（支える）
E-7	親子関係における精神的自立尺度　86	（測る）

F 友人関係 ──────────────────────────── 91

F-1	青年期における友人関係の特徴　92	（知る）
F-2	青年期を通じた友人関係の変化　94	（変わる）
F-3	日本の青年と海外の青年の友人関係　96	（比べる）
F-4	友人関係の希薄化と切り替え　98	（取り巻く）
F-5	同調圧力（ピア・プレッシャー）と友人関係　100	（陥る）
F-6	仲間づくりを支えるグループワーク　102	（支える）
F-7	友人関係への動機づけ尺度　104	（測る）

G 恋愛関係 ──────────────────────────── 109

G-1	青年期における恋愛関係の現状とプロセス　110	（知る）
G-2	青年期における恋愛の特徴とその後の変化　112	（変わる）
G-3	恋愛の「文化差」とそのメカニズム　114	（比べる）
G-4	恋愛・性・結婚に対する意識と行動の変化　116	（取り巻く）
G-5	失恋がもたらす影響　118	（陥る）
G-6	デートDV　120	（支える）
G-7	恋愛様相尺度（SIML）　122	（測る）

H 教師 – 生徒関係 ─────────────────────── 127

H-1	教師と生徒との関係　128	（知る）
H-2	青年期における教師と生徒の関係の変化　130	（変わる）
H-3	日本の青年と海外の青年の教師 – 生徒関係の差異　132	（比べる）
H-4	教師の関わり方の時代的変化と社会的要請　134	（取り巻く）
H-5	多忙化する生徒と教師　136	（陥る）
H-6	不登校に対する支援　138	（支える）
H-7	生徒の教師に対する信頼感尺度　140	（測る）

I 時間的展望 ——————————————————— 143

- I-1　時間的展望　144　　　　　　　　　　　　　　　　　（知る）
- I-2　時間的展望の発達　146　　　　　　　　　　　　　　（変わる）
- I-3　海外における時間的展望研究の動向　148　　　　　　（比べる）
- I-4　時間的展望と社会的動向　150　　　　　　　　　　　（取り巻く）
- I-5　時間的展望の拡散（希望を見出せない青年）　152　　（陥る）
- I-6　時間的展望に関する臨床・教育実践　154　　　　　　（支える）
- I-7　日本語版青年時間的態度尺度　156　　　　　　　　　（測る）

J キャリア ——————————————————— 161

- J-1　青年期におけるキャリアの特徴　162　　　　　　　　（知る）
- J-2　青年期を通したキャリア発達　164　　　　　　　　　（変わる）
- J-3　日本の青年と海外の青年のキャリアの差異　166　　　（比べる）
- J-4　環境移行とキャリア　168　　　　　　　　　　　　　（取り巻く）
- J-5　進路未決定と若年無業者　170　　　　　　　　　　　（陥る）
- J-6　キャリア教育の実際　172　　　　　　　　　　　　　（支える）
- J-7　キャリア探索尺度（ISCEI）　174　　　　　　　　　　（測る）

K 社会参加 ——————————————————— 179

- K-1　青年期における社会参加の特徴　180　　　　　　　　（知る）
- K-2　青年期を通した社会参加の変化　182　　　　　　　　（変わる）
- K-3　日本の青年と海外の青年の社会参加の差異　184　　　（比べる）
- K-4　青年の社会参加の促進・抑制要因　186　　　　　　　（取り巻く）
- K-5　青年期における反社会的行動とリスク行動　188　　　（陥る）
- K-6　シティズンシップ教育　190　　　　　　　　　　　　（支える）
- K-7　大学生の地域社会への責任感尺度　192　　　　　　　（測る）

L 生き方と生きがい ——————————————— 197

- L-1　生き方と生きがい　198　　　　　　　　　　　　　　（知る）
- L-2　青年期を通した生き方の変化　200　　　　　　　　　（変わる）
- L-3　日本の青年と海外の青年の価値観の違い　202　　　　（比べる）
- L-4　青年の生き方に影響を及ぼす要因　204　　　　　　　（取り巻く）
- L-5　青年期の無気力と非社会的行動　206　　　　　　　　（陥る）
- L-6　青年に対するカウンセリング　208　　　　　　　　　（支える）
- L-7　生きる意味への問い経験尺度　210　　　　　　　　　（測る）

おわりに　215
索　引　217

本書の構成

フィールド		概説 1. 知る 定義や理論について解説する。	発達 2. 変わる 発達的変化について説明する。	比較文化 3. 比べる 海外の知見や日本との差異を紹介する。	社会 4. 取り巻く 社会的な動向・変化とその影響を説明する。	臨床 5. 陥る 不適応・ダークサイドについて紹介する。	実践 6. 支える 教育的・臨床的支援や実践について紹介する。	測定 7. 測る テーマに関連する尺度を紹介する。
対自	A. 身体と性	[A-1] 思春期の身体的変化と性	[A-2] 思春期を通した身体と性の成熟	[A-3] 海外における思春期・青年期の身体的変化	[A-4] 身体的変化の世代間差と個人差	[A-5] 身体と性にまつわる落とし穴	[A-6] 性について教えるというリスク	[A-7] 性別受容性尺度
	B. 認知・感情	[B-1] 青年期における認知と感情の特徴	[B-2] 青年期における認知と感情の発達	[B-3] 日本と海外における認知と感情の発達	[B-4] 青年期の感情に及ぼす社会的な動向・変化	[B-5] 青年期における劣等感	[B-6] 認知・感情に関わる臨床・教育実践	[B-7] 成人用認知・感情共感性尺度日本語版 (CEES-A)
	C. 自己意識	[C-1] 青年期における自己意識の特徴	[C-2] 青年期を通した自己意識の発達	[C-3] 日本の自己意識と欧米の自己意識	[C-4] 青年の自己意識に及ぼす社会的な動向・変化	[C-5] 自己の中のズレ	[C-6] 自己意識に関わる臨床・教育実践	[C-7] 自己意識傾向尺度
	D. アイデンティティ	[D-1] アイデンティティの特徴	[D-2] 青年期を通したアイデンティティ発達	[D-3] 海外におけるアイデンティティ研究の動向	[D-4] アイデンティティ発達に及ぼす社会的な動向・変化	[D-5] アイデンティティ拡散と否定的アイデンティティ	[D-6] アイデンティティ発達に関わる臨床・教育実践	[D-7] 多次元アイデンティティ発達尺度日本語版 (DIDS-J)
対他	E. 親子関係	[E-1] 青年期における親子関係の特徴	[E-2] 青年期を通した親子関係の変化	[E-3] 青年の自律性と親の権力における文化差	[E-4] 青年期の親子関係を取り巻く社会的問題	[E-5] 親子間の葛藤 (反抗期)	[E-6] ひときわりの子をもつ家族への支援	[E-7] 親子関係における精神的自立尺度

		[1]	[2]	[3]	[4]	[5]	[6]	[7]
対他	F. 友人関係	[F-1] 青年期における友人関係の特徴	[F-2] 青年期を通じた友人関係の変化	[F-3] 日本の青年と海外の青年の友人関係	[F-4] 友人関係の希薄化と切り替え	[F-5] 同調圧力(ピア・プレッシャー)と友人関係	[F-6] 仲間づくりを支えるグループ・ネットワーク	[F-7] 友人関係への動機づけ尺度
	G. 恋愛関係	[G-1] 青年期における恋愛関係の現状とプロセス	[G-2] 青年期における恋愛関係の特徴とその後の変化	[G-3] 恋愛の「文化差」とそのメカニズム	[G-4] 恋愛・性・結婚に対する意識と行動の変化	[G-5] 失恋がもたらす影響	[G-6] デートDV	[G-7] 恋愛様相尺度 (SIML)
	H. 教師-生徒関係	[H-1] 教師と生徒との関係	[H-2] 青年期における教師と生徒の関係の変化	[H-3] 日本と海外の教師の関わり方の時代的変化と社会的要請	[H-4] 教師の関わり方の時代的変化と社会的要請	[H-5] 多化する生徒と教師	[H-6] 不登校に対する支援	[H-7] 生徒の教師に対する信頼感尺度
時間	I. 時間的展望	[I-1] 時間的展望	[I-2] 時間的展望の発達	[I-3] 海外における時間的展望研究の動向	[I-4] 時間的展望と社会的動向	[I-5] 時間の展望の拡散(希望を見出せない青年)	[I-6] 時間的展望に関する臨床・教育実践	[I-7] 日本語版青年時間的態度尺度
	J. キャリア	[J-1] 青年期におけるキャリアの特徴	[J-2] 青年期を通したキャリア発達	[J-3] 日本の青年と海外の青年のキャリアの差異	[J-4] 環境移行とキャリア	[J-5] 進路未決定と若年無業者	[J-6] キャリア教育の実際	[J-7] キャリア探索尺度 (ISCEI)
	K. 社会参加	[K-1] 青年期における社会参加の特徴	[K-2] 青年期を通じた社会参加の変化	[K-3] 日本の青年と海外の青年の社会参加の差異	[K-4] 青年期の社会参加の促進・抑制要因	[K-5] 青年期における反社会的行動とリスク行動	[K-6] シティズンシップ教育	[K-7] 大学生の地域社会への責任感尺度
	L. 生き方と生きがい	[L-1] 生き方と生きがい	[L-2] 青年期を通じた生き方の変化	[L-3] 日本の青年と海外の青年の価値観の違い	[L-4] 青年期の生き方に影響を及ぼす要因	[L-5] 青年期の生き無気力と非社会的行動	[L-6] 青年に対するカウンセリング	[L-7] 生きる意味への問い経験尺度

コラム目次

1 青年とは誰か ……………………………………………………… 18
2 青年心理学の研究法 ……………………………………………… 36
3 青年期における環境移行 ………………………………………… 54
4 SNS時代を生きる青年 …………………………………………… 72
5 「今どきの若者は…」の裏側 …………………………………… 108
6 青年の援助とその課題 …………………………………………… 126
7 公認心理師と青年 ………………………………………………… 178

コラム引用文献　214

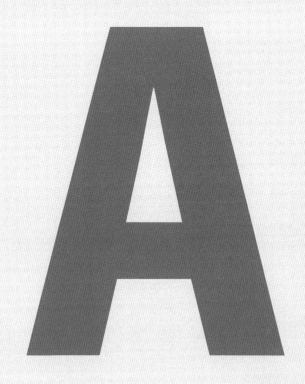

身体と性

　青年期は，思春期的な身体変化から始まります。この変化はどのように起こるのか，身体の変化に対して青年はどのように感じているのかを知ることは，青年を理解する重要な視点です。特に，「性」については，タブー視されることが多いですが，「性」には様々なリスクが伴い，ある程度の教育や支援も必要となります。自分が経験した身体の変化の過程やそのときの気分なども踏まえて，青年の「身体と性」について理解していきましょう。

A-1 思春期の身体的変化と性

★知る　　　　　　　　　　　　　　　　　　　　　　　　　　　　　　高坂康雅

　思春期は2次性徴の発現に始まり，成長ホルモンの分泌が収まる時期が思春期の終わりと考えられており（清水，2006），年齢的には10歳から18歳までを指すことが多いとされている。この時期の変化としては，成長ホルモンの分泌に伴う身長や体重の増加のような量的変化と，生殖能力の獲得などのような質的変化があげられる。

1. 思春期の量的変化

　生涯の中で，身長や体重の増加が最も大きい時期は，出生から生後2，3年の間であり，**第1発育急進期**と呼ばれている。0歳から1歳の1年間では，身長は約1.6倍，体重は約3倍にも増加する。この時期には及ばないが，10歳前後から数年間生じる身長や体重の増加の時期は，**第2発育急進期**（思春期のスパート）と呼ばれ，身長は年間5cmずつ，体重は年間5kgずつ，数年にわたって増加する（図A-1-1）。この第2発育急進期は，男子よりも女子の方が1～2年ほど早く生じ，そのため10歳の平均身長や平均体重は男子よりも女子の方が大きくなるが，11歳以降になると，いずれも男子の方が大きくなっていく。

　また，脳も思春期になると発達するが，脳そのものが大きくなるのではなく，

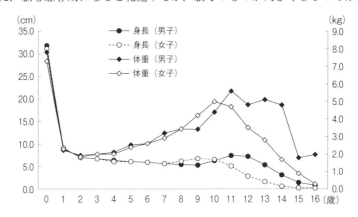

図A-1-1　男女別の身長・体重の年間発育量の推移（文部科学省，2017a；厚生労働省，2008より作成）
0歳から5歳までは厚生労働省（2008），6歳以降は文部科学省（2017a）による。例えば12歳の年間発育量とは，13歳の平均身長・体重から12歳の平均身長・体重を引いた値である。

神経回路の拡大と神経細胞ネットワークの再構築が行われる（保坂, 2010）。特に，論理や空間的推論をつかさどる頭頂葉，言語をつかさどる側頭葉，不適切な行動を抑制する前頭葉などが著しく発達することが明らかにされている。

2. 思春期の質的変化—2次性徴—

性徴とは，男女がそれぞれ示す性的な特徴のことであり，出生時の目にみえる男性器・女性器を **1次性徴** と呼ぶのに対し，思春期に起こる身体全体における性的な差異の現れを **2次性徴** と呼ぶ。この時期には，特に生殖器の発達や生殖能力の獲得が行われ，「生殖行動ができる身体」がつくられていく。

男性では男性ホルモン（テストステロン）が，女性では女性ホルモン（エストロゲンとプロゲステロン）が分泌され，2次性徴を促進する。具体的には，男性ではひげや体毛，性毛の発育，のどぼとけの発達による声変わり，肩幅の広がり，筋肉質な体型への変化，精通などが起こり，女性では乳房の発達，体毛や性毛の発育，皮下脂肪の沈着した丸みを帯びた体型への変化，月経などが生じる。

身長や体重の増大と同様，2次性徴の発現も男子よりも女子の方が1～2年早いことが明らかにされている。日本性教育協会（2013）の調査によると，男子の精通（初めての射精）経験率が50%を超えるのは13歳（62.5%）であるが，女子の初経経験率が50%を超えるのは12歳（61.8%）である（図A-1-2，図A-1-3）。

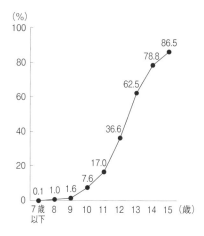

図 A-1-2　精通の累積経験率
（日本性教育協会, 2013 より作成）

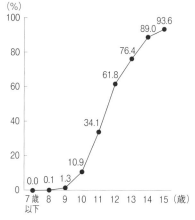

図 A-1-3　初経の累積経験率
（日本性教育協会, 2013 より作成）

A-2 思春期を通した身体と性の成熟
★変わる

高坂康雅

1. 性の成熟の順序性

2次性徴の発現にはある程度の順序性があり，一般的には，男子では，①男性器（陰茎・陰嚢・精巣）の発育，②性毛の発生，③声変わり，④精通という順で進み，女子では，①乳房の発育増大，②性毛の発生，③月経という順であるとされている。また，男子における男性器の発育や女子における乳房の発育増大は思春期に入ったことを示す指標とされている。Marshall & Tanner（1969, 1970）は男性器の発育や乳房の発育増大を5つの段階に分けたTanner段階を提唱し，いずれも2度になった時点で思春期の発来とみなしている（図A-2-1）。

タナー1度（思春期前）
陰茎
陰嚢　未発達
精巣
陰毛：なし

タナー2度
陰茎：ほとんど変化ない
陰嚢：肥大し始め，赤みを帯びる
精巣：肥大し始める
陰毛：まばら，長く柔らかい，ややカールする

タナー3度
陰茎：肥大がみられる
陰嚢：さらに大きくなる
精巣：さらに大きくなる
陰毛：色は濃く，硬くなり，カールする（写真に撮れるようになる）

タナー4度
陰茎：長く，太くなる，亀頭も肥大する
陰嚢：さらに大きくなり，色素沈着をみる
精巣：さらに大きくなる
陰毛：成人に近くなるが，まばらで大腿部までは及ばない

タナー5度
陰茎：成人様にまで成長
陰嚢：成人様にまで成長
精巣：成人様にまで成長
陰毛：濃く密生する　大腿部まで及ぶ

タナー1度（思春期前）
未発達で乳頭のみ突出

タナー2度
乳房がややふくらむ
乳輪が大きくなる

タナー3度
乳房はさらに大きく突出する

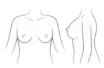
タナー4度
乳房肥大，乳輪と乳頭は乳房からさらに盛り上がってみえる

タナー5度
成人型となる　乳輪は後退するため乳頭のみ乳房から突出してみえる

図A-2-1　男性器（左）と女子の乳房のTanner段階（田中, 2008を参考に作成）

2. 身体と性の成熟の個人差

このように性の成熟には一般的な順序性が示されているが，その発現の開始や終了，その過程は個人差が大きい。例えば，女子の 10% 程度が 10 歳までに初経を経験している一方，14 歳以降になって初経を経験する者も 10% 以上いる。このような個人差は，男子の精通や女子の乳房の発育，身長や体重の増大などにもいえることである。

このような個人差は，それを経験する青年に戸惑いや不安を抱かせる。また，このような体や性の変化は，自分でコントロールすることができず，月経や男性器の勃起も本人の意のままにはならない。そのような自分の身体に対して「自分の身体は本当に自分のものなのか」という思いを抱く者もいる。

このような自分の身体や性に関する戸惑いや疑問は，自分の身体や性に対する受容感と関わってくる。上長（2006）によると，男女ともに「急激な身長の伸び」に対しては肯定的な反応（うれしかった）が多いことが示されている。また，男子では「筋肉がついてきた」ことに対しても肯定的な反応が多く，「声変わり」「発毛」「精通」に対しては「どちらともいえない」という反応が多かった。一方，女子では「発毛」「初潮」については 40% 以上が否定的な反応（いやだった）をしており，「皮下脂肪がついてきた」には 65% 以上が否定的な反応を示している。

身体や性の変化に対する反応の男女差を反映するかのように，自己の性に対する評価についても，女子の方が「女に生まれてよかった」と回答する割合が男子よりも低く，「反対ならよかった」と回答する割合は男子よりも高いことが示されている（東京都幼・小・中・高・心性教育研究会，2014; 図 A-2-2）。

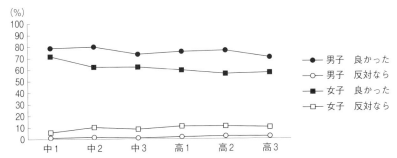

図 A-2-2　自身の性に対する評価の推移（東京都幼・小・中・高・心性教育研究会，2014 より作成）

A-3 海外における思春期・青年期の身体的変化
★比べる

池田幸恭

1. 日本と諸外国における身体的変化に関する状況

OECD（2009）による26ヶ国での20〜49歳の成人身長は，男性1位がオランダで181.7cm（男性平均176.9cm），女性1位がアイスランドで168.0cm（女性平均163.5cm）であった。日本では男性171.6cm，女性158.5cmで両方とも23位であり，国ごとに体格差のあることが示されている。Ricciardelli & McCabe（2001）は，日本，オランダ，アメリカなど8ヶ国の研究に基づき，今よりも痩せたいという女子は28〜55%，男子は17〜30%であり，今より身体を大きくしたいという女子は4〜18%，男子は13〜48%であることを報告している。

Coleman & Hendry（1999/2003）はヨーロッパを中心にした研究を概観し，1960年代以降に青年の性的行動に大きな変化があり，性行為を行う青年の増加と若年化が生じていることを指摘している。青年の性行動には，家族や友人に加えて，インターネットなどのメディアによる影響もみられる。

2. 身体活動の国際比較

日本を含む38ヶ国で，日常の**身体活動**およびその変動要因について共通の尺度で評価する国際比較が行われた（Tremblay et al., 2016; 田中, 2017）。表A-3-1は，日本を含む各国による評価を抜粋した結果である。

基本的設備が充実していない国において高い身体活動と低い座位行動が得られており，この背景には活動的な遊びがみられることや，移動や雑用の必要性が大きいことがあると考えられている（Tremblay et al., 2016）。

日本では平均評定よりも概ね高い等級となっているが，田中（2017）は文部科学省（2015）による調査報告で一週間の総運動時間の分布の幅が広いことなどから，身体活動の二極化がみられる可能性を指摘している。藤井ら（2006）も近年の児童生徒の運動とスポーツ実施状況には競技志向と非競技志向があることを論じており，青年の身体活動について運動不足と過剰な競技志向という両方の問題に留意する必要がある。

3. 身体的変化に関する教育を中心とした国際動向

思春期・青年期の身体的変化には，教育の影響もみられる。中澤（2014）は，

世界34の国と地域で青少年のスポーツがどこで行われているのかを「学校中心型」（日本，中国など5ヶ国），「学校・地域両方型」（カナダ，アメリカなど20ヶ国），「地域中心型」（ノルウェー，スウェーデンなど9ヶ国）に整理している。青少年スポーツの中心が学校の部活動にあり，大規模に成立している日本は，国際的には珍しいといえる。

また，年齢に適切で，科学的に正しく，文化的能力に相応し，人権，ジェンダー平等，セクシュアリティや快楽に対して肯定的なアプローチを基礎に置く**包括的性教育**を受ける権利が国際的に主張されている（田代, 2016）。「国際性教育ガイダンス」が包括的性教育推進のために開発され，具体的な教育内容を提示している。子どもたちが多くの時間を過ごし，持続的な学習の機会の保障や保護者，地域との連携ができる場として，学校での性教育の重要性が指摘されている。そこでは，LGBT（エル・ジー・ビー・ティー）が示すような多様な性を視野に入れた性教育が求められる。

思春期・青年期の身体的変化を理解する上では，日本と諸外国の比較にとどまらず，背景にある文化や教育環境の相違も合わせて理解する必要がある。

表 A-3-1　身体活動およびその変動要因に関する評価 （Tremblay et al., 2016；田中, 2017 より作成）

	身体活動	スポーツへの参加	活動的な遊び	活動的な移動手段	座位行動	家族と仲間	学校	地域社会と構築環境	政府戦略と投資	全指標の平均
日本	INC	C	INC	B	C	D	B	D	B	C
ナイジェリア	C	INC	C	B	F	INC	C-	INC	B	C
中国	F	F	D-	C-	F	B	B+	D+	D	C
韓国	D-	C-	INC	C+	F	INC	D	INC	C	C
オーストラリア	D-	B	INC	C-	D-	C+	B-	A-	D	C
オランダ	D	B	B	A	B	C	A	INC	C	B
アメリカ	D-	C-	INC	F	D-	INC	D+	B-	INC	C
ブラジル	C-	INC	INC	C+	D+	C+	INC	INC	D	C
38ヶ国平均	D	C	C	C	D	C	C	C	C	C

注）子どもおよび青少年が該当する割合について，大部分（81-100%）はA，半分以上（61-80%）はB，およそ半分（41-60%）はC，半分以下（21-40%）はD，僅か（0-20%）はFで評価されている。INC（Incomplete data）は，階級を評価するためのデータがないことを示す。

A-4 身体的変化の世代差と個人差
★取り巻く
池田幸恭

1. 身体的変化の世代差

身体的変化には時代や地域により差異のあることが知られており，このことは**発達加速現象**と呼ばれる。発達加速現象には，異なる世代間での発達速度の違いを指す「年間加速現象」と，同一世代でも地域や民族，階層などの発達速度の違いを指す「発達勾配現象」という2つの側面がある（図 A-4-1）。

前者の年間加速現象は，身長や体重などが世代の進むごとに増加する「成長加速現象」と，初経や精通の発現年齢が若年化する「成熟前傾現象」に分けられる。成長加速現象の例として，1890年から2017年にかけて日本の15歳男子の平均身長が152.1cmから168.2cmへと16.1cm増加し，15歳女子の平均身長が144.8cmから157.1cmへと12.3cm増加している（文部科学省，2017b）。成熟前傾現象の例として，日本の平均初経年齢が1961年で13歳2.6ヶ月であったのが2002年では12歳2.0ヶ月と41年間で12.6ヶ月の早期化が認められ，性の早熟化がみられる（日野林，2007）。近年では発達加速の停滞も報告されており，やがて加速も生物学的な限界に達すると考えられている。

発達加速現象は，青年期の開始を早め，児童期の短縮を促す要因の1つとなる。このことは，児童期での生活経験や2次性徴などによる身体的変化への心理的準備が不十分のまま青年期を迎えるという危険性にもつながる。

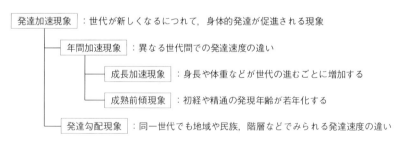

図 A-4-1　発達加速現象（澤田，1982 より作成）

2. 身体的変化の時代的背景

発達加速現象の原因としてタンパク質などの栄養説や居住地域など多くの仮説が提起されてきたが，単一の原因で説明することはできず，都市化による刺激の増大のように現代社会の変化全体を考慮する必要がある（日野林，2007）。

日本では1980年代に比べて，特に20代の女性で低体重（やせ）の割合が増え，男性で肥満の割合が増えている（図A-4-2）。この背景には，女性の「やせ」を礼賛するようなメディアによる影響やライフスタイルの変化があると考えられる。

過度の低体重による月経異常や肥満に伴う生活習慣病の危険性もある。2010年に比べて2015年には，20代の低体重の割合が小さくなっており，社会全体として青年の健康への関心が高まっている可能性も指摘できる。

3. 身体的変化による心理的影響

身体的変化による心理的影響は，単にホルモン分泌量の増加という生理的変化だけではなく，身体発育が起こる社会背景やタイミングも重要となる（上長，2007）。

多くの子どもたちに身体発育の発現がみられる平均的な時期よりも早く発現することは**早熟**，遅く発現することは**晩熟**と呼ばれる。早熟や晩熟を経験する青年は，性的成熟への知識が十分でなかったり，周りの友だちと比較して不安を覚えたりするなど，身体的変化による心理的影響を受けやすいといえる。

身体的変化や発育は個人差も大きいため，青年一人ひとりにとっての発達の意味を理解する必要がある。

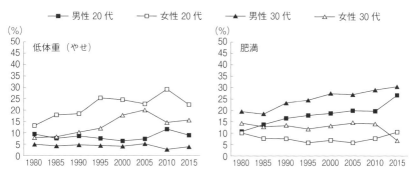

図A-4-2　低体重（やせ）と肥満の割合の年次推移（厚生労働省，2017より作成）
注）低体重（やせ）はBMI<18.5，肥満はBMI≧25.0の者の割合である。

A-5 身体と性にまつわる落とし穴

★陥る

郡司菜津美

1.「自分には関係ない」が引き起こす落とし穴

健康な人にとって「自分の健康は永続的である」という感覚を持つことが多い。誰にとっても1秒後の未来に訪れる「健康ではない状態」を想像することは難しい。しかし不健康は、避けられない運命的な落とし穴ではない。だからこそ、ここではその落とし穴を避けるために3つの役立つ情報を提供したい。

2. 男性の落とし穴：誤ったオナニー（自慰行為）

男子高校生の75%が**オナニー**を経験したと回答している（日本性教育協会, 2013）ことからわかる通り、ほとんどの男性にとってオナニーは日常的な行為である。しかし日本性科学会（2005）が紹介している誤ったオナニーの方法を参照して欲しい（表 A-5-1）。例えば「強すぎるグリップ」が誤っているとされているが、そのことを、どこで学習する機会があっただろうか。実は、オナニーでの強い刺激に慣れてしまい、膣内では射精できなくなる射精障害になり、不妊に悩む夫婦が少なくない（小堀, 2015）。オナニーは身体的・精神的快楽を伴う日常的行為であるが、間違ったオナニーをしていた場合に、不健康な未来が自分だけでなく、夫婦に訪れる可能性もある。そうした未来を回避できるかどうかは科学的知識を用いたそれぞれの自己決定に委ねられている。

3. 女性の落とし穴：無自覚な PMS（月経前症候群）

女子高校生の90%は初経を迎えているため（日本性教育協会, 2013）、閉経を迎える50歳頃までの約30年強、女性はほぼ毎月、この月経と付き合っていくこととなる。月経のサイクルに伴い、ほとんどの女性（8〜9割）が生涯で一度は経験するといわれているのが **PMS**（Premenstrual Syndrome）である（Hahn, 1995/2004）。PMS とは月経予定日の約1週間〜3日前になると心身不安定に

表 A-5-1　誤ったオナニー方法（日本性科学会, 2005 より作成）

1	シーツにこすり付ける	6	ひとりでないと射精不可
2	布団や枕を股間に挟んでこする	7	ピストン運動でない方法
3	うつ伏せで手を添えて腹圧をかける	8	上向きでないと射精不可
4	ペニスを股間に挟んで圧迫する	9	早すぎるピストン
5	強すぎるグリップ	10	足を突っ張る

なる状態をいい，身体的には頭痛などの顕著な症状があるため自覚されやすい。一方で，精神的・情緒的症状については無自覚であることが多い（宮澤ら，2013）。例えば怒りの要因について「生理のせいかも？」と指摘されてさらにイラついたことはないだろうか。なぜなら，自分の感情をコントロールしているのは自分の「心」であり，「生理的要因」であるとは思えないためである。自分の怒りの要因が実はホルモンバランスのせいであると科学的に捉え，PMSかもしれないと考えられたら，困難な状況を避けることができるかもしれない。

4. セックスの落とし穴：性感染症への罹患

性感染症とは病原体（細菌，ウイルス等）を持つ人との性的接触で生じる病気のことである。近年では梅毒の急増が問題視されており，東京都感染症情報センターの報告（2017）では，10年前と比較して罹患率が約15倍に増え，20代女性の罹患増加率が最も高いことが明らかになっている。病原体は粘膜を経由して（HIVのみ血液経由でも）感染するため，性的接触前にお互いに検査に行ったり，正しくコンドームを使用したりすれば病原体の感染はほぼ防げる。では，こうした性感染症は，危険な性交渉をする一部の人間の問題なのだろうか。

病原体は人を選ばない。にもかかわらず私たちは，目の前にいるパートナーを「この人は大丈夫」と科学的根拠なしに判断してしまってはいないだろうか。もし，まだ「自分には関係ない」と思っているのであれば，未来の不健康を呼び寄せない自己決定ができているかどうかを，今一度，考えてみてほしい（図 A-5-1）。

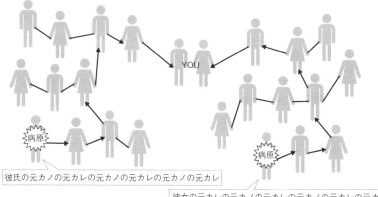

図 A-5-1　みえない過去の連鎖

A-6 性について教えるというリスク
★支える

郡司菜津美

1. 性教育の恥ずかしさ

学校で性に関する内容を学ぶ際に，恥ずかしさを感じた経験はないだろうか。こうした恥ずかしさは学習の妨げになりやすく，学びの**リスク**になってしまう。しかも実は，この**性教育**のリスクは，学習者だけが背負うものではない。ここでは，性教育には教える側にもリスクがあることを実際の模擬授業の例を取り上げて紹介しよう。

2. 性教育模擬授業の実践

本実践は，教師を目指す大学生 104 名（主に学部 2 年生）を対象に実施したものである。2016 年 7 月，首都圏の私立 A 大学の教職に関する講義の 1 コマで，「性に関する正しい知識を指導できるようになろう」という課題を与え，その場でクラスメイトに向けて模擬授業を実施してもらった。3 人 1 組で，(1) 2 次性徴 & デート DV，(2) 妊娠と中絶，(3) 性感染症，(4) セクシャルマイノリティ，のいずれかの内容を担当し，準備 15 分，模擬授業 28 分（1 組 7 分 × 4 テーマ）で進行した（図 A-6-1）。模擬授業作成の際の参考資料として，筆者が高等学校を対象とする性教育講演で用いる資料を配布した（図 A-6-2）。

図 A-6-1　授業の様子

図 A-6-2　配布した資料の一部

3. 性について教える側のリスクと学び

　講義終了時に感想を記入してもらったところ，多様な回答が得られた。表A-6-1が示す通り，かれらにとっては，まずは人前で教えること，次にその内容が性に関するものであること，という二重のリスクに向き合っていたと考えられる。それは数学や国語などの指導とは異なった恥ずかしさを伴う経験であったことだろう。しかし，教員として指導するという社会的役割が与えられていたこと，一人ではなく仲間と支え合う小集団活動であったことで，恥ずかしさというリスクに取り組むことができていたのではないだろうか。

　なぜ，教える側にも恥ずかしさというリスクがあるのだろう。性に関する内容は，**自己関与性**（郡司，2013）の高い，つまり自分ごとになりやすい実践であることが理由の1つだろう。性は大っぴらには語りにくい社会的タブーであり，またプライバシーの高い極めて私的な領分でもあるから，誰にとっても恥ずかしい。だからといって，避けるのではなく向き合ってほしい。リスクの原因を自覚すれば，リスクへの向き合い方を考えやすくなるからである。性について教えることは教育者だけの使命ではない。性とはすなわち生であり，こうしてこの文書を読んでいるあなたも含め，大人たちは皆，子どもたちに性について教え，育てる責任を負っている。

表 A-6-1　授業後の感想（$n=104$）

カテゴリ	記述例	切片数	割合(%)
学習内容について	コンドームは最初から正しく清潔につけることが必要と感じた	72	35
伝え方・教え方	表現方法，伝達方法によって生徒の受け止め方が大きく異なってくると強く感じた	57	28
性教育観	子供達の人生を守っていくために私たちが『やらなければならない』という使命感が次第に生まれてきた	29	14
聞き手・学習者の立場	高校生相手だともっと伝えるのが大変で受け入れ難いかもしれない	20	10
仲間との交流	同じ世代の率直な意見を言い合える場があってよかった	7	3
恥ずかしさ	初めての性授業はやっぱり恥ずかしかった	6	3
担当内容について	自分達は中絶について発表をした	6	3
自己認識	性について自分の理解が十分ではないことがわかった	4	2
その他	改めて教師になりたいと思った	4	2

A-7 性別受容性尺度
★測る　　　　　　　　　　　　　　　　　　　　　　　　　　髙坂康雅

1. 思春期・青年期の性別受容の難しさ

　思春期の身体的変化は，必ずしも肯定的・好意的に受け取られるとは限らない。身体的変化の発現時期や最終的な身体状態の個人差は，青年に「自分の身体は異常なのか」という不安を抱かせ，勃起や月経など自分の身体なのに自分でコントロールすることができない現象に対し，「自分の身体は本当に自分のものなのか」と青年を戸惑わせる。身体の変化に伴って周囲からも「男のくせに」「女なんだから」というような性役割を求められ，痴漢やセクハラのような性被害を受けることもある。このように，身体が変化するとともに生じる自分の性に対する否定的な感情は，「男／女だったらよかったのに」「次に生まれてくるなら，男／女がいい」というような，自分の性を受容できない（したくない）経験にもつながる（A-2参照）。

　また，LGBTと呼ばれるセクシャル・マイノリティにとっては，身体的な変化によって，自分自身や周囲の身体が男性／女性へと変わっていくことは，自らの性に対する違和感をより強め，また確信へと変えることにもなる。セクシャル・マイノリティにとって自らの性を受容することは難しく，多くの者が自らの心身の性に対して混乱を経験するとされている（平田，2014）。

　性は，生物学的な性である「セックス（sex）」や社会的・文化的な性である「ジェンダー（gender）」，性的指向や性行動のような対人的・関係的な性である「セクシャリティ（sexuality）」などから構成されている。セクシャル・マイノリティに限らず，セックス，ジェンダー，セクシャリティのすべてを統合して自らの性を受容するのは，青年にとっては容易ではなく，戸惑いや混乱，恥ずかしさなどを経る場合も少なくない。

2. 性別受容性尺度

　性別受容性に関連するものとして，性役割受容性（伊藤，1980）やジェンダー満足度（石田，1994）などがあるが，これらの構成概念は厳密には定義されていない（小出，2000）。そこで，小出（2000）は性別受容性を「セックスやジェンダーによる2分法の，生物学的な機能や文化，習慣，社会規範などが存在するこ

表 A-7-1　性別受容性尺度 (小出, 2000 より作成)

【質問】以下の項目は，あなたにどの程度あてはまりますか？

	全くあてはまらない	あまりあてはまらない	ややあてはまる	とてもあてはまる
1 男のくせに，女のくせに，という言葉を聞くと嫌な気分になる	4	3	2	1
2 自分の今の性別に生まれてよかったと思う	1	2	3	4
3 今度生まれ変わるとしたら，今とは反対の性別に生まれたい	4	3	2	1
4 自分の性別にこだわって，生きていこうと思う	1	2	3	4
5 性差別を受けて不愉快な思いをすることがよくある	4	3	2	1
6 日本では，自分の今の性別のほうが得のような気がする	1	2	3	4
7 女性にしか出産や授乳ができないのは残念である	4	3	2	1
8 性別で区別する社会の慣習の中には無意味なものも多いと思う	4	3	2	1

性別受容性　1(　) + 2(　) + 3(　) + 4(　) + 5(　) + 6(　) + 7(　) + 8(　) = ☐

の社会において，自己が男性ないし女性に生まれたことをどの程度，不具合を感じずに受け入れているかに関わる意識」と定義し，8項目からなる性別受容性尺度を作成している (表 A-7-1)。

尺度作成では，大学生を対象とした調査が実施され，その際の α 係数は対象者全体で .70 であり，ある程度の内的一貫性は確認されているといえる。しかし，女性の α 係数が .65 であるのに対し，男性が .59 と低い値となっている。また，妥当性はジェンダー・パーソナリティ・スケール (小出, 1999) との関連で検討されている。重回帰分析の結果，男性の性別受容性は男性性から正の影響を，女性性から負の影響を受け，女性の性別受容性はその逆であったことから，本尺度の妥当性は確認されている。

平均値は男性が 23.3 (標準偏差 3.6)，女性が 19.2 (4.1) であり，男性よりも女性の方が性別受容性が低いことが示されている。従来から，女性の方が男性よりも性受容が困難であることが指摘されていることから，この結果からも本尺度が妥当性を有しているものであると確認できる。

今後は，身体的変化の著しい小学校高学年や中学生，セクシャル・マイノリティなど，多様な対象に実施することにより，それぞれの性別受容性の差異や適応などとの関連が明らかになることが期待される。

■ 引用文献

Coleman, J., & Hendry, L. (1999). *The nature of adolescence* (3rd ed.). London: Routledge. (コールマン, J., & ヘンドリー, L.　白井 利明・若松 養亮・杉村 和美・小林 亮・柏尾 眞津子 (訳) (2003). 青年期の本質　ミネルヴァ書房)

藤井 勝紀・穐丸 武臣・花井 忠征・酒井 俊郎 (2006). 幼児の体格・運動能力の発育・発達における年次変化に関する検証―身体成熟度から見たアプローチ―　体力科学, 55, 489-502.

郡司 菜津美 (2013). 教育環境デザインの事例研究 (1) 自己関与性の観点からみた性教育講演の学習環境デザイン　日本教育心理学会総会発表論文集, 55, 525.

Hahn, L. (1995). *PMS—Solving the puzzle: Sixteen causes of PMS & what to do about it.* Chicago, IL: Chicago spectrum press. (ハーン, L.　川西 由美子 (編訳) (2004). PMS (月経前症候群) を知っていますか？―「気のせい」ではなかった病気の対処法―　朝日新聞社)

日野林 俊彦 (2007). 青年と発達加速　南 徹弘 (編)　朝倉心理学講座 3　発達心理学 (pp. 175-188)　朝倉書店

平田 俊明 (2014). レズビアン, ゲイ, バイセクシャル支援のための基本知識　針間 克己・平田 俊明 (編)　セクシャル・マイノリティへの心理的支援―同性愛, 性同一性障害を理解する― (pp. 26-38)　岩崎学術出版社

保坂 亨 (2010). いま, 思春期を問い直す―グレーゾーンにたつ子どもたち―　東京大学出版会

石田 英子 (1994). ジェンダー・スキーマの認知相関指標における妥当性の検討　心理学研究, 64, 417-425.

伊藤 裕子 (1980). 女子青年における女性性の受容と性役割　日本教育心理学会第 22 回総会発表論文集, 508-509.

上長 然 (2006). 思春期で経験する身体に関するイベンツ―思春期の身体発育の発現に対する受容感との関連―　神戸大学発達科学部紀要, 13, 95-104.

上長 然 (2007). 思春期の身体発育のタイミングと抑うつ傾向　教育心理学研究, 55, 370-381.

小堀 善友 (2015). 泌尿器科医が教えるオトコの「性」活習慣病　中央公論新社

小出 寧 (1999). ジェンダー・パーソナリティ・スケールの作成　実験社会心理学研究, 39, 41-52.

小出 寧 (2000). 性別受容性尺度の作成　実験社会心理学研究, 40, 129-136.

厚生労働省 (2008). 21 世紀出生児縦断調査 (特別報告) 結果の概況　2001 年ベビーの軌跡 (未就学編)　Retrieved from http://www.mhlw.go.jp/toukei/saikin/hw/syusseiji/tokubetsu/dl/data.pdf (2018 年 3 月 7 日)

厚生労働省 (2017). 平成 27 年国民健康・栄養調査報告　Retrieved from http://www.mhlw.go.jp/bunya/kenkou/eiyou/h27-houkoku.html (2018 年 2 月 22 日)

Marshall, W. A., & Tanner, J. M. (1969). Variations in the pattern of pubertal changes in girls. *Archives of disease in childhood, 44,* 291-303.

Marshall, W. A., & Tanner, J. M. (1970). Variations in the pattern of pubertal changes in boys. *Archives of disease in childhood, 45,* 13.

宮澤 洋子・富永 国比古・土田 満 (2013). 青年期女性における月経前症候群 (PMS) の実態について　瀬木学園紀要, 7, 18-25.

文部科学省 (2015). 平成 27 年度全国体力・運動能力, 運動習慣等調査　集計結果　Retrieved from http://www.mext.go.jp/a_menu/sports/kodomo/zencyo/1364874.htm (2018 年 2 月 22 日)

文部科学省 (2017a). 学校保健統計調査　平成 28 年度 (確定値) の結果の概要　Retrieved from http://www.mext.go.jp/b_menu/toukei/chousa05/hoken/kekka/k_detail/1380547.htm (2018 年 3 月 7 日)

文部科学省 (2017b). 学校保健統計調査　年次統計　Retrieved https://www.e-stat.go.jp/stat-search/files?page=1&layout=datalist&toukei=00400002&tstat=000001011648&cycle=0&tclass1=000001020135 (2018 年 2 月 22 日)

中澤 篤史 (2014). 運動部活動の戦後と現在―なぜスポーツは学校教育に結び付けられるのか―　青弓社

日本性科学会 (編) (2005). セックス・カウンセリング入門　改訂第 2 版　金原出版

日本性教育協会 (編) (2013). 「若者の性」白書―第 7 回　青少年の性行動全国調査報告―　小学館

OECD (2009). *Society at a Glance 2009: OECD Social Indicators.* Retrieved from http://www.oecd-ilibrary.org/social-issues-migration-health/society-at-a-glance-2009_soc_glance-2008-en (2018 年 2 月 22 日)

Ricciardelli, L. A., & McCabe, M. P. (2001). Children's body image concerns and eating disturbance: A review of the literature. *Clinical Psychology Review, 21,* 325-344.

澤田 昭（1982）．現代青少年の発達加速―発達加速現象の研究―　創元社
清水 將之（2006）．ひとは十代をどう通過するのか―臨床の場から考える青年期―　伊藤 美奈子（編）　朝倉心理学講座16　思春期・青年期臨床心理学（pp. 177-190）　朝倉出版
髙橋 征仁（2010）．社会統計でみる〈草食系男子〉の虚実―欲望の時代からリスクの時代へ―　現代性教育研究月報, 28（1），1-7．
田中 千晶（2017）．日本の子供における日常の身体活動およびその変動要因の国際比較に向けた評価法の確立　体力科学, 66, 235-244．
田中 敏章（2008）．思春期の性成熟と成長　大関 武彦・近藤 直美（編）　小児科学（第3版）（p. 17）　医学書院
田代 美江子（2016）．学校における包括的性教育の課題と可能性　保健の科学, 58, 377-382．
東京都感染症情報センター（2017）．梅毒の流行状況（2006年～2016年のまとめ）　Retrieved from http://idsc.tokyo-eiken.go.jp/diseases/syphilis/syphilis2006/（2017年8月15日）
東京都幼・小・中・高・心性教育研究会（2014）．2014年度児童・生徒の性に関する調査報告　東京都幼・小・中・高・心性教育研究会
Tremblay, M. S., Barnes, J. D., González, S. A., Katzmarzyk, P. T., Onywera, V. O., Reilly, J. J., Tomkinson, G. R., & the Global Matrix 2.0 Research Team. (2016). Global Matrix 2.0: Report Card Grades on the Physical Activity of Children and Youth Comparing 38 Countries. *Journal of Physical Activity and Health, 13*（2），S343-S366.

コラム1　青年とは誰か

　青年を対象としている青年心理学では，あまり青年や青年期を定義してこなかった。一般的には，「10歳代から20歳代半ば頃まで，つまり，思春期的変化の始まりから25，26歳までの子どもから大人への成長と移行の時期」（久世, 2000）を青年期と捉え，その時期にあたる者を青年と呼んでいる。

　溝上（2010）は，青年期に関する論究をまとめて，青年期について①工業化（産業革命）を経た近代社会で誕生した社会歴史的な概念である，②子どもや若者が労働や生産の場から解放される時期である，③学校教育を通して子どもから大人になる発達的移行プロセスである，④思春期を迎える頃から大人になるまでの年齢期である，という4つのポイント（条件）があると指摘している。特に②と③は，青年と若者を分ける上で，重要なポイント（条件）である。以前，青年を「学生青年」と「勤労青年」に分け，それぞれの特徴について比較検討することも行われていた。しかし，「勤労青年」は②や③の条件に合致しないため，厳密にいえば，青年とはいい難い。高校から大学に進んだ者は青年であるが，高校卒業後就職した者や無職の者は青年から若者に移行したといえる。また，「学び直し」として，定年退職後などに大学に入学してくる者もいるが，これは④の条件に合致しない。同じ大学生であっても，高校から進学した者は青年であるが，退職後に入学した者は青年とは呼ばないのである。

　このように溝上（2010）の4つの条件にあてはめることで，青年概念を限定することができる一方，近年ではこれまで青年心理学が対象としてこなかった青年も目立つようになっている。例えば，国際化の中，外国籍を持つ者が日本の大学に入学してくることも珍しくない。本書の「比べる」でも明らかなように，日本の青年と海外の青年とでは様々な点で異なっている。一方，日本の大学にいる外国籍の青年はどうなのかについては検討されていない。また，発達障害を有する学生も多くなっているが，これまでの青年心理学では，対象者は健常者であることが暗黙の了解とされているように思われる。では，このような発達障害を有する学生は健常な学生と比べて，どこが同じで，何が異なっているのだろうか。現代では，このような多様な青年を捉える枠組みと柔軟な思考が求められているのである。

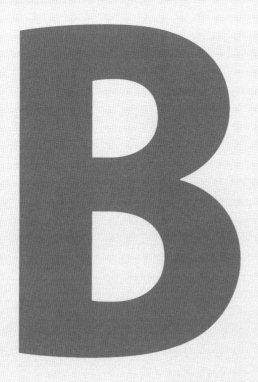

認知・感情

　人は青年期に入ると，これまでみえなかったものがみえ，わからなかったことがわかるようになり，感じなかったことを感じるようになります。このような認知の発達や感情の生起は，自分と他者は違うということを決定的にする一方，他者への共感を生む基盤となります。青年期に入ることで広がる自分の内なる世界の中で，青年は何をみて，何を感じているのか，様々な角度からみていきましょう。

B-1 青年期における認知と感情の特徴

★知る
髙坂康雅

1. 青年期における認知の特徴

Piaget（1970/2007）は人の認知発達を4段階に分け，青年期からはその4段階目である**形式的操作期**になるとしている。形式的操作期における認知・思考の特徴としては，①仮説的思考と可能性の思考，②論理的思考，③科学的思考，があげられている（楠見，1995）。また，自分の思考過程を自覚し，意識化し，制御する**メタ認知**も可能になる。さらに，主体が自分自身の行為や観点を絶対的なものとして捉える中心化から徐々に抜け出すこと（**脱中心化**）によって，他者の立場に立って考えたり，感じたりする**視点取得**や，他者を思いやる**共感性**などが発達していく。

しかし，青年期（特に青年期前期）の間は，脳の発達も途上であり，認知的にも，自分自身の関心と他者の関心が未分化であるため，**思考の自己中心性**が現れることがある（Elkind, 1967）。思考の自己中心性とは，自分がある対象にもっている関心と同じくらい，相手もその対象に関心をもっていると考えてしまうことである。青年が自分の外見を気にしていると，周りの友人も自分の外見を自分と同じくらい注目していると思ってしまい，さらに自分の外見を気にするようになってしまう。しかし，周囲の友人がその人の外見に注目しているようなことは実際には少なく，青年は思考の自己中心性によって，このような**想像上の観衆**を自ら作り上げてしまうのである。

この思考の自己中心性は，他者との関わりのなかで低減していく。楠見（1995）が，「青年期の認知発達における特殊化，個性化は，個人の適性や興味，意志に基づいた能動的な活動や選択，および，環境における知的刺激の質と量によって，さらに進む」と述べているように，青年期の認知発達においても他者や環境からの影響は大きいといえる。

2. 青年期における感情の特徴

このような認知・思考の中，青年が関わる他者や社会・世界の広がりとも相まって，青年は多様な感情を抱くようになる。また同時に，脳を含めた心身の発達が不十分であるため，抱く感情の強さやその程度は安定しているとはいい

難い。

　北村（1972）は，思春期における情動面の特徴として，①不安，②刺激に対する過敏性，③感情の両価性（アンビバレンス），④激しく揺れ動く感情の両極性，⑤性急さ，⑥情動に対する意識的抑圧，をあげている。徐々に親からの心理的距離が離れていく一方，確実で安定な自己を維持することができておらず，将来についても不明瞭である青年は，どうしても不安に陥りやすい状態にある。また，些細なことで大笑いしたり，泣いたり，怒ったりするなど，刺激に対して過剰に反応しやすいのも特徴である。そのような過敏さをうまくコントロールできないため，甘えたかと思えば反抗し，拒絶したかと思えば尊敬や愛情を示すなど，相反する感情を同時に抱き，内的な葛藤を生じさせることにもなる。さらに，感情の揺れ動きも激しく，自己高揚と自己卑下，希望と絶望，孤独を求める気持ちと一人になることへの恐れなど，強い感情が交互に出現する。不安が強いため，結論・結果を明確にしようと焦り，我慢して待つことが難しい時期でもある。思春期に芽生える性衝動に対しては，どのように対処すべきかわからず，また誰にも知られたくないという気持ちもあるため，心の中で抑え込もうとする。このように，思春期（青年期前期）の感情・情動状態は，非常に激しく，葛藤や混乱に満ちているといえる。

　では，心身の発達も落ち着いてきた青年期後期はどうであろうか。落合（1993）は大学生の生活感情を，(a)「達成意欲が高く，やった・成就したという状態での感情群」，(b)「達成意欲はあるものの，まだ達成されていず，追われているようで落ちつかない状態での感情群」，(c)「やろうとすることが達成できずに，そのエネルギーが自己外に向けられ攻撃性に変わっている状況での感情群」，(d)「やろうとすることが達成できずに，そのエネルギーが自己内に向けられている感情群」，(e)「達成を志さない倦怠的な感情群」，(f)「一人になることの不安」，(g)「人に対する羨望」の7つに分類している。日頃感じている感情のうち上位30位までにはネガティブな感情も多くあげられているが，「楽しさ」「うれしさ」「喜び」のようなポジティブな感情がより多く選択されており，「大学生の生活は『暗い感情』より『明るい感情』に，一般的には色づけられている」と述べられている。

B-2 青年期における認知と感情の発達

★変わる

髙坂康雅

1. 青年期における認知の発達

人の認知や思考の発達については，PiagetやVygotskyなどが一定の方向性を示し，現在でもその考え方が踏襲され，検討が行われている。PiagetやVygotskyでは，人の認知や思考は思春期・青年期に入る頃には，ほぼ最終段階（Piagetの形式的操作期，Vygotskyの第3段階）に到達するとされている。

たしかに，青年期では，抽象的で論理的な思考や可能的世界について考えることなど，個人内で完結するような認知・思考が可能になる。一方，他者との関わりに関する認知については，対人関係の経験が十分ではないため，さらなる発達の余地がある。その1つが，**視点取得能力**である。

視点取得能力とは，「物事を自分とは異なる立場からみたときにどうみえるかを理解・推測する能力」であるといえる。Selman（2003）は視点取得能力の発達を5つの段階に分けて説明している（表B-2-1）。Selmanによると，青年期前期にレベル3になり，第三者の視点を通して物事を理解できるようになり，青年期中・後期では社会的慣習のような一般化された他者の視点から物事を捉えることができるようになるとされている。

ただし，例えばレベル4に到達したからといって常に高いレベルで物事を認識できるわけでなく，日常生活は低いレベルで物事を認識しており，特に対人葛藤場面や緊急事態場面では冷静に他者の視点で考えることは難しいとされている（平石, 2006）。

2. 青年期における感情の発達

青年期では，新しい感情が芽生えるというよりも，これまで持っていた感情がより細分化され，複雑に絡み合うようになってくる。落合（1997）は中学生・高校生・大学生における生活感情の変化について検討している。まず，青年期の生活感情は，6つのポジティブな感情（「いきいきして満ち足りた感情」「異性に対する好意的な感情」「心の高揚する感情」「束縛されない安定した感情」「意思決定に伴う感情」「親子における安定した感情」）と5つのネガティブな感情（「活動性の停滞した拒否的な感情」「自信欠如に伴う感情」「束縛に対す

る攻撃的な感情」「追い立てられた疲れに伴う感情」「異性への依存欲求が満たされないことに伴う感情」に分けられている。このうち，ポジティブな感情では，「いきいきして満ち足りた感情」と「束縛されない安定した感情」「意思決定に伴う感情」は中学生から高校生で減少し，大学生で増大するV字型を示す。また「異性に対する好意的な感情」と「親子における安定した感情」は学校段階が上がるに伴い増大する一方，「心の高揚する感情」は学校段階が上がるに伴い減少している。ネガティブな感情では，「束縛に対する攻撃的な感情」は学校段階が上がるにつれて減少し，他の4つの感情は，中学生から高校生で増大し，大学生で減少する逆V字型を示す。

これらから，中学生は「心が高揚する感情」や「束縛に対する攻撃的な感情」など激しい感情が目立つ一方，「異性に対する好意的な感情」など他者に対する感情はポジティブ・ネガティブともにあまり感じられていない。それに対し高校生は，中学生ほど激しい感情は有していないが，ポジティブな感情は感じられず，ネガティブな感情を多く感じており，重く沈んだ感情状態にあるといえる。そして，大学生では，激しい感情は感じることなく，他者に対するポジティブな感情も含めポジティブな感情を有しており，対してネガティブな感情はそれほど強く感じていないことから，穏やかで充実した感情状態にあるといえる。

表 B-2-1　視点取得能力の発達段階 (Selman, 2003 より作成)

レベル	年齢	特徴
0	3～5歳	一人称的（自己中心的）視点取得 自他の視点を区別できず，物事は自己中心的な視点でしか理解できない
1	6～7歳	一人称的・主観的視点取得 自他の視点の区別を理解することができるようになるが，物事は自己中心的な視点で理解できるようになる
2	8～11歳	二人称的・互恵的視点取得 二者関係における自分の視点と相手の視点の違いを理解し，双方向的で互恵的な理解が可能になる
3	12～14歳	三人称的・相互的視点取得 二者関係を越えた第三者の視点で自分や自分たち（二者関係）の視点あるいは自分たちの関係性を理解することができるようになる
4	15～18歳	三人称的・一般化された他者としての視点取得 道徳や法律，明文化されていない社会的慣習のような一般化された他者の視点を通して自分自身の視点を理解できるようになる

B-3 日本と海外における青年の認知と感情
★比べる　　　　　　　　　　　　　　　　　　　　　　　　　　　　　　　　石川茜恵

1. 日本と海外における青年の自尊感情

　青年期に入ると，**自尊感情**が大きく低下することが明らかにされている（Robins et al., 2002）が，この傾向は日本の青年でも確認されている。自尊感情とは「自己に対する評価感情で，自分自身を基本的に価値あるものとする感覚」（遠藤, 1999）と定義された概念であり，これまで精神的健康の指標として多くの研究で用いられてきた。Robins et al.（2002）の調査では，児童期（9～12歳）から青年期（13～17歳）にかけて自尊感情が大きく低下し，その後の大学生期（18～22歳）までその低さが続くこと，そしてその後上昇していくことが明らかにされている。日本でも同様に，自尊感情が青年期前期において一度低下した後，青年期後期にかけて上昇することが示されている。例えば中学生を対象とした加藤ら（2013）の調査では，中学1年生から中学3年生にかけて自尊感情が低下することが示された。また，松岡（2006）は，青年期から老年期の人（15～86歳）を対象に調査を行い，自尊感情が高校生から大学生にかけて高くなり，23歳以降高い状態を持続することを明らかにしている。小塩ら（2014）の研究でも同様に中高生，大学生，成人と年齢段階が上がるにつれて，自尊感情が高くなる傾向が明らかにされている。

2. 日本の青年に特徴的なネガティブな自己認知

　自尊感情が青年期に下がることが確認されている中で，特に日本人青年で低いことが指摘されているのが，自己肯定感，自己評価といった自分に対する評価的な認知である。例えば，内閣府（2014）によると，「私は，自分自身に満足している」に対し，「そう思う」「どちらかといえばそう思う」と肯定的な回答をした青年は日本の青年で45.8%であったが，韓国，アメリカ，イギリス，ドイツ，フランス，スウェーデンの青年は71.5～86.0%の青年が肯定的な回答であった（図B-3-1）。これは，内閣府（2017）の「子供・若者の意識に関する調査（平成28年度）」でも同様であり，「今の自分が好きだ」に対して「あてはまる」「どちらかといえばあてはまる」と回答した日本の青年は男性15～19歳（60.1%）を除いて38.9～45.8%であり，多くなかった。2002年から2012年に

かけて日本青少年研究所が行ってきた国際比較調査でも，自分自身への満足度に対する肯定率は24.7～43.4%と一貫して低く，日本の青年の自分自身への満足度の低さが時代によるものではないことがうかがえる。日本の青年は外国の青年に比べて自己への評価的認知がネガティブであるといえる。

3. ネガティブな自己認知の意味

自分に対してネガティブな認知的評価をしていても，それがすぐに問題となるわけではない。青年期に特徴的な感情の1つに「**自己嫌悪感**」があるが，自己嫌悪感は自己形成につながることも示されている（水間, 2003）。水間(2003)は，「自己を振り返る機会の程度」「自己を見つめる水準の深さの程度」「自己の否定的な部分を直視する関わり方の程度」といった，**自己内省**の各側面において，内省の機会を多く持ち，自己を深く，また自己の否定性であっても直視できる青年の場合，自己嫌悪感を体験する場面においても自己の否定的な部分を変えていこうと考えることができ，自己形成へとつながる可能性を示した。

日本の青年が自分に対してネガティブに認知している程度が比較的高い状態であっても，そのネガティブな見方が青年の生きる文脈の中でどのように機能しているのかを考慮することで，より適切に青年を理解することができる。

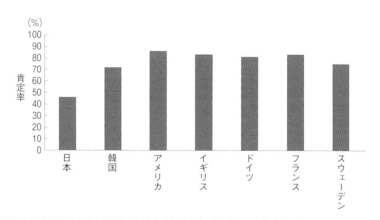

図 B-3-1　各国における「私は，自分自身に満足している」への肯定率（内閣府, 2014 より作成）

B-4 青年の感情に及ぼす社会的な動向・変化
★取り巻く

石川茜恵

1. 社会変化が与える新しい居場所と「参照できる他者」

現代社会は，情報化社会，競争社会，能力主義，格差社会，自己責任，デジタル革命，多様化，個人化など様々な言葉で形容されている。このような社会変化が青年の心理に与える影響は大きい。例えば，内閣府（2017）が行った調査では，ほっとできる場所，居心地の良い場所として最も肯定率が高かったのは「自分の部屋」（89.0%）であり，次いで「家庭」（79.9%），「インターネット空間」（62.1%）となっていた。「インターネット空間」がほっとできる場所，居心地の良い場所として支持されていること自体，社会変化による影響といえる。

青年がインターネット上でコミュニケーションツールとして使用するものには，メール，LINE，mixi，Facebook，Twitter，Instagramなど様々なものがある。このようなツールの多くは「いいね（good）」機能を備えている。「いいね（good）」は，閲覧者が投稿された内容に対し文字通り「いいな」など，肯定的に思えば押せるようになっている。「いいね（good）」の数は他者からの評価として目にみえる。現代社会では，青年にとって「参照する他者」は莫大に増えている（溝上, 2008）と指摘されているが，このようなツールによって，さらに，比較可能な他者も増大していると考えられる。インターネットを検索すれば，いつでも自分以外の他者を参照することができ，かつ「いいね（good）」機能によって自分と他者の評価が比較できる。青年が**社会的比較**をする動機としては，「自己定位（自分自身の位置や立場を知りたい）」「自己向上（自分自身を向上させたい）」「自己不確実感（自分に自信がなく不安だ）」「評価懸念（自分が他人にどう思われているか気になる）」「他者への関心（他の人の状態に関心がある）」などが多く選択されている（高田, 2002）。また，中学生・高校生・大学生では，自分に該当する形容詞として否定的な語を選択する率が高く自己批判的であることも明らかにされている。外山（2006）は，小学4年生，6年生，中学2年生を対象に社会的比較の発達的変化と，社会的比較を行った後に個人に生じる感情や行動などを検討している。その結果，「自己向上」的感情の生起や「接近的行動」がどの学年でも多い一方で，小学6年生以降「自己卑

下」的な感情の生起が高くなることが示された。比較対象としての他者が周囲で実際に触れ合う他者から，世界中に存在する他者へとその範囲を広げている現在，青年の心に与える影響はさらに多様になってくるのではないだろうか。

2. 青年の悩み・不安の変化

　急速に変化し続けている社会の状況は，未来の見通しを持ちにくくさせる。そのことが青年に与える影響も大きい。梁井（1961）は，戦前と戦後に実施された青年の態度調査を比較している。「これからの人生を生きていくということに対してどういう気持ちがしますか」という問いでは，戦前（1940 年，昭和 15 年）には「希望や期待を感じ勇気がわいて来る」を選択した青年（32%）が一番多かったのに対し，戦後（1960 年，昭和 35 年）では「何か不安な恐ろしい気がする」を選択した青年（30.4%）が一番多くなっており，不安を感じる青年が多いことが明らかにされた。日本青少年研究所（2009, 2012, 2013）が実施した近年の調査では，将来に**不安**を感じている青年は，77.7%，78.2%，83.6%とさらに多くなっている。「世界青年意識調査」（内閣府，2009）および「平成25年度我が国と諸外国の若者の意識に関する調査」（内閣府，2014）で用いられた青年の**悩み**や心配事の質問項目では，将来に関連すると思われる「お金のこと」「就職のこと」「仕事のこと」を心配だとする日本の青年が急速に増加していることがわかる（図 B-4-1）。今後も「変わり続ける社会」が青年にどのような影響を与えるのか，検討が望まれる。

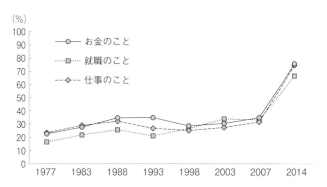

図 B-4-1　日本の青年の悩みや心配事（お金・就職・仕事）の推移（内閣府，2009, 2014 より作成）

B-5 青年期における劣等感

★陥る

髙坂康雅

1. 青年期における劣等感

青年期を特徴づける否定的な感情の1つに**劣等感**がある。劣等感とは,「自己の劣性を認知したときに生じる否定感情の総称」(髙坂, 2008b) と定義され,他の時期よりも青年期で強まるとされている (返田, 1986)。

劣等感を理解するためには,「どこを誰と比べてどのように感じるか」を捉えることが重要である。「どこ」については,容姿・外見や学業,友人の多寡,恋人の有無など,どこでも劣等感を抱くことはあるが,肝心なのはその領域がその人にとって重要であるという点である (髙坂, 2008a)。自分のアイデンティティに関わっていたり,他者から評価をしてほしいと思っていたりする領域ほど,その領域に劣等感を抱きやすいものである。次に「誰と」比較をしたときに劣等感が生じるかについては,青年期前期までは同性友人や兄弟などの他者が比較対象となるが,青年期中期以降になると,友人のようなモデルが内在化し,自分のなかに理想や目標ができ,それらと比べて到達できていない自分に劣等感を抱くのである (髙坂, 2013)。

最後の「どのように」は,劣等感が否定感情の総称であるということからもわかるように,様々な感情が生じる。髙坂 (2009) では,容姿・容貌に対する劣性を認知したときに生じる感情には,「不満感情」「悲哀感情」「敵意感情」「自責感情」「憧憬感情」「自己肯定感情」の6種類があることが示されている。このうち「不満感情」「悲哀感情」「敵意感情」「自責感情」の4つが劣等感に含まれる感情である。そして,この感情の違いが,劣等感に対する反応行動の違いとなって現れてくるのである。

2. 劣等感に対する反応行動

劣等感を抱いたとき,人はどのような行動をとるのだろうか。劣等感を心理学的研究の俎上に載せた Adler は,**補償**と**代理補償**という概念を提唱している。補償は劣等感を抱いている領域そのものを努力によって改善・向上させることで劣等感を低減させようとするものであり,代理補償は劣等感を抱いている領域以外で領域を向上させることによって,劣等感を低減させようとするも

のである。勉強ができないので，今まで以上に勉強に取り組むことが補償であり，勉強ではなくスポーツや芸術で秀でようとするのが代理補償である。

しかし，劣等感に対する反応行動は，補償や代理補償のような建設的なものばかりではない。根本（1997）は劣等感に対する行動様式として，「攻撃」「怠惰・無頓着」「反抗」「退行」「過度に賞賛と注目を求める行動」「過剰適応」「不適切な目標の設定」「疾病」「逃避」の9種類を提示している。いずれも適応的・建設的な行動であるとはいえず，劣等感を抱いたときに補償や代理補償のような建設的な行動をとることの難しさを感じさせる。

髙坂（2009）は，容姿・容貌に対する劣性を認知したときに生じる感情と反応行動との関連を検討している。その結果，容姿・容貌に対する劣性を認知したときに「敵意感情」を抱くと他者を攻撃する行動や他者から賞賛・承認を求める行動がとられ，「不満感情」を抱くと劣性に目を向けず気晴らしをすることが明らかにされている。また，「悲哀感情」や「自己肯定感情」を抱くと，容姿・容貌についてはそのままにしておき，他の領域での努力（代理補償）が生じることを示している。そして，容姿・容貌のよい者に憧れる「憧憬感情」を抱いたときのみ直接的努力（補償）が生じるとしている。

このように劣等感が建設的な行動を生むか，否定的・不適応的な行動を生むかは，劣性を認知したときの感情に左右され，その感情を規定するのは，領域の重要度であったり，自我などの発達の程度などであったりすると考えられる。

3．劣等感の活かし方

劣等感を抱いたとき，必ずしも建設的な行動が生じるわけではない。もちろん補償や代理補償のように，劣等感をバネにして，劣っているところや他のところを向上させることも，劣等感の活かし方のひとつである。しかし，容姿・容貌や身長など，努力で改善・向上させることが難しい領域もあり，また，実際に努力したからといって，その領域が改善・向上するかどうかはわからない。

先に述べたように，劣等感は自分にとって重要な領域で生じるものである。そのため，劣等感を抱いたとき，「なぜこの領域で劣等感を抱くのだろうか」「自分にとってこの領域はなぜ重要なのだろうか」と問い直すことによって，自分の価値観などを理解することができるようになる。そういう意味で，劣等感を抱くことは，自己理解のきっかけとなり得るのである。

B-6 認知・感情に関わる臨床・教育実践
★支える

山崎　茜

1. 認知・感情に関わる臨床・教育実践のこれまで

現代の日本の青年や子どもたちには他者への思いやりや正義感，自制心や規範意識の低下がみられるとされている（文部科学省，2009）。相手を思いやることは適切な**社会的スキル**を発揮し，社会に適応するためには重要なことであり，現在日本では道徳を教科化して子どもたちの思いやりの育成を目指している。日本の臨床・教育実践においてこの思いやりに焦点化したプログラムとしては「**VLF**（Voices of Love and Freedom）による思いやり育成プログラム（以下VLF；渡辺，2001）」がある。

VLFは，Selmanの役割取得能力（相手の気持ちを推測し理解する能力）理論に基づいている。また，VLFの目標は，①自己の視点を表現すること，②他者の視点に立って考えること，③自己と他者の違いを認識すること，④自己の感情をコントロールすること，⑤自己と他者の葛藤を解決すること，⑥適切な問題解決行動を遂行することである。実際の指導においては，対人葛藤を扱った物語を用いて自分以外の他者の視点に立って考えることが求められ，こうした活動を通し，共感スキル，葛藤解決スキルなどの基礎が築かれる（渡辺，2001）。

VLFの他にも，これまでに日本では認知・感情に焦点を当てた様々な臨床・教育実践が試みられてきた。一例では，VLFとは別の流れで認知に重点を置き，向社会的スキルな行動を身につけることを目的としたソーシャルスキルトレーニング（渡辺，2013），自他を尊重し適切な自己主張を目指すアサーショントレーニング（平木，2009）や怒り等の行き場のないエネルギーをコントロールする方法を学ぶアンガーマネジメント（本田，2007），そしてVLFといったプログラムがあげられるが，これらはいずれも青年の抱える課題について認知・感情の教育を通して行動変容させることを目指した実践プログラムとして効果が示されているものである。

2. 社会性と情動の学習（SEL）

このように臨床・教育実践が積み重ねられる一方で，社会性を育成する上で

は社会的行動をとるための感情コンピテンスの向上も重要であることが示されている。社会生活において社会的行動をとるためには，感情の理解や統制，表出に関する能力が先行して重要となる（山田，2008）。社会性と感情コンピテンスの双方の向上を目指す教育プログラムとして，**社会性と情動の学習**（Social and Emotional Learning, 以下 **SEL**）がある。

　広義では SEL は「自己の捉え方と他者との関わり方を基礎とした，社会性（対人関係）に関するスキル・態度・価値観を身につける学習」という説明に合致する心理教育プログラムの総称（小泉，2016）であり，前出の VLF や構成的グループエンカウンター等もこの意味では SEL とも捉えられる。このように，これまで日本で臨床・教育実践で取り組まれてきた様々なプログラムは SEL と捉えられるが，近年は個人あるいはプログラムとしての実践ではなく「システム」や「フレームワーク」としての全般的な社会性の育成と感情教育の必要性が指摘されており（渡辺，2015），その具体的なプログラム例として SEL－8S（小泉，2011）などがある。

　アメリカでは SEL が既に広く行われており，その内容は性教育や薬物使用の防止を目的としたものから，学級経営のようなプログラムまで多岐にわたっており，既に実践は数多く行われている。SEL にはこのように多様なプログラムがあるが，アメリカでは CASEL（Collaborative for Academic, Social, and Emotional Learning）という組織が効果検証に基づきプログラムの精選を行っている。CASEL では SEL プログラムとしては自己覚知（長所や短所を理解する；self-awareness），セルフマネジメント（自己統制；self-management），社会的覚知（他者の理解や共感；social-awareness），関係形成のスキル（協力性や葛藤解決；relationship skills），責任のある意志決定（倫理的で安心のできる選択；responsible decision-making）の５つのコアを満たしていることが必要であるとされている（渡辺，2015）。

　SEL の実施により社会的能力が中程度以下の中学生の対人関係能力や自己のコントロールの能力に効果がみられる（山田ら，2014）ことや，高校生の向社会的スキルの向上，引っ込み思案行動，攻撃行動の抑制といった効果がある（原田・渡辺，2011）ことが示されており，**感情教育**を社会性の育成に絡めて行っていくことが重要であるといえる。

B-7 成人用認知・感情共感性尺度（CEES-A）
★測る　　　　　　　　　　　　　　　　　　　　　　　　　高坂康雅

　共感性は，自分自身を他者に置き換え他者を理解しようとする認知的側面と，他者の経験に対して抱く感情的側面という両側面を持った概念である。しかし，従来の共感性を測定する尺度は他者のネガティブな経験・感情に焦点が当てられており，ポジティブな感情については十分に扱われてこなかった。

　成人用認知・感情共感性尺度（Cognitive and Emotional Empathy Scale for Adults; CEES-A）は，葉山ら（2008）による共感性理論モデル（図 B-7-1）をもとに作成されている。共感性理論モデルは，認知的側面として「他者感情への敏感性」と「視点取得」を位置づけている。また，感情的側面は，「感情の共有―他者志向的な感情」という軸と「ポジティブ感情―ネガティブ感情」という軸による4つの共感的感情反応が位置づけられている。そして，CEES-Aの6下位尺度はこの2つの認知的側面と4つの共感的感情反応に対応している。大学生を対象に行った調査（村上ら，2017）での平均得点は，「敏感性」が3.80（標準偏差0.83），「視点取得」が3.65（0.77），「ポジティブ感情の共有」が3.58（0.84），「ポジティブ感情への好感」が3.95（0.74），「ネガティブ感情の共有」が3.19（0.80），「ネガティブ感情への同情」が3.85（0.73）となっている。また，「視点取得」以外の5得点はいずれも男子よりも女子の方が得点が高いことも明らかにされている。

　ω係数による内的一貫性が確認されるとともに，他の共感性得点や肯定感情共有得点，向社会的行動得点との間に正の相関が示されており，妥当性も確認

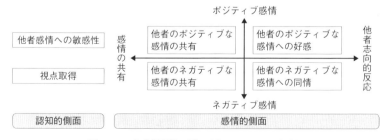

図 B-7-1　共感性理論モデル（葉山ら，2008 より作成）

B-7 成人用認知・感情共感性尺度（CEES-A）

されている。下位尺度間の相関がやや高いところに改善の余地はあるが，共感性を包括的に測定することのできる尺度であるといえる。

表 B-7-1　成人用認知・感情共感性尺度（村上ら，2017 より作成）

【質問】あなたは以下の項目にどの程度あてはまりますか。

	全くあてはまらない	あまりあてはまらない	どちらともいえない	ややあてはまる	とてもあてはまる
1　幸せそうな人がそばにいると，自分も同じように幸せな気持ちになる	1	2	3	4	5
2　相手の立場に立って，その人の感じている不安を理解するようにしている	1	2	3	4	5
3　悩みがあって暗くなっている人と一緒にいると，自分も暗い気持ちになる	1	2	3	4	5
4　努力が実って喜んでいる人を見ると，がんばったなあと感心する	1	2	3	4	5
5　困っている人がいると，かわいそうだと思う	1	2	3	4	5
6　人の心の動きに敏感である	1	2	3	4	5
7　良いことがあって喜んでいる人を見ると，自分も喜びを感じる	1	2	3	4	5
8　相手が悲しんでいるときに，相手の立場に立って理解しようとするほうである	1	2	3	4	5
9　相手が何かを怖がっていると，自分も同じ気持ちになる	1	2	3	4	5
10　苦手だったことができるようになって喜んでいる人を見ると，やるなあと感心する	1	2	3	4	5
11　人が悲しんでいると，かわいそうだと思う	1	2	3	4	5
12　人のちょっとした気分の変化に敏感である	1	2	3	4	5
13　そばに嬉しそうにしている人がいると，自分も嬉しくなる	1	2	3	4	5
14　相手が何かに苦しんでいると，自分のその苦しさを感じるほうだ	1	2	3	4	5
15　他者をよく理解するために，相手の立場になって考えようとする	1	2	3	4	5
16　好きなことに熱中していて楽しそうにしている人を見ると，すばらしいなあと思う	1	2	3	4	5
17　災害にあって困っている人を見ると，同情の気持ちがわいてくる	1	2	3	4	5
18　他者のちょっとした表情の変化に気がつくほうだ	1	2	3	4	5
19　相手がとても幸せな体験をしたことを知ったら，私まで幸せな気分になる	1	2	3	4	5
20　相手の視点に立って，その人が感じている楽しさを理解するようにしている	1	2	3	4	5
21　つらそうにしている人といると，自分もその人と同じようにつらくなる	1	2	3	4	5
22　成功してうれしそうにしている人を見ると，賞賛したい気持ちになる	1	2	3	4	5
23　人が冷たくされているのを見ると，かわいそうになる	1	2	3	4	5
24　他者の心の動きに気を配るほうだ	1	2	3	4	5

他者のポジティブな感情の共有	1（　）＋ 7（　）＋ 13（　）＋ 19（　）＝	÷ 5 ＝
視点取得	2（　）＋ 8（　）＋ 14（　）＋ 20（　）＝	÷ 5 ＝
他者のネガティブな感情の共有	3（　）＋ 9（　）＋ 15（　）＋ 21（　）＝	÷ 5 ＝
他者のポジティブな感情への好感	4（　）＋ 10（　）＋ 16（　）＋ 22（　）＝	÷ 5 ＝
他者のネガティブな感情への同情	5（　）＋ 11（　）＋ 17（　）＋ 23（　）＝	÷ 5 ＝
他者感情への敏感性	6（　）＋ 12（　）＋ 18（　）＋ 24（　）＝	÷ 5 ＝

■ 引用文献

Elkind, D. (1967). Egocentrism in adolescence. *Child Development*, 38, 1025–1034.
遠藤 由美 (1999). 自尊感情　中島 義明・安藤 清志・子安 増生・坂野 雄二・繁桝 算男・立花 政夫・箱田 裕司 (編)　心理学辞典 (pp. 343–344)　有斐閣
原田 恵理子・渡辺 弥生 (2011). 高校生を対象とする感情の認知に焦点をあてたソーシャルスキルトレーニングの効果　カウンセリング研究, 41, 81–91.
葉山 大地・植村 みゆき・萩原 俊彦・大内 晶子・及川 千都子・鈴木 高志・櫻井 茂男 (2008). 共感性プロセス尺度作成の試み　筑波大学心理学研究, 36, 39–48.
平石 賢二 (2006). 視点取得　白井 利明 (編)　よくわかる青年心理学 (pp. 28–29)　ミネルヴァ書房
平木 典子 (2009). アサーション・トレーニング—さわやかな〈自己表現〉のために—　改訂版　金子書房
本田 恵子 (2007). キレやすい子へのソーシャルスキル教育—教室でできるワーク集と実践例—　ほんの森出版
加藤 弘通・太田 正義・松下 真実子・三井 由里 (2013). 中学生の自尊心を低下させる要因についての研究—批判的思考の発達との関連から—　静岡大学教育学部研究報告 (人文・社会・自然科学篇), 63, 135–143.
北村 陽英 (1972). 横断面的に見た思春期　辻 悟 (編)　思春期精神医学 (pp. 13–26)　金剛出版
小泉 令三 (2011). 子どもの人間関係能力を育てるSEL-8S ①社会性と情動の学習 (SEL-8S) の導入と実践　ミネルヴァ書房
小泉 令三 (2016). 社会性と情動の学習 (SEL) の実施と持続に向けて　教育心理学年報, 55, 203–217.
髙坂 康雅 (2008a). 自己の重要領域からみた青年期における劣等感の発達的変化　教育心理学研究, 56, 218–299.
髙坂 康雅 (2008b). 青年期における容姿・容貌に対する劣性を認知したときに生じる感情の発達的変化　青年心理学研究, 20, 41–53.
髙坂 康雅 (2009). 青年期における容姿・容貌に対する劣性を認知したときに生じる感情と反応行動との関連　教育心理学研究, 57, 1–12.
髙坂 康雅 (2013). 青年期の発達　櫻井 茂男・佐藤 有耕 (編)　ライブラリ　スタンダード心理学 7 スタンダード発達心理学 (pp. 165–190)　サイエンス社
楠見 孝 (1995). 青年期の認知発達と知識獲得　落合 良行・楠見 孝 (編)　講座生涯発達心理学 4 自己への問い直し　青年期 (pp. 57–88)　金子書房
松岡 弥玲 (2006). 理想自己の生涯発達—変化の意味と調節過程を捉える—　教育心理学研究, 54, 45–54.
溝上 慎一 (2008). 自己形成の心理学—他者の森をかけ抜けて自己になる—　世界思想社
水間 玲子 (2003). 自己嫌悪感と自己形成の関係について—自己嫌悪感場面で喚起される自己変容の志向に注目して—　教育心理学研究, 51, 43–53.
文部科学省 (2009). 子どもの徳育の充実に向けた在り方について（報告）　文部科学省　Retrieved from http://www.mext.go.jp/b_menu/shingi/chousa/shotou/053/gaiyou/attach/1286155.html（2018 年 3 月 7 日）
村上 達也・中山 伸一・西村 多久磨・櫻井 茂男 (2017). 共感性と向社会的行動および攻撃行動の関連：成人用認知・感情共感性尺度を作成して　筑波大学心理学研究, 53, 91–102.
内閣府 (2009). 　第 8 回世界青年意識調査　Retrieved from http://www8.cao.go.jp/youth/kenkyu/worldyouth8/html/mokuji.html（2018 年 3 月 7 日）
内閣府 (2014). 平成 25 年度我が国と諸外国の若者の意識に関する調査　Retrieved from http://www8.cao.go.jp/youth/kenkyu/thinking/h25/pdf_index.html（2018 年 3 月 7 日）
内閣府 (2017). 子供・若者の意識に関する調査（平成 28 年度）　Retrieved from http://www8.cao.go.jp/youth/kenkyu/isiki/h28/pdf-index.html（2018 年 3 月 7 日）
根見 橘夫 (1997). 劣等感をバネにする生き方　児童心理, 51 (7), 16–22.
日本青年研究所 (2009). 中学生・高校生の生活と意識　Retrieved from http://www1.odn.ne.jp/youth-study/reserch/index.html（2018 年 3 月 7 日）
日本青年研究所 (2012). 高校生の生活意識と留学に関する調査　Retrieved from http://www1.odn.ne.jp/youth-study/reserch/index.html（2018 年 3 月 7 日）
日本青年研究所 (2013). 高校生の進路と職業意識に関する調査　Retrieved from http://www1.odn.ne.jp/youth-study/reserch/index.html（2018 年 3 月 7 日）

落合 良行 (1993). 大学生における生活感情の分析　筑波大学心理学研究, 15, 177-183.
落合 良行 (1997). 青年期における生活感情の構造に関する解明　平成 7・8 年度科学研究費補助金　基盤研究 (C) (2) 研究成果報告書
小塩 真司・岡田 涼・茂垣 まどか・並川 努・脇田 貴文 (2014). 自尊感情平均値に及ぼす年齢と調査年の影響―Rosenberg の自尊感情尺度日本語版のメタ分析―　教育心理学研究, 62, 273-282.
Piaget, J. (1970). Piaget's theory. In P. H. Mussen (Ed.), *Carmichael's manual of child psychology* (3rd ed.): Vol. 1. New York: John Wiley & Sons. (ピアジェ, J. 中垣 啓 (訳) (2007). ピアジェに学ぶ認知発達の科学　北大路書房)
Robins, R. W., Trzesniewski, K. H., Tracy, J. L., Gosling, S. D., & Potter, J. (2002). Global self-esteem across the life span. *Psychology and aging, 17*, 423-434.
Selman, R. L. (2003). *The promotion of social awareness: Powerful lessons from the partnership of developmental theory and classroom practice*. New York: Russell Sage Foundation.
返田 健 (1986). 青年期の心理　教育出版
髙田 利武 (2002). 社会的比較による文化的自己観の内面化―横断資料に基づく発達的検討―　教育心理学研究, 50, 465-475.
外山 美樹 (2006). 社会的比較によって生じる感情や行動の発達的変化―パーソナリティ特性との関連性に焦点を当てて―　パーソナリティ研究, 15, 1-12.
渡辺 弥生 (2001).「こころの教育」実践シリーズ②VLF による思いやり育成プログラム　図書文化社
渡辺 弥生 (2013). ソーシャルスキルトレーニング　山崎 勝之・戸田 有一・渡辺 弥生 (編)　世界の学校予防教育―心身の健康と適応を守る各国の取り組み― (pp. 281-287)　金子書房
山田 洋平 (2008). 社会性と情動の学習 (SEL) の必要性と課題―日本の学校教育における感情学習プログラムの開発・導入に向けて―　広島大学大学院教育学研究科紀要第一部 (学習開発領域), 57, 145-154.
山田 洋平・升野 邦江・小泉 令三 (2014). 総合的な学習と関連づけた心理教育プログラムの教育効果―中学校でのSEL-8S プログラムの活用―　日本教育心理学会第 56 回総会発表論文集, 172.
梁井 迪子 (1961). 時代による青年の態度形成の変化　教育・社会心理学研究, 2, 25-34.

コラム2　青年心理学の研究法

　青年心理学では，主に質問紙法と面接法が用いられている。これは，回答者となる青年が，ある程度言語理解が発達しており，項目文や言語的な質問が理解できるためである。一方で，実験や観察などの方法はあまり用いられることはない。また，青年の内的な世界を理解するため，伝記作家による偉人などの伝記や，日記や手記などの個人の著述，近年ではインターネット上のブログやツイートなどを分析対象とすることがある。さらには，マンガやアニメ，小説，映画，流行歌の歌詞などの作品を分析対象とすることも，他の心理学の領域・分野に比べて多いのではないだろうか。

　どのような研究法であったとしても，それぞれにメリットとデメリットがある。実際にどの研究法を選択するかは，行おうとしている研究の目的にもよるが，その根底にある青年心理学そのものが持つ目的も，研究法の選択には関わってくる。青年心理学では，青年の自己理解や内省を促すような知見を追究する傾向がある。つまり，得られた知見を青年に紹介することによって，青年が自分自身について考え，自分自身を理解するきっかけとなることを目指している。質問紙法のような量的な方法，あるいは法則定立的な方法では，一般的な傾向は把握しやすい。しかし，平均値で青年の心理を説明しようとするため，どうしても多くの青年にとっては，実感が持ちにくく，無機質に感じられやすい。一方，面接や手記で得られたデータは，特定個人に関するものであるため，その実情が想像しやすいが，「その人のこと」という他人ごとになってしまいやすく，自分にあてはめて考えることが難しくなってしまう。近年では，このような量的研究法と質的研究法の長所・短所を補完する方法として「体系的折衷調査法」が提案されている（大野，2011）が，その数は決して多いとはいえない。

　青年心理学は，研究対象が青年である同時に，研究成果を伝える相手も青年であることが多い。そのため，青年から「あなたは自分（青年）のことをわかっていない」といわれる可能性がある。青年について研究する者は，「青年に何をどのように伝えるか」を意識しながら，研究法を選定し，研究を進めていかなければならないのである。

自己意識

　「自分とは何か」。簡単なようで，実に難しい問いです。自分を正しく捉えることは難しく，そもそも何が「正しい」捉え方なのかもわかりません。自分を厳しく律し，高いハードルを課している人もいれば，自分に対して甘く，少しの成功でも喜べる人もいます。中には，自分に対してまったく信頼感や期待を抱けていない人もいます。自分をみること，意識することの意味やそこに関わる感情などを通して，自分で自分をみることの難しさを考えてみましょう。

C-1 青年期における自己意識の特徴

★知る

高坂康雅

1. 自己意識と近接概念

　青年期になると，脳の発達や認知能力の向上などにより，外的な具体物だけではなく，抽象的なもの，そして自分自身にも注意を向けることができるようになる。このような注意・意識の対象が自分自身にあること，あるいは自分自身に対して向けられている意識を**自己意識**と呼ぶ。

　自分自身に意識を向けたとき，人は自分そのものを客観的に捉えることは少ない。名前や所属（○○大学の学生）など社会的に疑いようのないものであれば別であるが，例えば身長であっても，普段から「自分は175cm」という意識をもっているよりは，「自分は背が高い方だ」というように，ある程度主観的な評価や抽象化をして捉えている方が多い。このような客体化された自己に対するイメージ・表象は「**自己像**」と呼ばれ，そこに付随する自身による評価は「**自己評価**」と呼ばれる。

　これら以外にも，自己や自己意識に関わる近接概念として「自己概念」「自己認知」「自己表象」「自尊感情」などがある。これらはどのような内容や特徴に力点を置くのかが異なっているだけであるため（柏木，1983），厳密な区別をして，自己意識だけを独立した単独の概念として扱うことは難しいと考えられる（中谷，2013）。

2. 自己意識を捉える―20答法―

　自分は自分自身のどこに意識を向けているのか，自分をどのように評価しているのかを把握する方法として，Kuhn & McPartland (1954) が開発した**20答法**（Twenty Statements Test; TST）がある。20答法は「私は誰でしょう？」という問いに対して，「私は＿＿＿＿」という20の空欄に，回答者が自分自身について書き入れていく方法である（図C-1-1）。記述された回答は，内容面では，a. 人口統計学的な特徴（年齢，性別，社会的地位など），b. 身体的特徴（身長，体重，容姿など），c. 心理的な特徴（性格，関心事，価値観など），d. 能力（知能，運動能力など），e. 他者からの評価や他者との関わり（○○と仲が良い，周囲から××とみられているなど），f. a～eに対する自分自身の評価（□□が好

```
質問　私は誰でしょう？　以下の空欄に思いついたまま自由に書き入れてください
1　私は　大学生です
2　私は　20歳です
3　私は　マンガが好きです
4　私は　あまり異性からもてない
5　私は　カウンセラーになりたい
　　：
```

図 C-1-1　20答法

きな自分など），g. 過去と未来についての自己像（将来◇◇になりたいなど）があげられる（辻, 1993）。また，客観的に判断可能かどうかという観点で，合意反応（客観的に判断・証明できる）か非合意反応に分けることもできる。

3. 自己意識的感情

　自己に意識を向けたとき，意識された自己に対して何らかの評価をしたり，感情が生じたりすることがある。例えば，他者の前でつまずいて転んでしまったとき，人は恥ずかしいという感情を抱く。これは，人からみた"失敗した自分"を意識することで生じる感情であるといえる。このような評価的な自己意識によって生じる感情を**自己意識的感情**（self-conscious emotions）と呼ぶ。

　自己意識的感情には，恥の他に，罪悪感や困惑，屈辱感，妬みや嫉妬，対人的負債感などのネガティブな感情や，共感や誇り・プライドなどのポジティブな感情が含まれる。これら自己意識的感情は，喜びや悲しみ，怒り，嫌悪，興味のような「一次的感情」とは区別される，より複雑な「二次的感情」であるとされている（Lewis, 1995/1997）。この二次的感情の発現には，自己を客体化できる認知能力（**客体的自己知覚**）と基準や規則，目標などに関する認知能力が必要となる。そして，それらをもとに，自己意識的で評価的感情である二次的感情としての自己意識的感情が生じるとされている（永房, 2009）。

　客体的自己知覚も基準や規則などに関わる認知能力も，認知能力の発達とともに可能になってくるため，形式的操作期となる青年期では，場面・状況・文脈なども考慮した自己意識的感情が複雑に生起するようになるのである。

C-2 青年期を通した自己意識の発達
★変わる

木戸彩恵

1. 移行期としての青年期

　青年期は，児童期から成人期への発達的移行期である。この時期は，身体的・性的な成熟，認知発達，社会環境の変化に伴って様々な側面での自己意識が高まる時期である。Eriksonの**アイデンティティ**理論は，自己意識の高まりを児童期との不連続性，心理社会的な同一性の問題として精神分析的に理論化したものである。溝上（2011）は，こうした時期の発達をある特定の方向性をもって変化する**自己発達**と主体的，個性的に自己を形作る**自己形成**に分けて考え，個性的な自己の変化，すなわち自己形成の割合が相対的に高いことを指摘している。

2. 自己形成と発達

　自己形成は，自己を主体的に，個性的に形作る行為である（溝上, 2011）。James（1984）の**自己の二重性**の定式に従うと，自己には「**知る自己**（self as knower あるいは I）」と「**知られる自己**（self as known あるいは me）」があるとされる。知る自己は行為主体としての自己であり，一方，知られる自己は自己像としての主体の認識と関わる。それらは，自ら定義・再定義するものであり，時間空間的に相互に調整し確立されるものである。自己形成の一連のプロセスは，発達や人生，他者からの評価にたいして絡まない。しかし自己を形成する上で必要とする活動や経験となる（溝上, 2013）。

　自己の発達は身体やモノといった具象的なものを介して理解される自己像（身体的自己）から活動が他者や社会へと関係的に広がっていく中で理解される自己像（行動的自己，社会的自己），反省的な思考能力が発達することに伴って抽象的・概念的に理解される自己像（心理的自己）へと，自己像が変化していくものである（図 C-2-1）。

　自己像の発達とは，他者の視点に自分を位置づけ，世界をみるような構図の発達である。あるときその眼差しがふと自分に向けられる瞬間がある。その瞬間に自己は立ち現れ，次第に具体化していく（溝上, 2008）。

	身体的自己	行動的自己	社会的自己	心理的自己
4 青年期後期	意思による選択,あるいは人格的・道徳的規準を反映させた身体的属性	選択,あるいは人格的・道徳的規準を反映させた活動的属性	社会的関係や社会－人格的特徴に関する道徳的人格的選択	信念の体系,個人的な哲学,自分自身の思考プロセス
3 青年期前期	社会的アピールや社会的相互関係に影響を及ぼす身体的特性	社会的アピールと社会的相互関係に影響を及ぼす活動的特性	社会－人格的特徴	社会的感受性,コミュニケーション,その他心理的に関連する社会的技能
2 児童期中期および後期	活動関連の身体的属性	他者に関連した能力	他者の反応(承認・あるいは不承認)を考慮した行動	知識,学習された技能,動機づけ,あるいは行動に関連した情緒の状態
1 児童期と児童期前期	身体的特性あるいはモノの所有	典型的行動	特定の社会的関係や集団の成員であるという事実	一時的気分,感情,より好み,および嫌悪

図 C-2-1　知られる自己（me）としての発達（溝上, 2008 より作成）

3. 自己の変容

　自己形成によって立ち現れている自己像に対して主体的に働きかけ「自分を変えたい」という意識を，**自己変容**という（千島, 2014）。青年期は自己意識が急速に高まる時期であり，否定的な自己が認識されやすく，同時にその否定性を主体的に克服しようとする志向性も強いとされる（千島, 2016）。

　自己変容にあたっては，自己の「行動の主体」としての側面が欠かせない。主体としての自己が客体化され，こうありたいという理想の自分（**理想自己**）や，こうあるべきという自分（**義務自己**）とのズレを調整しようとする時に，自己の変容が求められる。自らが主体的に自己形成や自己変容を志向する場合には，はたらきかけの対象と，はたらきかける主体とが一致する。それゆえ，自分で自分を変えようとすることには独特の難しさが伴うとされる。

　なお，変容は自己と他者，そして社会との関係性はもちろん，過去・現在・未来の時間的文脈を足場にして起こる（Zittoun, 2006）。自己変容は世界に対する意味づけの基礎となり，さらなる自己変容や**時間的展望**の感覚を伴う自己の可能性の追求につながるものとなる。

C-3 日本の自己意識と欧米の自己意識
★比べる
木戸彩恵

1. 文化と自己

1990年前後から文化と自己との関連は多くの心理学者の関心を集めている。その流れの中で，最も大きな影響を与えているのが，北山ら（Markus & Kitayama, 1991 など）の**文化的自己観**の研究である。文化的自己観は，集合的，歴史的，発達的に形成されるものであり，社会的現実と人の心理を構成する一要因となる（北山, 1997）。現代心理学の理論の多くは，文化による自己観に注意を払わずに発展してきたものが多い。そのため，欧米で優勢な「**相互独立的自己観**」に基づくことが多く，日本のような「**相互協調的自己観**」が優勢な文化では心理的な傾向性の違いが予測されることから，再考の余地があることを北山らは指摘している（田中, 2002）。

2. 相互協調的自己観と相互独立的自己観

文化的自己観の理論では，アメリカを含む欧米圏の文化のもとでは相互独立的自己が優勢になり，それに対して，日本を含むアジア圏の文化のもとでは相互協調的自己が優勢になるとされる。より具体的には，協調性を重んじる自己観のことを相互協調的自己観という。その特徴は，自分は平均的な人間と考え，ネガティブな出来事によって傷つきやすい点にある。相互協調的自己観に基づく文化においては，自尊感情を維持する上では，成功条件よりも失敗条件の方が重要と判断しネガティブな評価をもたらす課題に固執することから，自己改善をはかろうとする傾向が認められる。

これに対して，独自性を重んじる自己観のことを相互独立的自己観という。特徴として，自分を常に他者よりもユニークであると考え，自分はネガティブな出来事によって傷つくことが少ない点にある。自尊感情を維持するためには，成功条件が重要と思い込み，ポジティブな評価を伴う課題に固執することで，自己高揚を確実なものにしようとする傾向が認められる。

3. 文化的差異から探る共生

文化的差異は，自己形成の背景となる社会システムから生じる差異であると考えられており，自己と文化の相互構成システムとして，自己観，社会・文化

的習慣や制度，日常的現実，心理傾向が想定されている（図C-3-1，図C-3-2）。文化による自己観の違いは，個人の集団に対する認識や，行動の動機づけなどにも差異を生じさせるとされる。より近年では，文化的自己観と思考様式の認知プロセスの統合的理論として社会思考仮説も提唱されている（増田, 2017）。一連の試みは，文化共生を考えるために重要な役割を果たしている。

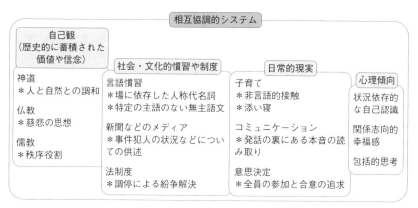

図 C-3-1　日本における自己と文化の相互構成システム（北山, 2000 より作成）

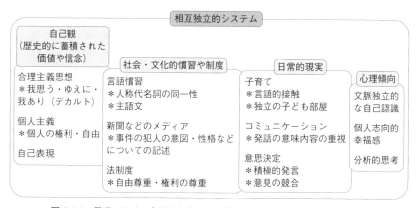

図 C-3-2　欧米における自己と文化の相互構成システム（北山, 2000 より作成）

C-4 青年の自己意識に及ぼす社会的な動向・変化
★取り巻く

木戸彩恵

1. 近代社会からポストモダン社会にかけての自己意識に関する理論の変遷

現代社会は，Erikson が**アイデンティティ理論**を打ち立てた 1950 〜 60 年代とは，質的な断絶を持って変化している。ポストモダンの自己を理解するためには，自己を従来考えられてきたような統合された 1 つの役割を担う存在としてみなすだけでは十分でない。「学生としての私」「アルバイトスタッフとして働く私」「娘としての私」というように他者との関係性の中で状況依存的に構築される役割を生きる自己は，Gergen が「**飽和した自己**」としたように多元的なあり方を前提として捉える必要がある。

Gergen は，アイデンティティが目指す同一化的な自己の代わりに，断片化と一貫性のない状況下における自己についての理論を打ち立てた。こうした研究の動向は，1980 年代から認められる。例えば，Marcia は「文化的に適応した拡散型アイデンティティ」という類型の増加を認めており，自己「探求」はするものの，永続的な「コミットメント」はしない点に現代の青年の特徴があるとしている（溝上，2008）。

2. 社会的な動向・変化と自己観の変容

自己に対する新たな理論の登場は，実際の社会的な動向・変化と関連している。高石（2009）は，団塊世代とポスト団塊世代のパーソナリティを比較し，1960 〜 1980 年代前半までに学生時代を過ごした世代のこころの構造として人格の統合性が求められるのに対し，1980 年代末以降に学生時代を過ごす世代のこころの構造は，人格の統合性が相対的に希薄であり，自我をバラバラのまま併存させているとしている。そして，パーソナリティの構造的変化が起こった理由については，生活環境の IT 化や成長社会から成熟社会への価値観の変換など，様々な要因が考えられると述べている。

同様に，溝上（2008）も，日本においてバブル経済崩壊後の 10 年，職業世界の改革の刷新が推し進められ，その結果，とりわけ企業の大小，業種を問わず，転職行動はかなり一般化した。このことは，青年期の職業的役割を中心とするアイデンティティ形成に多かれ少なかれ影響を及ぼしており，ひいては自己定

義にも影響を及ぼしていると指摘した。このような社会的背景をもとにした現代の青年の自己観は，状況依存的で多元的な性質を持つ。実際の行動レベルでは，当面の自己定義だけをしておいてしばらくはそれでやってみる，あるいは，相手に応じて自己のあり方を変えて表現するという傾向性がみられる。

現代的な自己のあり方は，多くの場合，複数化・断片化・流動化として扱われることが多いが，より本質的には，人の生活・人生に関わる場が「多領域化」していること，それに伴い現代の社会に適した自己のあり方が新たに発生したことである。

3. ポストモダン社会における動的な自己の捉え方

現代における動的で複数性をもつ自己を捉えるための方法として，Hermans & Kempen（1993/2006）の提唱した**対話的自己論**がある。対話的自己論では，「知る自己（self as knower あるいは I）」と「知られる自己（self as Known あるいは me）」により統合された自己が唯一無二の「私」と考えるのではなく，多元化した複数の「私」を仮定する。対話的自己理論において，自己はあるポジションから異なるポジションへと想像的空間の時空を多様に，またダイナミックに移動すると考える。これを対話的自己理論では，**ポジショニング**と呼ぶ。こうした想像的空間の中での個別具体的水準における「私」群の形成こそが自己全体の形成であるとみる自己の分権化した世界観に，対話的自己理論の決定的な特徴がある（溝上，2008）。

なお，対話的自己理論においては，単に複数の自己が共存すると考えるのではなく，複数ある自己が互いに声（voice）を発すると考える。そうした声が自己間で互いに対話を行う。そうすることで自己群においての役割葛藤や，自己定義の葛藤が生じる。こうした葛藤が生じることにより，一時的に形成されている「私」群の変容が生じ，自己変容につながっていく。

現代社会では，役割観や個人の価値観が重視される。自己は，暫定的な観点からは複雑に構成されたシステムを持つ構造であり，また，発達的な観点からはダイナミックなプロセスをたどる現象といえる。ポジショニングを繰り返すことで，自他の境界域，自己と他者の関係性は次第に明らかになっていくが，複数の「私」の葛藤・調整が必要になる場がある。自己内に起こり得る不和を考えるためにも，対話的自己論に新たな可能性が見出されている。

C-5 自己の中のズレ

★陥る

高坂康雅

1. Rogersによる理想自己と現実自己のズレ

人は自己を捉える際，現在の自分だけではなく，「こうなりたい」と望む理想の自分も持っている。この「こうなりたい」という理想の自分の姿を**理想自己**（ideal self）と呼び，現在の自分の姿を**現実自己**（actual self）と呼ぶ。

この理想自己と現実自己のズレに着目したのが，**クライエント中心療法**を提唱したRogers（1951など）である。Rogersは理想自己と現実自己のズレが大きいと，何らかの不適応を生じさせることがあると指摘している。そして，治療を通して，理想自己と現実自己が適正な水準になると，適応的な状態になるとしている。

発達的な視点でみると，青年期においては，理想自己の方が現実自己よりも優れていることが多い。松岡（2006）は理想自己と現実自己のズレおよび自尊感情の生涯発達的視点から検討している。その結果，理想自己と現実自己のズレは高校生が最も大きく，年齢が上がるにつれて小さくなっていく。それに対して，自尊感情は高校生が最も低く，年齢が上がるにつれて，自尊感情は高まっていくことが示されている（図C-5-1）。また，青年期で最も強まるとされている劣等感も，現実自己と理想自己の比較によって，現実自己が理想自己よりも劣っているために生じる感情であるとされている（高坂, 2013）。

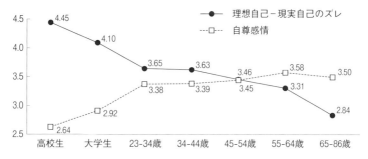

図C-5-1 年代別の理想自己－現実自己ズレ得点と自尊感情得点（松岡, 2006より作成）

2. Higgins の自己不一致理論

認知心理学の観点から自己意識のズレについて論じているのが Higgins (1987) の**自己不一致理論**（self-discrepancy theory）である。Higgins (1987) はこの自己不一致理論によって，「自己概念」と「自己指針」とのズレによって生じる感情状態の違いを説明しようとしている。Higgins はまず，自己の領域として従来の現実自己と理想自己だけではなく，**義務自己**（当為自己；ought self）を加えた3領域としている。また，自己に対する観点についても，自分自身（own）に加えて，親や教師のような重要な他者（significant other）を設定しており，これらを組み合わせることにより，6つの自己表象のタイプを提示している（表 C-5-1）。このうち，「現実/自己」と「現実/他者」が「自己概念」に相当し，それ以外の4つは「自己指針」として機能するとされている。

現実自己と理想自己とのズレは，理想や願望が達成されていない，目標に到達していないという「肯定的な状態にない（よくない；absence of positive outcome）」ことを示している。そのため，不満足や失望，悲しみなど失意や落胆に関連する感情が生起する。一方，現実自己と義務自己とのズレは，義務や役割，あるいは道徳的にしなければならないと感じていることが実現できていないという「否定的な評価が下された状態である（悪い；presence of negative outcome）」ことを意味している。そこで生じる感情は，現実自己と理想自己とのズレとは異なり，罪悪感や不安，罰や制裁を受けることへの恐れなどの否定的な感情が生じることになる。

表 C-5-1 Higgins の自己の領域と自己をみる観点の組み合わせ

自己の領域 (Domains of the self)	自己をみる観点 (Standpoints on the self)	
	自分 (own)	他者 (significant other)
現実自己 (actual self)	現実/自己 (actual/own) 自分が捉えている現実の自分	現実/他者 (actual/other) 「重要な他者は私を○○だと思っている」という自己像
理想自己 (ideal self)	理想/自己 (ideal/own) 「私は○○になりたい」という自己像	理想/他者 (ideal/other) 「重要な他者は私に○○になってほしいと思っている」という自己像
義務自己 (ought self)	義務/自己 (ought/own) 「私は○○であるべきだ」という自己像	義務/他者 (ought/other) 「重要な他者は私に○○であるべきだと思っている」という自己像

C-6 自己意識に関わる臨床・教育実践
★支える　　　　　　　　　　　　　　　　　　　　　　　　　　　　木戸彩恵

1. 青年期の自己意識とネガティヴな心理状態

　青年期は一般的に自己意識が高まる時期である。自己意識は，自分の内面や感情，気分など，他者からは直接観察されない自己の側面に注意を向ける**私的自己意識**と，自己の服装や髪型，あるいは他者に対する言動など，他者が観察し得る自己の側面に注意を向ける**公的自己意識**に分けられる。男女別では，私的自己意識・公的自己意識ともに，青年期においては女性が高いとされる。また，公的自己意識の高さは，他者からみた自分を強く意識することから，不安や抑うつ傾向など，ネガティヴな心理状態と関連することも知られている。さらに，青年期の女性は自己意識の高まりと連動し自己評価や自尊感情が低下することも指摘されている（伊藤，1988）。

2. 青年期女性の食行動異常と摂食障害

　自己意識に関わる臨床・教育実践の例として，青年期女性の食行動の異常と**摂食障害**を取り上げる。神村・坂野（1992）によると，否定的な信念や公的自己意識の強さ，自己主張の困難さなどが肥満恐怖や異常な食行動など関連する。さらに，近年では社会的動向として，みた目への関心の高まりから，ダイエット志向の低年齢化傾向が問題となっている。

　摂食障害は，若年期女性の発症が一般的に90％とされ，先進国に多くみられる疾患である。摂食障害に至る要因として，成熟拒否，母娘関係の問題，**痩身願望**などがあるとされ，さらに女らしさに対する社会的強迫の関与も指摘されている（鈴木・伊藤，2001）。摂食障害に罹患する場合には，他の精神疾患や行動の障害の併存が多いこと，また，近年では病型の多様化も問題となっている（中井，2016）。

　より具体的には，DSM-5によると，摂食障害は神経性食欲不振症（anorexia nervosa = AN）と神経性過食症（bulimia nervosa = BN），むちゃ食い障害（binge-eating disorder = BED），およびその他の摂食障害に大別される。なお，**強迫性パーソナリティ傾向**や完ぺき主義がANと，また，抑うつや不安などがBNならびにBEDの発症と関連があると報告されており，こうした心理的特

徴が摂食障害の発症につながるといわれている（厚生労働省, 2011）。

　とりわけ，AN に関連の深い痩せは，止められないところに病的な認識が認められる。痩せることによるメリットは，辛い現実を考えないで，達成感，優越感，擬似安心感，周囲の関心，義務の免除などが得られることであり，そこには少なからず自己コントロール感が生じていると考えられる（鈴木, 2005）。痩せるという現象には，ファッションの延長的感覚としての身体改造の側面も含まれており，自己像をコントロールしたという認識が，摂食障害に特有の自尊感情の低さを補償すると考えられる。

3. 摂食障害の治療と発達に応じた臨床的介入

　摂食障害の治療は難しい。もっとも大きなクライエント側の原因は，治療への抵抗感とドロップアウト，再発の多さである。治療者側にとっての難しさは，医師にとっては薬物療法がほとんど無効であること，心理士にとっては低体重などによる身体合併症状が一般的であり，引き受けにくいこと（永田, 2011）。さらに，他の精神疾患や行動の障害といった併存症がより治療を難しくしていることにある。そのため，治療的介入にあたっては心理社会的治療が中心であり，医師・心理士をはじめ多くの業種の関与と協力を要する（中井, 2016）。実際の摂食障害の治療では，薬物療法，精神療法，身体療法，行動療法，認知行動療法，家族療法などを組み合わせて包括的に行うのが主流とされる（高木・鈴木, 2001）。なかでも，認知行動療法は BN への効果が確認されており（永田, 2011），本邦においては広く受け入れられている。

　より世界的で新たな療法としては歪んだ**身体イメージ**と過度な痩せ（体重や体型）に対する関心からの影響を認知的に取り除く個人への介入でなく，生物学的・遺伝学的な影響を考慮に入れつつ，養育者らを治療チームとみなし決定的に重要な役割を果たす援助者と位置づける family-based treatment（FBT）アプローチが注目されている。このアプローチにおいて，栄養学的なリハビリテーションは認知を改善させるために重要と考えられ，また，年齢に見合った治療の適応に焦点が当てられる（Campbell & Peebles, 2014）。

　なお，摂食障害への予防的介入としては，発達とともに出現する自己意識の高まりや自尊感情の低下に由来する危機的状況への対応（鈴木・伊藤, 2001）や摂食障害に対する正しい知識の啓発が有用であるとされる。

C-7 自己意識傾向尺度

★測る　　　　　　　　　　　　　　　　　　　　　　　　　　　　　　　　高坂康雅

　Rogers（1951）のカウンセリング理論やHiggins（1987）の自己不一致理論（C-5参照）では，理想自己や義務自己と現実自己とのズレ・乖離が不適応と関わると指摘されている。そのため，理想自己に関する研究でも，理想自己と現実自己の差得点を算出し，適応指標などとの関連が検討されてきた。

　しかし，人は現在の適応のみを求めて生きているわけではなく，理想自己を抑えて，「こうあるべき」とされる自己（義務自己）を強く意識して生きなければならないときもあれば，そのような義務自己や理想自己を放って，今現在を重視するときもある。つまり，これら複数の自己については，差異だけではなく，それぞれが置かれた状況や文脈によって，どの自己を強く意識するかという「意識傾向の強さ」あるいは「意識の方向性」が重要な観点となってくるのである。

　杉本ら（2009）は，このような観点から，理想自己・義務自己・現実自己それぞれに向けられる意識の強さを測定する尺度である自己意識傾向尺度（表C-7-1）を作成しており，下位尺度はそれぞれの自己像に対応している。高校生と大学生を対象に行った調査の結果では，「理想自己意識傾向」の平均得点は，高校生男子が3.84（標準偏差0.94），高校生女子が3.87（0.87），大学1・2年生男子が4.07（0.77），大学1・2年生女子が4.10（0.69），大学3・4年生男子が4.23（0.78），大学3・4年生女子が4.26（0.68）であった。また「義務自己意識傾向」の平均得点は，高校生男子が3.31（0.95），高校生女子が3.53（0.82），大学1・2年生男子が3.64（0.81），大学1・2年生女子が3.64（0.76），大学3・4年生男子が3.68（0.74），大学3・4年生女子が3.91（0.63）であり，「現実自己意識傾向」の平均得点は，高校生男子が3.47（0.63），高校生女子が3.60（0.57），大学1・2年生男子が3.70（0.62），大学1・2年生女子が3.74（0.59），大学3・4年生男子が3.93（0.62），大学3・4年生女子が3.93（0.57）であった。いずれの自己意識についても，高校生や大学1・2年生よりも大学3・4年生の方が得点が高く，年齢が上がるにつれて，自己像が明確になっていると考えられる。

　信頼性については，α係数が算出されているが，.69～.77と許容範囲内の値が示されているといえる。妥当性については，時間的展望体験尺度（白井，

1994）との関連が検討されている。「理想自己意識傾向」や「義務自己意識傾向」は，未来に関わる「目標指向性」や「希望」と正の相関がみられ，「現実自己意識傾向」は時間的展望体験尺度 4 下位尺度のいずれとも正の相関を示しており，特に「理想自己意識傾向」や「義務自己意識傾向」ではみられなかった「現在の充実」との間に正の相関がみられたことが特徴的であるといえる。

また，自己受容性との関連では，いずれの自己意識も「生き方」や「他者との関わり」との間には正の相関を示した。それに加え，「義務自己意識傾向」は「情緒不安定でないこと」や「自信・自己信頼に欠けていないこと」と負の相関を示したのに対して，「現実自己意識傾向」は「自信・自己信頼に欠けていないこと」や「自分自身への満足感」と正の相関を示し，「理想自己意識傾向」はこれらとは有意な関連を示さなかった。

杉本ら（2009）では，3 つの自己意識を用いてクラスター分析を行い，5 つの自己意識傾向パターンも見出している。このようなパターンの違いが青年の適応や発達とどのように関わるのか，今後の展開に期待したい。

表 C-7-1　自己意識傾向尺度（杉本ら，2009 より作成）

【質問】あなたは以下の項目にどの程度あてはまりますか。

	全くそう思わない	あまりそう思わない	どちらともいえない	ややそう思う	大変そう思う
1　こういう自分でいなくてはならないとよく意識する	1	2	3	4	5
2　理想としている自分のイメージを持ち続けるのは何よりも大切に思う	1	2	3	4	5
3　自分は何よりも「今」を一生懸命に生きていきたいとよく思う	1	2	3	4	5
4　自分の「こうあるべき姿」というイメージがある	1	2	3	4	5
5　人生において理想とする自分に近づくことは大切だと思う	1	2	3	4	5
6　ありのままの自分を大切にしたいとよく思う	1	2	3	4	5
7　果たすべき自分の役割というものをしばしば考える	1	2	3	4	5
8　「今」はあくまでも一時的なもので，そこまで重要だとは思わない	5	4	3	2	1
9　現在の自分というものをあまり重要視していない	5	4	3	2	1
10　今現在の自分自身を何よりも大切に考える	1	2	3	4	5
11　人生は毎日の積み重ねであるように思う	1	2	3	4	5
12　理想とする自分の姿をよく意識する	1	2	3	4	5
13　現実の自分を充実させることに重きを置くよう意識している	1	2	3	4	5

義務自己意識傾向　1(　) + 4(　) + 7(　) = 　　　÷ 3 =
理想自己意識傾向　2(　) + 5(　) + 12(　) = 　　　÷ 3 =
現実自己意識傾向　3(　) + 6(　) + 8(　) + 9(　) + 10(　) + 11(　) + 13(　) = 　　　÷ 7 =

■ 引用文献

千島 雄太 (2014). 大学生における自己変容に対する志向性の諸側面―人格発達,心理的適応との関連に着目して― 青年心理学研究, 25, 85-103.

千島 雄太 (2016). 大学生における自己変容に対する志向性の発達―時間的展望の拡大と分化の観点から― 青年心理学研究, 27, 129-139.

Campbell, K., & Peebles, R. (2014). Eating disorders in children and adolescents: State of the art review. *Pediatrics, 134*, 582-592.

Hermans, H. J. M., & Kempen, H. J. G. (1993). *The dialogical self: Meaning as movement.* San Diego, CA: Academic Press. (ハーマンス, H. J. M., & ケンペン, H. J. G. 溝上 慎一・水間 玲子・森岡 正芳 (訳) (2006). 対話的自己―デカルト／ジェームズ／ミードを超えて― 新曜社)

Higgins, E. T. (1987). Self-discrepancy: A theory relating self and affect. *Psychological Review, 94*, 319-340.

伊藤 裕子 (1988). 性差 日本児童研究所 (編) 児童心理学の進歩 Vol. 27 (pp. 151-181) 金子書房

James, W. (1984). *Psychology: Briefer course.* Cambridge, MA: Harvard University Press.

神村 栄一・坂野 雄二 (1992). 女子学生における摂食行動と肥満度及び認知的反応の関係 カウンセリング研究, 25, 65-71.

柏木 惠子 (1983). 子どもの自己の発達 東京大学出版会

北山 忍 (1997). 文化心理学とは何か 柏木 惠子・北山 忍・東 洋 (編) 文化心理学―理論と実証―(pp. 17-43) 東京大学出版会

髙坂 康雅 (2013). 青年期の発達 櫻井 茂男・佐藤 有耕 (編) ライブラリ スタンダード心理学 7 スタンダード発達心理学 (pp. 165-189) サイエンス社

厚生労働省 (2011). 知ることからはじめようみんなのメンタルヘルス総合サイト Retrieved from http://www.mhlw.go.jp/kokoro/speciality/detail_eat.html (2017 年 9 月 18 日)

Kuhn, M. H., & McPartland, T. S. (1954). An empirical investigation of self attitudes. *American Sociological Review, 19*, 68-76.

Lewis, M. (1995). *Shame: The exposed self.* New York: Plenum Press. (ルイス, M. 髙橋 惠子 (訳) (1997). 恥の心理学―傷つく自己― ミネルヴァ書房)

Markus, H. R., & Kitayama, S. (1991). Culture and the self: Implications for cognition, emotion, and motivation. *Psychological Review, 98*, 224-253.

増田 貴彦 (2017). 文化心理学理論のこれまでとこれから 心理学ミュージアム, 76, 5-8.

松岡 弥玲 (2006). 理想自己の生涯発達―変化の意味と調節過程を捉える― 教育心理学研究, 54, 45-54.

溝上 慎一 (2008). 自己形成の心理学―他者の森をかけ抜けて自己になる― 世界思想社

溝上 慎一 (2011). 自己形成を促進させる自己形成モードの研究 青年心理学研究, 23, 159-173.

溝上 慎一 (2013). 自己形成を促進させる自己形成モードの研究―小平英志氏・谷冬彦氏のコメントに対するリプライ― 青年心理学研究, 24, 215-220.

永房 典之 (2009). 自己意識的感情の理論 有光 興記・菊池 章夫 (編) 自己意識的感情の心理学 (pp.37-53) 北大路書房

永田 利""#""子 (2011). 摂食障害の認知行動療法 総合病院精神医学, 23, 355-363.

中井 義勝 (2011). 摂食障害治療ガイドラインについて 心身医学, 41, 120-126.

中谷 素之 (2013). 自己意識の発達 二宮 克美・浮谷 秀一・堀毛 一也・安藤 寿康・藤田 主一・小塩 真司・渡邊 芳之 (編) パーソナリティ心理学ハンドブック (pp. 209-214) 福村出版

Rogers, C. R. (1951). *Client-centered therapy: Its current practice, implications, and theory.* Boston, MA: Houghton.

白井 利明 (1994). 時間的展望体験尺度の作成に関する研究 心理学研究, 65, 54-60.

杉本 英晴・名取 洋典・青柳 肇 (2009). 理想自己・義務自己・現実自己への意識傾向に関する尺度作成の試み ソーシャル・モチベーション研究, 5, 20-35.

鈴木 幹子・伊藤 裕子 (2001). 女子青年における女性性受容と摂食障害傾向―自尊感情,身体満足度,異性意識を媒介として― 青年心理学研究, 13, 31-46.

鈴木 公啓 (2005). 装いとしてのダイエット―イメージ,そして興味と経験の側面から― 繊維消費学会誌, 46, 55-61.

髙木 洲一郎・鈴木 裕也 (2001). 摂食障害に対する医療現場の実情と今後わが国で望まれる治療システムの提言 (第 2 報) 心身医学, 41, 549-556.

高石 恭子（2009）．高等教育の動向—現代学生のこころの育ちと高等教育に求められるこれからの学生支援　京都大学高等教育研究, 15, 79-88.
田中道弘（2002）．文化と自己　梶田叡一（編）　自己意識研究の現在（pp. 171-188）　ナカニシヤ出版．
辻 平治郎（1993）．自己意識と他者意識　北大路書房
Zittoun, T.（2006）*Transitions; Development through symbolic resources*. Greenwich, CT: Information Age Publishing.

コラム3　青年期における環境移行

　どの年代においても環境移行は存在する。成人期であれば転居や転職，結婚，老年期であれば退職などが，環境移行のきっかけとなるであろう。しかし，これらは同世代の多数が同時期に経験するとは限らない。それに対して，青年期の環境移行は，同世代のほぼ全員が同じタイミングで経験するという特徴がある。例えば，小学校から中学校へ，中学校から高校へという学校環境・段階の移行は，同じ年齢の者であれば，ほぼ全員が経験する者である。現在，大学・短大への進学率が約60％であることから，同年代の半数以上が，高校から大学・短大への環境移行を経験することになる。また，大学3年の3月になると就職活動が本格化し，1年後には大学を卒業して，社会人になるという環境移行も生じる。このように青年期では3～4年に1度大きな環境移行が生じるのである。

　このような環境移行は，自身の達成や成功の証や，対人関係・社会の広がり，大人へのステップの一歩など，肯定的な意味付けをされることが多い。一方，環境移行が青年自身やその家族，周囲の者にとって否定的な意味をもつ場合も少なくない。以前から「小1プロブレム」や「中1ギャップ」などのように，学校環境・段階への移行によって生じる困難や問題を指す言葉が広まっており，それらを予防したり，対応したりするための政策や支援のあり方が検討されている。また，近年は「高1クライシス」という言葉も生まれている。さらに，大学の全入時代を迎え，学習意欲に乏しかったり，経済的に進学が難しかったりする状況であっても，「とりあえず大学には」という気持ちで大学進学をする者がいる。希望する大学や学部とは異なった大学・学部に不本意ながら入学する者もいる。大学では，クラス制もなく，学習や生活全般を自分で管理していかなければならない。高校までとは大きく異なった環境の変化に対応ができずに，休学・退学をする者も少なくない。他の学校段階にあわせるなら「大1コンフュージョン(混乱)」とでもいうべき状態が，特に大学1年生ではみられている。

　このような混乱を示す学生のために，各大学が初年時教育やサポート体制を整えているが，まだ十分とはいい難い。環境移行を機に成長するためには，本人の努力だけではなく，周囲からの支えも必要なのである。

アイデンティティ

　アイデンティティを形成・確立することは，青年期の主要なテーマとされています。しかし，アイデンティティを形成する道のりは，未確立な状態から確立した状態への一本道ではなく，回り道や後戻り，紆余曲折を伴う長い行程です。ですが，そのアイデンティティ形成に伴う紆余曲折が青年らしさであり，またその人らしさを生むのかもしれません。アイデンティティ形成に伴う苦難や挫折も含めて，青年期におけるアイデンティティ形成について，理解を深めましょう。

D-1 アイデンティティ

★知る
畑野　快

1. アイデンティティとは

　アイデンティティ（identity）という言葉は，外来語ではあるものの，日本でも一般的に用いられる言葉である。多くの人は，アイデンティティを概ね「自分が自分であること」と考えているだろう。しかし，アイデンティティという言葉は，和訳すると単に同一性，すなわち「同じであること」であり，この言葉自体に「自分が自分であること」のような意味は含まれない（溝上, 2008）。

　アイデンティティに「自分が自分であること」というイメージを与えたのは，発達心理学者の Erikson である。Erikson によると，アイデンティティとは，個人が自分の内部に斉一性と連続性を感じられることと，他者がそれを認めてくれることの，両方の事実の自覚である（Erikson, 1959/2011）。もう少し具体的に考えてみよう。私たちは，普段，別の誰かではなく，わたしがわたしである，ということに疑いを持つことなく生きている。なぜなら，わたしには，これまでわたしとして生きてきた記憶があり，これからのわたしもわたしであると確信しているからである。つまり，この「わたしがわたしである」という確信は，わたしの記憶をもとに，過去，現在，未来のわたしがつながっていること（時間的連続性），また，まとまりをもっていること（斉一性）から生じているのである。

　わたしがわたしであるという感覚は，個が持つ主観的な感覚ではなく，他者からの承認をもとに生じる感覚でもある。ここでの，他者は，個人にとっての重要な他者から社会，文化に至るまで非常に汎用的な意味を持つ（溝上, 2008; 杉村, 1998）。わたしが明日から別の誰かになろうとしても（主観的には可能であるが），不可能である。別の誰かになるためには，別の誰かであるという承認（戸籍，名前，社会的関係性など）を得る必要があるからである。このように，Erikson は，「わたしがわたしである」という感覚をしっかりしたものにするには，自分の自覚だけでは不十分で，社会で認められている「何か」とわたしが「同じである」という証明，承認が必要だと考えたのである。

2. 統合と混乱の統合体としてのアイデンティティ

　ただし，人はみな，常に明確なアイデンティティを持っているわけではない。多くの人は，友だちにいわれた何気ない一言から「そんなふうに思われていたのか」と気づいた経験があるだろうし，自分は公務員になると強く思っていたとしても，公務員試験に合格しなければ（つまり，他者の承認を得ることができなければ）公務員になることはできない。私たちは，"自分はこうだ"と思っていても他者からの承認が得られないことを契機として，"自分はこうではない"と気づかされ，自分のあり方の探求を余儀なくされる。Eriksonは，アイデンティティが一貫している状態を特に**統合**（synthesis）と呼び，そうでない状態を**混乱**（confusion）と呼んだ。私たちは，自分のある部分に混乱を感じていても，全体として統合の感覚が強ければ，大きくはアイデンティティの問題を感じないが，逆の場合はアイデンティティの問題を感じることとなる。すなわち，アイデンティティとは，統合と混乱のバランスによって生じる統合体としての感覚なのである（Schwartz, 2007）。

3. アイデンティティの発達と人生の価値基準の探求

　アイデンティティの発達とは，混乱の感覚が強い状態から統合の感覚が強い状態へと変わっていくことを意味する。これは，青年が自らの価値基準を探求し，見つけ，積極的に関わっていくプロセスとして理解されてきた。青年は，一人立ちした大人になるために，人生の生き方を探求し，決定していく。その際，青年は，白紙の状態から自分の人生を決めるのではない。青年は，これまで関わってきた他者（特に親や教師などの重要な他者）から取り込んだ価値基準を持っており，それをもとに，人生を探求する。もちろん，その価値基準のまま人生を決定する場合もあるが（例えば，親の教師としての価値観を基に，教師になると決める），それを捨て，自ら新しい価値基準を探求し，見つけ，積極的に関わっていくこともある。価値基準を探求している状態は，わたしがどのようにあるべきか模索している状態（混乱）であろうし，価値基準に積極的に関わっている状態は，こうありたい，と思っているわたしが明確な状態（統合）といえる。このように，アイデンティティの発達とは，個人にとっての重要な他者から影響を受けて構築してきた自分の生き方についての価値基準を，自らの将来への生き方をもとに再検討・再構築していく自己定義のプロセスなのである（溝上ら, 2016）。

D-2 青年期を通したアイデンティティ発達
★変わる
畑野　快

1. Marciaのアイデンティティ地位

アイデンティティ発達のプロセスを理論化したものが Marcia の**アイデンティティ地位**である。Marcia は，青年が価値基準を探求してきたかどうか，責任をもって関わる価値基準を持っているかどうか（**コミットメント**：commitment）に着目し，青年のアイデンティティの状態を4つの地位に分類した（Marcia, 1966)。それらは，**拡散**（探求もコミットメントもしていない状態)，**早期完了**（探求はしていないが自分ではなく親や他人の価値観や信念にコミットメントしている状態)，**モラトリアム**（探求の過程)，**達成**（探求を経てコミットメントしている状態）である。そして，Marcia は，青年が，人生の価値基準を考えていない状態（拡散）から，他者から取り入れた自分の価値基準に傾倒する状態（早期完了)，それから脱し，新たな自分の価値基準を探求している状態（モラトリアム）へと移行し，探求した結果，最終的に自らの価値基準を構築する状態（達成）へと発達的に移行していくプロセスを考えた（Kroger et al., 2010)。Marciaの理論は，混乱から統合へと向かうアイデンティティのプロセスに着目した研究であるため，統合，混乱を対象とした研究（アイデンティティ・プロダクトの研究）に対してアイデンティティ・プロセスの研究と呼ばれる（畑野ら, 2014)。

2. 生涯発達としてのアイデンティティ：MAMA サイクルの提唱

アイデンティティ地位研究は Marcia によって提唱されて以来，膨大な量の研究が蓄積されてきた（レビューとして Kroger & Marcia, 2011)。**アイデンティティ地位**研究は，青年期（特に後期）におけるアイデンティティ発達に焦点を当てたものであったこともあり，アイデンティティの発達は，多くの研究者に，青年期の発達課題として理解されてきた。しかし，青年が，達成の状態に到達した場合，それ以降，アイデンティティが発達する機会は失われるのであろうか。Stephan et al.（1992）の研究では，一旦，達成と判断された青年が，再びモラトリアムと判断される場合があること，また，モラトリアムの過程を経て，達成に至る可能性があることを報告している。ここで考察されたモラトリアムと達成を繰り返す現象は，**MAMA サイクル**（Moratorium-Achievement

Cycle; Stephen et al., 1992) と呼ばれており，この研究は，アイデンティティの発達が，必ずしも青年期に特徴的な課題ではなく，生涯にわたって続く可能性があることを示唆していた。青年は，青年期に自ら決めた価値基準を持っていたとしても，新たな他者との出会いによって揺らぎ，再検討・再構築を迫られることがある。すなわち，達成の青年であっても再び探求の過程（モラトリアム）に陥り，そのまま拡散するかもしれないし，新たな価値基準を構築し，再び達成の状態に戻ることもある。そうであるならば，アイデンティティ地位における探求とコミットメントの関係を捉えなおす必要が出てくる。なぜなら，アイデンティティ地位におけるコミットメントとは，探求した結果，自分が見つけた価値基準に責任を持って関わっている状態を指すため，探求に逆行することは，その前提を覆すことになるからである。MAMAサイクルの提唱は，青年期特有の発達課題としてではなく，生涯発達の観点からアイデンティティ発達を理解することの重要性を示し，また，探求，コミットメントの捉え方を再考させるきっかけになった。

3. 探求，コミットメントの捉えなおし：深い探求，コミットメントの同一化

　Meeus (1996) は，アイデンティティ地位に関する研究を概観する中で，コミットメントする価値基準を見つけたとしても，様々な情報を収集したり，他者と話すことによって，本当に私にとってその価値基準が望ましいものなのか探求する青年がみられることを指摘している。この探求は，Marcia の探求が様々な価値基準を模索することで，自らの可能性を広げようとする探求（in breadth exploration）であることに対して，傾倒している価値基準をより深める探求（in depth exploration）といえる。一方，Bosma (1985) は，青年のアイデンティティ地位を測定する中で，自らが求める価値基準を見つけ，それに傾倒している青年と，自分の求める価値基準に傾倒する中で，自分が自分であるという安心感や自信（すなわち統合の感覚）を得ている青年がみられることを見出した。Bosma は前者をコミットメント，後者をコミットメントの同一化（identification with commitment）と読んで区別した。Meeus (1996) と Bosma (1985) の研究は，Marica の探求とコミットメントを詳細に分類し，コミットメントの先があること，またコミットメントをした青年であっても探求を行う可能性があることを先進的に示すものであった。

D-3 海外におけるアイデンティティ研究の動向

★比べる
畑野 快

1. アイデンティティ・プロセスの3次元モデルと5次元モデル

日本では，Eriksonの記述をもとに，アイデンティティの統合と混乱に関する研究が中心に進められてきた（レビューとしてSugimura & Mizokami, 2012）。その一方で，海外では，欧米諸国を中心とし，アイデンティティ地位の研究が発展してきた。特に2000年代後半に提唱されたアイデンティティ・プロセスの**3次元モデル**（Crocetti et al., 2008）と**5次元モデル**（Luyckx et al., 2008）は，現代のアイデンティティの研究の中心となっている。Crocetti et al. (2008) やLuyckx et al. (2008) は，Meeus (1996) やBosma (1985) の研究を基に，それぞれアイデンティティ・プロセスの3次元モデル，5次元モデルを提唱した（図D-3-1）。両モデルは，いくつかの点で異なるものの，どちらもコミットメント形成サイクルとコミットメント評価サイクルを仮定している

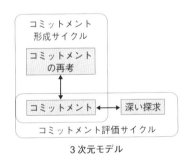

3次元モデル

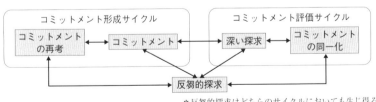

5次元モデル

図D-3-1　3次元モデルと5次元モデルにおける2重形成プロセス
(Crocetti et al., 2008; Luyckx et al., 2011 より作成)

点，また，両サイクルは双方向の関係にあることを仮定している点で共通している。青年は，自らの価値基準を探求した後（広い探求，コミットメントの再考），コミットメントを形成（コミットメント）したとしても，他者と話したり，情報を収集をしたりすることで（深い探求），より自信を深めることもあれば（コミットメントの同一化），反芻的に悩み（反芻的探求），再び新たに自分が傾倒するコミットメントを模索することがある（コミットメントの再考，広い探求）。Crocetti らや Luyckx らは，アイデンティティは，その形成と評価を繰り返し，生涯にわたって発達すると考えた。

2．3次元モデル，5次元モデルにおけるアイデンティティ地位

　3次元モデル，5次元モデルの研究が発展している理由は，それらのモデルを測定する尺度を開発し，統計的手法に基づいてそれぞれのモデルに沿った地位を抽出することで，Marciaの研究と接続をはかってきたことがあげられる（Meeus, 2011）。それぞれのモデルに基づく地位は，概ね共通しているものの，3次元モデルがモラトリアムの地位をモラトリアム（価値基準の模索に悩み，苦闘している状態）と探索型モラトリアム（自らの価値基準を持っているものの，同時に変えようとも思っている状態）に分類することに対して，5次元モデルが拡散の地位を拡散型モラトリアム（探求が進まずに悩んでいる状態）と無問題型拡散（探求していなくても問題を感じていない状態）の2つに分類している点で異なる。これらのモデルに基づく尺度は，世界中で翻訳されており，世界各国の青年のアイデンティティ・プロセスの発達的変化が明らかになっている。Meeus et al.（2012）では，5年間の縦断調査に基づき，オランダの青年は，アイデンティティ地位がほとんど変化しない傾向にあることを明らかにしている。それに対して，Hatano & Sugimura（2017）では，4年間の縦断調査に基づき，日本の青年は，アイデンティティ地位が大きく変化しない群と，変化する群に分類されることを明らかにしており，この結果は，アイデンティティ発達の道筋が，国によって異なる可能性を示唆している。3次元モデル，5次元モデルは，共通の枠組み（尺度）でデータを国際的に集約し，比較することで，アイデンティティ発達の国や文化による違いを検討する端緒を開いている（レビューとして Klimstra & van Doeselaar, 2017）。

D-4 アイデンティティ発達に及ぼす社会的な動向・変化
★取り巻く

畑野 快

1. 青年期の遷延化

青年期の始まりについては，2次性徴が現れる12歳頃と概ね研究者間で一致しているが，終わりの年齢については明確な基準はない。なぜなら，青年期の終わりは，教育課程の終わり，結婚，経済的な自立に基づく親との別居とされており（Furlong & Cartmel, 2009），これらの指標は，社会や文化によって異なるからである。特に，高度に産業化した社会においては，教育の高度化，初婚平均年齢の高齢化，親との同居年数が延びている傾向にあることから，青年がアイデンティティの探求を行う期間が延びている（**青年期の遷延化**）とされている（Arnett, 2000）。

2. 高等学校進学率，初婚平均年齢

文部科学省（2016）の学校基本調査によると，日本における高等学校進学率は，1975年以降90％を超え，2016年には98.7％であることから，ほとんどの青年が18歳前後まで学校教育を受ける。大学（学部・短期大学）進学率は，1990年代では概ね30％であったが，上昇の一途を辿り，2016年には54.8％に上昇している。ここに，専門学校の進学率を加えると，その割合は71.2％になる。すなわち，7割の青年が，高等学校に進学するようになっている。また，初婚平均年齢は，1990年には，1990年には男性27.8歳，女性24.8歳であったが，2014

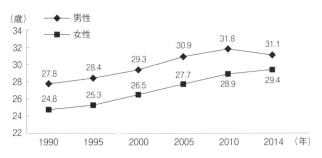

図 D-4-1　初婚の平均年齢の変化（厚生労働省, 2014 より作成）

年には，男性 31.1 歳，女性は 29.4 歳となっており（図 D-4-1），上昇している傾向にある。

3．大学生（学部）の就職率と就職内定率

親から経済的に自立するためには，職を得ることが必須である。文部科学省（2016）の学校基本調査によると，大学（学部）卒業者の就職率（卒業者に占める就職者の割合）は，1991 年には 81.3%であったが，バブルが崩壊し，それ以降には低下を続け，2003 年には 55.1%にまで低下した（この就職率の低下した 1993 年ごろから 2004 年にかけては，**就職氷河期**と呼ばれる）。それ以降，就職率は，2005 年から上昇を続け，リーマン・ショックの影響を受けた 2010 年には，60.8%と低下するも，その後上昇し，2016 年には 74.7%（そのうち正規の職員等の割合は 71.3%）となっている（図 D-4-2）。大学（学部）卒業者の就職内定率（就職希望者のうち内定を受けた者の割合）は，リーマン・ショックの影響を受けた 2010 年，2011 年は，91.8，91.0%と他の年度と比べてやや低いものの，2016 年には 97.3%と非常に高く（厚生労働省，2016），大学生（学部）の就職状況の良さがうかがえる。

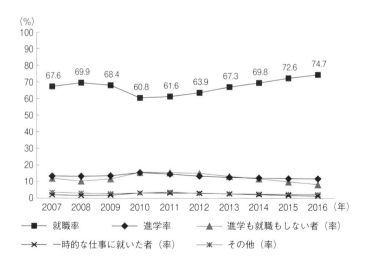

図 D-4-2　大学（学部）卒業者の進路状況の変化（文部科学省，2016 より作成）

D-5 アイデンティティ拡散と否定的アイデンティティ
★陥る

高坂康雅

1. アイデンティティ拡散

アイデンティティ拡散（Diffusion）とは，簡単にいえば，自分は何者なのか，何をするべきなのかがわからず，また，それらの問いに対して主体的に取り組むこともせず（できず），途方にくれている状態である。中西ら（1985）はアイデンティティ拡散の特徴として，「親密さの問題（人との適切な距離がうまくとれなくなる）」「時間的展望の拡散（強迫的な切迫感や停滞感，のんきさ）」「勤勉さの拡散（注意散漫になり，物事に集中できない）」「否定的アイデンティティの選択」「同一性意識の過剰（周囲から見られ評価されているということに対する過大な意識）」「選択の回避と麻痺（選択場面での保留と何かを決めなければという焦り）」の6つをあげている。

アイデンティティ拡散に陥った青年は，このような状態において，強い焦燥感や自己嫌悪感，無気力を示す。そして，時には病理的な状態に至ることもあるが，そのようになるのを回避するかのように，特定の団体に所属し，その団体のリーダーに過剰に傾倒・同一化するとともに，その団体やリーダーと異なる考え方や主張をもつ者を不寛容に排除することもある（Erikson, 1959/2011）。また，中西ら（1985）が指摘するように**否定的アイデンティティ**を選択することで，拡散に対する防衛を行う者もいる。

2. 否定的アイデンティティ

否定的アイデンティティとは，「発達の危機的段階において，最も望まれない・危険な・しかし最もリアルなものとしてその人に示された，あらゆる同一化や役割にひねくれた基礎をもつアイデンティティ」（Erikson, 1959/2011）である。例えば，どれほど一生懸命就職活動をしてもまったく内定が得られない学生にとって，「最も望まれない・危険な・しかし最もリアルなもの」として示される選択肢は「就職しないこと」（ニートになること）である。そして，それを積極的ではなく，ひねくれた態度で受け入れ，自らのアイデンティティとする。このような場合，自らのことを「どうせニートだから」ということで就職活動すること，労働することを放棄するのである。

表 D-5-1　否定的アイデンティティを選択している青年の特徴（三好, 2014, 2017 より作成）

特徴	説明
①自分に対してトータルにネガティブな評価・確信を持つ	「全然自信ない」「何やってもうまくいかない」「不要」「存在意義とかがない」など，自分をかたくなに全否定する。
②役割実験ができない	全て完璧にやれないなら最初からやらない，一番になれないなら辞めるといった二者択一によって，身動きがとれない。
③トータルに否定的アイデンティティを選択したことによる安心感	どうせまた失敗するからという理由で新たな挑戦を避けたり，競争から降りることによって，これまで以上の努力を強いられない無意識の安心感がある。
④対人関係への影響	自分と他者との関係性が上か下かといった優劣で感じられる。グループの中での自分の位置への疑いや，グループに所属できないことに対する絶望感がある。
⑤対人関係を維持することが困難	他者に飲み込まれる不安のために他者と親密になれなかったり，逆に自分を失うほどにグループに過剰適応していく中で疲れたり，徐々に他者を理解し，関係を維持することが難しい。

　Erikson（1968/1982）は，青年が否定的アイデンティティを選択するきっかけとして，アイデンティティの危機が基本的信頼感を揺るがすほどの状況をあげている。つまり，否定的アイデンティティを選択している青年は，自分自身や他者に対する信頼を失いかけており，そのような状況を防衛していると考えられるのである。三好（2014, 2017）は否定的アイデンティティを選択している青年の特徴を5つあげているが（表 D-5-1），いずれも自分自身や他者に対する信頼が揺らいでいることを表しているといえる。

3. 拡散や否定的アイデンティティを選択した青年との関わり

　西平（1990）は，「成人になること」の定義として，「アイデンティティの拡散を通して，徐々にアイデンティティを確立してゆく過程」がふさわしいと述べており，アイデンティティ拡散は，ほとんどの青年が経験する状態である。そのようなときに，周囲の親や教師，友人などが基本的信頼感を揺るがすような言動をすると，否定的アイデンティティを選択してしまうことにつながってしまう。この時期の青年との関わりにおいては，相互の信頼を基礎にした関係をつくり，焦らせたり，急かしたりすることなく，青年が自ら選択し関与することを信じ，支援することである。間違っても，否定的アイデンティティを強化するような「あいつはどうせ○○だから」という関わりをしてはならない。

D-6 アイデンティティ発達に関わる臨床・教育実践
★支える

畑野　快

1. アイデンティティと精神的健康, 学習意欲との関係

　アイデンティティは, 青年の精神的健康や学業適応と関連するとされてきた。統合, 混乱の研究（プロダクトの研究）からは, 統合の感覚の高さは, 自尊感情の高さ, 人生に対する満足感, 主観的な幸福感の高さ, 抑うつや不安の低さと関連しており, その一方で, 混乱の感覚は反対の結果が示されている（畑野ら, 2014; Schwartz et al., 2009; Sugimura et al., 2016）。また, 統合の感覚の高さは, 学習意欲の高さや学習への積極性と関連する（畑野・原田, 2014, 2015）。一方, アイデンティティ地位（プロセス）の研究からは, コミットメント, コミットメントの同一化の高さが, 抑うつ, 不安や**神経症傾向**の低さと関連する一方で, コミットメントの再考, 反芻的探求の高さは, 逆の結果を示す（Crocetti et al., 2008; Luyckx et al., 2008）。同様に, コミットメントが高い地位（達成, 早期完了, 探索型モラトリアム）の青年は, 低い地位（モラトリアム, 問題型拡散, 無問題型拡散）の青年よりも, 抑うつや不安が低く, 幸福感や人生に対する満足感が高い（Hatano et al., 2016; Hatano & Sugimura, 2017; 中間ら, 2014）。

　このように, アイデンティティの感覚が明確であること, また自らの価値基準にコミットメントしていることは, 青年の健康的な発達や学校・大学での適応に関連すること, 逆に, コミットメントを再考したり, 自らの価値基準について反芻的に悩むことはそれらにとって望ましくないことが明らかになっている。これらの結果を踏まえると, 青年の統合の感覚を強めたり, コミットメントを高めること, 逆に混乱の感覚, コミットメントの再考, 反芻的探求を低下させることは, 青年の健康的な発達や学業適応を支援する方策を考える上で欠かせない視点である。

2. アイデンティティ発達を支援するための方策

　アイデンティティは, 抽象的な概念であり, 研究者によってその捉え方が多様であることから, 臨床的な事例を除き, その支援は必要であるとされながらも十分に行われていないのが現状である（例えば Schwartz et al., 2012）。その中で, アイデンティティ・プロセスの立場から支援に取り組んだ研究がいくつ

かある。

　Markstrom-Adams et al.（1993）は，青年に自らの人生における価値基準について自己洞察させ，抽象的な思考力を鍛えることによって，その明確化とコミットメントを促すよう支援するプログラムを考案している。また，Sugimura & Shimizu（2010）においても，アイデンティティ・プロセスの立場から，大学生のアイデンティティ発達を支援する取り組みを行っている。ここでは，大学生に学習をテーマにグループディスカッションさせ，自らにとって学習することの意義や価値について改めて考えさせる。そうすることで，青年は，学習に対する価値基準が明確になり，人生を決定する上での学習の意義について再確認できるという。さらに，Eischas et al.（2017）は，青年に人生の意味について考えさせ，彼らの自らの価値基準を明確にする機会を提供することで，彼らの統合の感覚が強くなることを指摘している。

　これらの取り組みは，自らの価値基準について振り返ることを目的としたディスカッションやプログラムを提供し，青年の探求，コミットメントを促そうとする点で共通している。また，これらの研究が，アメリカ（Eischas et al., 2017），日本（Sugimura & Shimizu, 2010），カナダ（Markstrom-Adams et al., 1993）といった経済的に発展している先進国で実施されていることを考慮すると，先進国において，アイデンティティの支援は必要となるのかもしれない。なぜなら，こういった国では，社会的規範の流動化や価値観の多様化が進行しているため，青年は，自らの価値基準を振り返る機会がなければ，積極的に探求やコミットメントを行わない傾向にあるからである。実際，Hatano & Sugimura（2017）は，日本の青年の多くが，無問題型拡散に分類されることを示しており，この結果は，日本人青年の大半が自らの価値基準の探求，コミットメントを行っていない可能性を示唆する。一方で，価値基準を模索するために積極的に活動しているように"みえる"青年であっても，支援の対象になるかもしれない。なぜなら，それら積極的な活動は，自立的な欲求に基づくのではなく，後で後れを取ることに対する漠然とした不安のもと，リスクを回避するために活動している可能性があるからである（髙坂，2016）。改めて，現代の日本社会において，どのような青年をどのように支援していくのか，体系立ったプログラムの開発が望まれている。

D-7 多次元アイデンティティ発達尺度日本語版（DIDS-J）
★測る

髙坂康雅

　アイデンティティに関する尺度には，一次元あるいは複数の次元の得点の高低によって，アイデンティティ確立の程度を把握しようとするもの（多次元自我同一性尺度；谷, 2001 など）と，Marcia（1966）のアイデンティティ地位論に基づいて，複数の尺度得点を組み合わせた類型を用いて，アイデンティティ確立の状態を捉えようとするものに大別される。多次元アイデンティティ発達尺度（DIDS）は後者に該当する尺度である。

　DIDS は，Luyckx et al.（2006）が提唱した"アイデンティティ形成の二重サイクルモデル"に基づいて作成されており，コミットメントを形成するために多様な選択肢を探索する過程（広い探求（EB）とコミットメント形成（CM））と，既に選択した対象に対してコミットメントを深めていく過程（深い探求（ED）とコミットメントとの同一化（IC））という2つの過程，そして，この過程で陥る不安の高い自己反芻的思考を表す反芻的探求（RE）で構成されている。中間ら（2016）の調査では，大学生の平均値は CM が 3.59（標準偏差 0.97），IC が 3.05（0.93），EB が 3.76（0.79），ED が 3.32（0.79），RE が 3.24（0.92）であり，高校3年生の平均値は CM が 3.67（0.93），IC が 3.43（0.83），EB が 3.60（0.81），ED が 3.24（0.74），RE が 3.16（0.80）であった。IC は高校3年生が大学1・2・3年生よりも高く，ED は大学3・4年生が大学1年生よりも高かったことが明らかにされている。

　信頼性については α 係数で検討されており，大学生では .83 ～ .92 と十分な値を示したが，高校生では ED が .66，RE が .67 とやや低い値であった（他の3下位尺度は .83 ～ .88 と十分な値であった）。また，妥当性について探求次元のBD，ED，RE の3得点と適応および自己注目との関連が検討されており，いずれも概ね予想された結果を得られている。一方，コミットメント次元の CM と IC については，他の尺度との関連が検討されておらず，さらなる妥当性の検討が求められる。

　クラスター分析による類型化について，Luyckx et al.（2008）は6つのパターン（類型）を仮定しているが，中間ら（2016）では，大学生でも高校生でも

この6つの類型は再現されず，達成，探索モラトリアム，早期完了，拡散型拡散，無問題化型拡散の5類型が見出されている．大学生のクラスターを用いて，適応や自己注目の比較を行ったところ，無問題化型拡散は自尊感情や省察が低く，抑うつが高く，早期完了は省察が低く，探索モラトリアムは省察が高いことが示されている．

表 D-7-1　多次元アイデンティティ発達尺度日本語版（中間ら，2015 より作成）

【質問】あなたは以下の項目にどの程度あてはまりますか．

	全くあてはまらない	はまりあてはまらない	あまりあてはまらない	どちらともいえない	ややあてはまる	まてはまる	とてもあてはまる

1　自分がどんな人生を進むか，決めた	1	2	3	4	5
2　私の将来の計画は，自分の本当の興味や大切だと思うものに合っている	1	2	3	4	5
3　自分が進もうとする人生にはどのようなものがあるのか，すすんで考える	1	2	3	4	5
4　自分がすでに決めた人生の目的が本当に自分に合うのかどうか，考える	1	2	3	4	5
5　人生で本当にやりとげたいことは何か，はっきりしない	1	2	3	4	5
6　自分の人生をどうするのかについては，自分で選んで決めた	1	2	3	4	5
7　私の将来の計画は，自分にとって正しいものに違いない	1	2	3	4	5
8　自分が追い求めることができる色々な目標について考える	1	2	3	4	5
9　自分が進もうと決めた人生を他の人がどう思うのか，分かろうとしている	1	2	3	4	5
10　どんな人生を進みたいのか，どうしても考えてしまう	1	2	3	4	5
11　自分が将来何をするのかについての計画がある	1	2	3	4	5
12　将来の計画があるから，私は自信をもっている	1	2	3	4	5
13　自分が将来するかもしれない色々なことについて考える	1	2	3	4	5
14　自分がすでに決めた将来の計画について考える	1	2	3	4	5
15　自分が将来をどうしたいのか，気がかりだ	1	2	3	4	5
16　自分の進みたい人生がわかっている	1	2	3	4	5
17　将来の計画のおかげで，自分というものがはっきりしている	1	2	3	4	5
18　自分にとってよいと思える色々な生き方について考えている	1	2	3	4	5
19　自分の将来の計画が，自分が本当にのぞんでいるものかどうかを考える	1	2	3	4	5
20　どんな人生を進まなければならないのか，考え続けている	1	2	3	4	5
21　自分が将来何をやっていくのか，思い浮かべることができる	1	2	3	4	5
22　自分の進みたい人生は，自分に本当に合うものになると思う	1	2	3	4	5
23　自分に合ういろんな生き方を考えている	1	2	3	4	5
24　他の人たちと，自分の将来の計画についての話をする	1	2	3	4	5
25　自分が進みたい人生を，ずっと探し続けている	1	2	3	4	5

コミットメント形成（CM）　　　1(　) + 6(　) + 11(　) + 16(　) + 21(　) = ☐ ÷ 5 = ☐
コミットメントとの同一化（IC）　2(　) + 7(　) + 12(　) + 17(　) + 22(　) = ☐ ÷ 5 = ☐
広い探求（EB）　　　　　　　　3(　) + 8(　) + 13(　) + 18(　) + 23(　) = ☐ ÷ 5 = ☐
深い探求（ED）　　　　　　　　4(　) + 9(　) + 14(　) + 19(　) + 24(　) = ☐ ÷ 5 = ☐
反芻的探求（RE）　　　　　　　5(　) + 10(　) + 15(　) + 20(　) + 25(　) = ☐ ÷ 5 = ☐

■ 引用文献

Arnett, J. J. (2000). Emerging adulthood: A theory of development from the late teens through the twenties. *American Psychologist, 55,* 469-480. http://dx.doi:10.1037/0003-066X.55.5.469

Bosma, H. A. (1985). *Identity development in adolescents: Coping with commitments.* The Netherlands: Unpublished doctoral dissertation, University of Groningen.

Côté, J. E., & Levine, C. G. (2015). *Identity formation, youth, and development: A simplified approach.* New York: Psychology Press.

Crocetti, E., Cicciuch, J., Gao, C. H., Klimstra, T., Lin, C. L., Matos, P. M., Morsünbül, Ü., Negru, O., Sugimura, K., Zimmermann, G., & Meeus, W. (2015). National and gender measurement invariance of the Utrecht-Management of Identity Commitments Scale (U-MICS): A ten-nation study. *Assessment, 226,* 753-768. http://dx.doi: 10.1177/1073191115584969.

Crocetti, E., Rubini, M., & Meeus, W. (2008). Capturing the dynamics of identity formation in various ethnic groups: Development and validation of a three-dimensional model. *Journal of Adolescence, 31,* 207-222. https://doi.org/10.1016/j.adolescence.2007.09.002

Eischas, K., Montgomery, M. J., Meca, A., & Kurtines, W. M. (2017). Empowering marginalized youth: A self-transformative intervention for promoting positive youth development. *Child Development.* http://dx.doi: 10.1111/cdev.12866

Erikson, E. H. (1959). *Identity and the life cycle. Psychological issues* Vol.1, No.1, Monograph 1. New York: International University Press.（エリクソン, E. H. 西平 直・中島 由恵（訳）(2011). アイデンティティとライフサイクル 誠信書房）

Erikson, E. H. (1968). *Identity: Youth and crisis.* New York: Norton.（エリクソン E. H. 岩瀬 庸理（訳）(1982). アイデンティティ 金沢文庫）

Furlong, A., & Cartmel, F. (2009). *Higher education and social justice.* Maidenhead, UK: Open University Press.

畑野 快・原田 新 (2014). 大学生の主体的な学習を促す心理的要因としてのアイデンティティと内発的動機づけ―心理社会的自己同一性に着目して― 発達心理学研究, 25, 67-75.

畑野 快・原田 新 (2015). 大学生のアイデンティティの変化と主体的な学習態度の変化の関連―大学新入生の前期課程に着目して― 発達心理学研究, 26, 98-106.

Hatano, K., & Sugimura, K. (2017). Is adolescence a period of identity formation for all youth? Insights from a four-wave longitudinal study of identity dynamics in Japan. *Developmental Psychology, 53,* 2113-2126. http://dx.doi.org/10.1037/dev0000354

Hatano, K., Sugimura, K., & Crocetti, E. (2016). Looking at the dark and bright sides of identity formation: New insights from adolescents and emerging adults in Japan. *Journal of Adolescence, 47,* 156-168. https://doi.org/10.1016/j.adolescence.2015.09.008

畑野 快・杉村 和美・中間 玲子・溝上 慎一・都筑 学 (2014). エリクソン心理社会的段階目録（第5段階）12項目版の作成 心理学研究, 85, 482-487.

Klimstra, T., & van Doeselaar, L. (2017). Identity formation in adolescence and young adulthood. In J. Specht (Eds.), *Personality development across the life span* (pp. 293-308). London: Academic Press.

髙坂 康雅 (2016). 大学生活の重点からみた現代青年のモラトリアムの様相―「リスク回避型モラトリアム」の概念提起― 発達心理学研究, 27, 221-231.

厚生労働省 (2014). 平成 26 年人口動態統計月報年計の概況 Retrieved from http://www.mhlw.go.jp/toukei/saikin/hw/jinkou/geppo/nengai14/index.html（2018 年 3 月 11 日）

厚生労働省 (2016). 平成 28 年大学等卒業者の就職状況調査 Retrieved from http://www.mhlw.go.jp/file/04-Houdouhappyou-11652000-Shokugyouanteikyokuhakenyukiroudoutaisakubu-Jakunenshakoyoutaisakushitsu/0000124605.pdf（2018 年 3 月 11 日）

Kroger, J., Martinussen, M., & Marcia, J. E. (2010). Identity status change during adolescence and young adulthood: A meta-analysis. *Journal of Adolescence, 33,* 683-698. http://dx.doi.org/10.1016/j.adolescence.2009.11.002

Luyckx, K., Schwartz, S. J., Berzonsky, M., Soenens, B., Vansteenkiste, M., Smits, I., & Goossens, L. (2008). Capturing ruminative exploration: Extending the four- dimensional model of identity formation in late adolescence. *Journal of Research in Personality, 42,* 58-82. http://dx.doi.org/10.1016/j.jrp.2007.04.004

Luyckx, K., Schwartz, S. J., Goossens, L., Beyers, W., & Missotten, L. (2011). Process of personal identity

formation and evaluation. In S. J. Schwartz, K. Luyckx, & V. L. Vignoles (Eds.), *Handbook of identity theory and research* (pp. 77-98). New York: Springer.
Marcia, J. E. (1966). Development and validation of ego-identity status. *Journal of Personality and Social Psychology, 3*, 551-558. http://dx.doi.org/10.1037/h0023281
Markstrom-Adams, C., Ascione, F. R., Braegger, D., & Adams, G. R. (1993). Promotion of ego-identity development: Can short-term intervention facilitate growth? *Journal of Adolescence, 16*, 217-224. http://dx.doi:10.1006/jado.1993.1020
Meeus, W. (1996). Studies on identity development in adolescence: An overview of research and some new data. *Journal of Youth and Adolescence, 25*, 569-598. http://dx.doi:10.1007/BF01537355
Meeus, W. (2011). The study of adolescent identity formation 2000-2010: A review of longitudinal research. *Journal of Research on Adolescence, 21*, 75-94. http://dx.doi:10.1111/j.1532-7795.2010.00716.x
Meeus, W., van de Schoot, R., Keijsers, L., & Branje, S. (2012). Identity statuses as developmental trajectories: A five-wave longitudinal study in early-to-middle and middle-to-late adolescents. *Journal of Youth and Adolescence, 41*, 1008-1021. http://dx.doi.org/10.1007/s10964-011-9730-y
三好 昭子（2014）．全体主義が青年に及ぼす影響―否定的アイデンティティの観点から― 帝京大学短期大学紀要, *34*, 89-100.
三好 昭子（2017）．アイデンティティの発達 髙坂 康雅・池田 幸恭・三好 昭子（編） レクチャー青年心理学―学んでほしい・教えてほしい青年心理学の15のテーマ―（pp.63-77） 風間書房
溝上 慎一（2004）．「対」の概念と病理の形成 谷 冬彦・宮下 一博（編） さまよえる青少年の心（pp. 14-15） 北大路書房
溝上 慎一（2008）．自己形成の心理学―他者の森をかけぬけて自己になる― 世界思想社
溝上 慎一（2010）．現代青年期の心理学―適応から自己形成の時代へ― 有斐閣
溝上 慎一・中間 玲子・畑野 快（2016）．青年期の自己形成活動が時間的展望を介してアイデンティティ形成へ及ぼす影響 発達心理学研究, *27*, 148-157.
文部科学省（2016）．学校基本調査 Retrieved from http://www.mext.go.jp/b_menu/toukei/chousa01/kihon/1267995.htm（2018年3月11日）
中間 玲子・杉村 和美・畑野 快・溝上 慎一・都筑 学（2014）．多次元アイデンティティ発達尺度（DIDS）によるアイデンティティ発達の検討と類型化の試み 心理学研究, *85*, 549-559.
中西 信男・水野 正憲・古市 裕一・佐方 哲彦（1985）．アイデンティティの心理 有斐閣
西平 直喜（1990）．成人になること 東京大学出版会
Schwartz, S. J. (2007). The structure of identity consolidation: Multiple correlated constructs or one superordinate construct? *Identity, 7*, 27-49. http://dx.doi.org/10.1080/15283480701319583
Schwartz, S. J., Zamboanga, B. L., Meca, A., & Ritchie, R. A. (2012). Identity around the world: An overview. *New Directions for Child and Adolescent Development, 2012*, 1-18. http://dx.doi.org/10.1002/cad.20019
Stephen, J., Fraser, E., & Marcia, J. E. (1992). Moratorium-achievement (Mama) cycles in lifespan identity development: Value orientations and reasoning system correlates. *Journal of Adolescence, 15*, 283-300. https://doi.org/10.1016/0140-1971（92）90031-Y
杉村 和美（1998）．青年期におけるアイデンティティの形成―関係性の観点からのとらえ直し― 発達心理学研究, *9*, 45-55.
Sugimura, K., & Mizokami, S. (2012). Personal identity in Japan. *New Directions for Child and Adolescent Development, 138*, 123-143. http://dx.doi.org/10.1002/cad.20025
Sugimura, K., Nakama, R., Mizokami, S., Hatano, K., Tsuzuki, M., & Schwartz, S. J. (2016). Working together or separately? The role of identity and cultural self-construal in well-being among Japanese youth. *Asian Journal of Social Psychology, 19*, 362-373. http://dx.doi.org/10.1111/ajsp.12154
Sugimura, K., & Shimizu, N. (2011). Identity development in the learning sphere among Japanese first-year university students, *Child and Youth Care Forum, 40*, 25-41. http://dx.doi:10.1007/s10566-010-9118-2
谷 冬彦（2001）．青年期における同一性の感覚の構造：多次元自我同一性尺度（MEIS）の作成 教育心理学研究, *49*, 265-273.

コラム4　SNS時代を生きる青年

　青年を取り巻く時代的変化としてよく注目されるものに携帯電話・スマートフォンの普及がある。中学生の約40%，高校生の90%以上が自分専用の携帯電話・スマートフォンを所持していることが明らかにされている（ベネッセ教育総合研究所，2008）。青年が携帯電話・スマートフォンで電話やメールをすることは少なく，TwitterやLINE, Instagramに代表されるソーシャルネットワークサービス（SNS）や，SNS上で提供されるオンラインゲーム（ソーシャルゲーム）などが広く利用されている。「インスタ映え」が流行語になるなど，SNSを意識した行動も，青年を中心に幅広い年齢層でみられている。

　SNSを利用することにより，いつでも友人とコミュニケーションがとれる，自分の趣味・関心を共有できる他者を世界中から見つけることができる，自分の発言や写真・動画などに対して「いいね」などと評価を受けることができるなど，そのメリットは多い。SNSが普及していなかった時代では，限られた時間・世界の中でしか対人関係を構築できなかったが，その制限がなくなったことにより，世界が広く，また深くなったといえる。

　一方で，SNSの利用によるデメリットも指摘されている。文字情報に依存することによるミスコミュニケーションや，いつでも友人とつながってしまうことによる「SNS疲れ」，肯定的な評価だけではなく，否定的評価や非難（いわゆる炎上）を受けることのリスクなどは代表的なものである。また，2018年にはWHO（世界保健機関）が，ネットゲームのやりすぎで日常生活に支障をきたす状態を「Gaming Disorder」として，国際疾病分類（ICD）に加えるとしている。一般的にも，「ネット依存」「スマホ依存」などという言葉が定着してきており，その対策に医療・教育・福祉・企業などから多様なアプローチが行われている。

　このような新しいメディアやツールに対しては，常に功罪入り乱れて論じられる。特にSNSがなかった時代を生きてきた者は，そのデメリットを強調しやすいように思われる。一方，現代の青年はSNSがあるのが当たり前の時代を生き，その多くはSNSをうまく使いこなしている。彼らが大人になったとき，SNSをどのように認識し，どのように次の世代に伝えていくのであろうか。もしかしたら現代の青年が大人になったとき，新しいツールのデメリットを強調しているかもしれない。

親子関係

　人が最初に出会う他者であり，良くも悪くも，ずっと付き合っていかなければならない他者が「親」です。身近な存在であるだけに，青年期に入っても甘えたり頼ったりしてしまう一方，うっとうしく感じたり，反抗をしてしまう相手でもあります。また，一般論や感覚的にはわかっていても，自分の親子関係のあり方や変化については，なかなか客観的には捉えにくいものでもあります。青年期・青年研究では親子関係はどのように理解されるのか，多様な観点からみていきましょう。なお，ここで扱う親子関係は，特別な断りがない限り，実の親子関係（血縁関係）を指します。

E-1 青年期における親子関係の特徴
★知る

池田幸恭

1. 親子関係の特質

親子関係とは、「親子間で展開する観察可能な行動のやりとりの系列をさす相互作用よりも抽象度を上げて、相互作用のパターン全体をまとめて表現したもの」である（小嶋, 1995）。

繁多（1986）は親子関係について、①親が子を生み、子は親の遺伝子を引きついでいるという生理的関係を有する、②宿命的、永久的な関係である、③子どもからみると最初に体験する人間関係である、④「保護する－保護される」という関係が存在する、⑤親からみると子どもに文化を伝達し、子どもの社会化を促進する役割を負わされている、⑥情緒的関係が成立する、など他の人間関係とは異なる特質があることを論じている。

特に青年期には、2次性徴などの身体的変化、学校教育への参加などによる社会的変化、抽象的思考の獲得などの心理的変化が親子関係に影響を及ぼしながら、親と子は新たな関係を再構築していくといえる。

2. 親子関係に関する諸理論

青年期における親子関係に関する諸理論について、表 E-1-1 に整理した。

Santrock（2012）は、青年期の親子関係に関する古いモデルと新しいモデルを提唱している。古いモデルでは**自律**や親からの分離が重視されてきたが、新しいモデルでは親との情緒的な結びつきである**愛着**と親からの自律の両方が大切であり、親との関係は青年期以降も重要であり続けると考えている。そして、親子関係と仲間関係も隔絶されているのではなく、つながりを持ち相互に影響し合うものとして理解される。そこでは、「疾風怒濤」といわれるような**葛藤**（conflict）が強い関係というよりも、適度な葛藤が一般的であり、むしろ青年の発達に親との関係が肯定的な役割を果たすことが多いと考えられている。

さらに、親イメージのような青年の個人内の心理状態だけでなく、青年と親の個人間の相互作用、親子関係の発達に関わる社会的文脈（Lerner et al., 2002）も親子関係を理解する上で重要視されている。

3. 青年期の親子関係を理解するための視点

Arnett(2004)は，教育の長期化，ならびに離家，安定した就業，新たな家族形成の遅延などの社会状況の変化を指摘している。このような状況の中で親元にとどまる青年が多くみられるようになり，特に日本では少子高齢化による親子関係の長期化に伴い，老親扶養や介護の問題に直面することも少なくない。

親子関係を理解するためには，乳幼児期，児童期の親子関係が青年期にどのように影響するのか，さらに青年期から次世代を育成する成人期への移行という生涯発達の視点が重要になる。戸田(2009)は親子関係の今日的課題として，少子化と子育て支援，子どもの虐待，里親にとってのより良い環境づくりなどをあげている。

子育て支援には看護学や保健，医療の領域が，子どもの虐待には社会学や社会福祉，法律の領域が深く関わり，生殖医療が親子関係に与える影響も大きな課題といえる。青年期における親子関係は様々な分野・領域のノード(結節点)になると同時に，学際的な視点から理解することが求められる。

表 E-1-1 青年期における親子関係に関する諸理論

出典	理論	概要
Hollingworth (1928)	心理的離乳	家族の監督から離れ，ひとりの独立した人間になろうとする衝動がみられる。
Erikson (1959/2011)	アイデンティティ	子ども時代の両親などへの同一化が選択的に拒否され，相互に同化し，新しい形態としてアイデンティティを形成する。
Bühler (1967/1969)	第2反抗期	意思の発達の現れであり，伝統的なものや周囲から価値があると評価されるものが，否定，拒否，反発される。
Blos (1967)	第2の個体化過程	親を過度に理想化することから脱して親との情緒的なつながりから分離していく。
Hoffman (1984)	心理的分離	心理的分離は，機能的自立，感情的自立，葛藤的自立，態度的自立の4側面から構成される。
LeCroy (1988)	親密性	母親との親密性は男女ともに高く，父親との親密性が自尊感情や問題行動と関連している。
Allen et al. (1998)	愛着	愛着体制は，青年の心理社会的発達に広い範囲で重要な役割を果たす。
Grotevant & Cooper (1985, 1986)	個性化モデル	独自性(individuality)と結合性(connectedness)の2つの次元から家族間コミュニケーションを捉える。
Smetana (2011)	社会的領域理論	青年と親が日常的な葛藤を通して，親の要求に従うだけでなく，青年自身が行動を選択し決定する範囲が広がっていく。

E-2 青年期を通した親子関係の変化

★変わる

池田幸恭

1. 青年期における親からの自立

青年期は，親からの自立を模索し，親子関係が大きく変化する時期である。表 E-2-1 からは，親との会話内容が年齢に伴い変化していることがわかる。子どもから大人への移行期である青年期の親子関係は，大人と子どもという立場から，大人同士の対等な関係へ移行していく。

表 E-2-1 青年期における親との会話内容 （内閣府, 2001 より作成）

		第1位	第2位	第3位
15–17歳	父親	遊びや趣味のこと (29.9)	勉強や成績のこと (29.2)	進路や将来のこと (27.8)
	母親	友だちのこと (54.4)	学校や先生のこと (53.3)	勉強や成績のこと (45.6)
18–21歳	父親	社会の出来事やニュースのこと (33.9)	進路や将来のこと (29.2)	自分の職場や仕事のこと (27.9)
	母親	友だちのこと (50.0)	家族のこと (40.7)	進路や将来のこと (36.1)
22–24歳	父親	自分の職場や仕事のこと (44.0)	社会の出来事やニュースのこと (42.5)	家族のこと (29.8)
	母親	自分の職場や仕事のこと (54.4)	家族のこと (43.5)	友だちのこと (42.4)

注）回答は選択肢から複数選択可であり，（　）内は回答の%を示す。

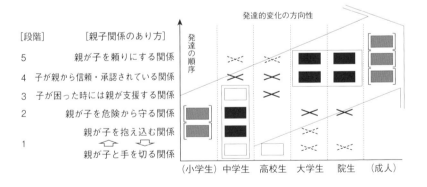

注）各年齢で特に多い関係は ■，どちらかと言えば多い関係は □，特に少ない関係は ✕，どちらかと言えば少ない関係は ⋊⋉ で示されている。小学生と成人は研究から予想される結果である（■）。

図 E-2-1 親子関係のあり方の変化からみた心理的離乳への過程 （落合・佐藤, 1996 より作成）

Hollingworth（1928）は，乳児期の生理的離乳に対して，「家族の監督から離れ，ひとりの独立した人間になろうとする衝動」を**心理的離乳**と呼んだ。落合・佐藤（1996）は，親の手が届く距離から，目が届き，思いが届く距離へ，そして心理的距離が「近い－遠い」ということを越えて，親と子が対等な関係へと変化していくという心理的離乳への過程を見出している（図 E-2-1）。

水本・山根（2011）は，母娘関係における「密着型→自立型経路」と「依存葛藤型→母子関係疎型経路」という異なる発達プロセスについて論じている。このように，青年期における親からの自立の過程は必ずしも一本道ではないと考えられる。

2. 青年期に生じる親子関係の変化

親子関係の変化は，青年の発達を通して生じる。White et al.（1983）は視点取得の観点から親子関係の発達的変化を大きく6段階に分け，青年が自己の視点から関係の視点，そして親の視点を獲得していくことによって，仲間のような**相互性**（mutuality）を示す段階に至ることを論じている。

また，親の発達によっても親子関係は変化する。渡邉・平石（2010）は，子どもと良好な関係を構築し，その関係を維持していくための行動を養育スキルと呼び，子どもに対して継続的に理解や関心を示す行動が母子間の相互信頼感を高め，子である青年の心理的適応につながることを明らかにしている。

さらに，親と子の関係の相互調整がある。ダイナミック・システムによるアプローチ（Granic et al., 2003 など）にみられるように，青年と親の日常的なやりとりを通して新たな関係が形成され，そのことによって親子の日常的なやりとりも影響を受けるという関係の変化のメカニズムが指摘できる。

3. 親と子の共変関係

子が親離れすることは親が子離れすることでもあるといわれるように，親と子はともに発達していく**共変関係**（平石, 2007）にある。

さらに，親と子はそれぞれの人間関係や社会参加を通して，関係が変化するきっかけをお互いに持ち寄るともいえる。青年は友人関係の中で親と異なる価値観を形成したり，親は社会的立場の変化に伴い自身の子どもへの態度をふり返ったりすることもあるだろう。

どのような親元に生まれ，どのように育てられるかを選ぶことはできないが，青年期には親と子が新たな関係を再構築していくことができるといえる。

E-3 青年の自律性と親の権威における文化差

★比べる

高橋 彩

1. 社会的認知的領域理論からみた自律性

自分自身で意思決定し行動するといった自律性の獲得は，青年期の重要な課題の1つである（Steinberg, 1999）。青年は年齢とともに，日常の活動について自分自身が決めてもよいと判断する範囲が拡大し，親が青年の活動について規則を作ること（親の権威の正当性）を認めなくなる（Smetana, 2000）。こうした青年の自律性の主張は，**社会的認知的領域理論**（Smetana, 2006; Turiel, 2006）における個人領域の拡大とみなされている。

社会的認知的領域理論では，「道徳領域」「慣習領域」「個人領域」という，判断や意思決定に用いる3つの質的に異なる思考を区別する（表 E-3-1）。個人領域とは，自分自身に決定権があり，他者から制限されるべきではないという判断である。善い−悪いというよりも，むしろ個人の好みや選択であると仮定される。道徳領域の判断は他者の福祉や権利に言及し，慣習領域の判断は，伝統，規範，マナー，エチケットといった集団の秩序の維持に言及する。2000年以降は，自己の安全や健康に及ぼす悪い影響に言及する「自己管理領域」の思考も区別している。

アメリカ人青年を対象とした研究では，デートを始める時期について，親は慣習領域や自己管理領域から判断するのに対し，青年は個人領域の問題と考えていた。親よりも青年の方が個人領域とみなす事柄の範囲は広く（Smetana & Gaines, 1999），ある青年の活動について個人の自由と考え始める時期も早い

表 E-3-1 社会的認知的領域理論の各領域の判断基準

道徳（moral）	慣習（convention）	個人（personal）	自己管理（prudential）
・他者の権利，福祉，正義に関連する判断 ・盗みや他者への暴力など他者の権利が侵害されていれば，規則とは無関係に悪いと判断される	・人間関係を調整し，秩序を維持することに関連する判断 ・規範，エチケット，マナーなど，規則の有無や場面によって善悪の判断が異なる	・行為者だけに影響があり，個人の統制下にあるとみなす判断 ・個人に決定権があり，規則によって規制されるべきではなないと判断される	・個人の安全や健康に関連する判断 ・他者ではなく，行為者の健康を害したり，将来的に悪い結果を及ぼすことを考慮する

(Daddis & Smetana, 2005)。

2. 親の権威の正当性

　青年は，道徳，慣習，自己管理領域の事柄は親が規則を作ってもよいとする一方，個人領域の事柄にはそうした親の権威の正当性を認めないことが，アメリカ，フィリピン，チリ，イランの青年を対象にした研究で示されている（Darling et al., 2005; Assadi et al., 2011）。日本の中学生は自分の友人関係（個人領域）に親が反対する場合，親に従う必要はないと判断したが，青年の食事制限（自己管理領域）を親がやめさせる場合は，個人領域よりも親の権威を認めている（内海，2015）。日本の大学生も，「乱暴な言葉づかいの禁止」など道徳と慣習領域で最も親の権威の正当性を認めており，次いで「栄養の偏った食事の禁止」という自己管理領域で認めていたが，「お金の使い方」や「友人や恋人との関係」といった個人領域では親の権威の正当性を認めていなかった（高橋，2014）。

　親の権威の正当性に関する青年の判断には文化差もある。チリの青年に比べ，フィリピンの青年は，親の規則に自分が従うべきと考えているにもかかわらず，チリの青年よりも親との口論が多い（Darling et al., 2005）。家族の結びつきが強く，年長者を尊敬することを期待されるフィリピンでは，親が子どもの行動を規則で統制しようとするためである。文化による親の養育の違いは，青年の異なる信念や自律性の発達を導く。

　ただし，自律性を求めるアメリカ人青年であっても，自分の活動のすべての側面で親の権威を拒絶するわけではない。また，親への忠誠を強調するイラン人の親であっても，服装や髪型，音楽やテレビ番組の好みについては，アメリカ人の親と同様に個人領域と判断している（Assadi et al., 2011）。青年の個人領域の判断や親の権威の正当性の信念は，同じ文化内でも個人差がある。チリ人青年を，親の権威の正当性の信念で分類した研究（Cumsille et al., 2009）では，親が規則を作ることを，個人領域では認めないが自己管理領域は認めるタイプ，すべての領域で認めるタイプ，どの領域でも認めないタイプの3つに分類でき，日本人大学生でもその3つに相当するタイプを見出されている（高橋，2014）。親の権威の正当性は，親の特徴（社会経済的地位，温かさ，養育態度）や青年の特徴（年齢，問題行動，自己効力感）など様々な要因から影響を受けている。

E-4 青年期の親子関係を取り巻く社会的問題

★取り巻く

信太寿理

1. 親の離婚

ここ 10 年,離婚件数は 20 万件を超えている。青年期においても,**親の離婚**による影響は大きい。Kiernan (1997) は,離婚による貧弱な教育や収入の低下などによって,子どもに様々な影響を与えることを明らかにしている。

例えば,親の離婚を経験した子どもの精神的な発達に関する文献研究(野口,2007)によると,その影響は,①短期的,②長期的,③年齢や性別による違い,で分けることができるとしている。

①短期的な影響は,否定的なものは少ない。例えば Gately & Schwebel (1993) は,親の離婚を経験した子どもの中には,精神的な成熟や自分についての自信,他人を思いやる力が向上した者がいたとしている。②長期的な影響としては,Wallerstein & Kelly (1975) によると,子どもの年齢によって示される心理状態は異なるものの,共通して退行や不安,乱暴な行為が出現したことを明らかにしている。また,親の離婚から 10 年が経った際の調査結果として,多くの子どもが成人してもなお,親が離婚した当時の事を鮮明に覚えており,悲しみや親への憤り,喪失感を持ち続けていたと述べている。しかも,子ども自身に恋人や結婚,出産などといったライフイベントが発生する度に,その影響は形を変えて現れるとしている。最後に③年齢や性別による違いであるが,例えば離婚時に未就学の場合,離婚後 4 年から 10 年経つと男児は学校での問題行動,女児は学業上の問題や社会的能力の低下などがみられた。また,離婚時に就学していた場合はまた異なった結果がみられている (Arnold et al., 1990)。

また,離婚は,離婚それ自体に注目されがちだが,Buchanan et al. (1996) は縦断研究により離婚が単なる出来事ではなく,過程として捉える重要性を示唆している。特に,離婚後の適応を決定づける変数として,両親の絶え間ない対立が大きいとし,子どもが「両親の対立の間に立たされた」と認識すると,両親がより建設的に対応した場合の青年よりも,より悪い影響を受けることを明らかにしている (Buchanan et al., 1996)。

2. 貧　困

　子どもの**貧困**には，近年大きな関心が向けられている。子どもの貧困に関して，以下の2点が論点とされている。まず，①貧困のリスクである。特に，日本ではひとり親世帯の貧困率がきわめて高い。国民生活基礎調査による推計（厚生労働省, 2017）に基づくと，1985年から2009年にかけて，ひとり親世帯の貧困率は50.1〜63.1%の間を推移しているのに対して，同じ時期の二人親世帯の貧困率は9.6〜12.7%である。特に日本では，母子世帯にその傾向が強い。平均所得でみると，母子世帯はその他のひとり親世帯よりも100万円以上低い値となっている（図E-4-1）。

　このように，日本のひとり親世帯は貧困世帯の典型であり，こうした世帯の子どもは高い貧困リスクにさらされることになる。子どもの貧困が問題視されるのは，成人後の人生にも影響する可能性が高いことも理由にある。例えば，Duncan & Brooks-Gunn（1997）では，子どもの時に貧困家庭で育った人々は，教育達成が低く，非正規雇用などの不安定な職業的地位のために，成人となっても様々な問題が生じることを示唆している。

　次に，②子どものときの貧困が与えるライフコースへの影響がある。余田（2012）は，ひとり親世帯が2人親世帯に比べて，教育格差が大きいこと，それが特に短大や大学への進学の際に顕著なことを明らかにしている。また，ひとり親世帯の場合，単純に世帯収入だけではなく，他の要因も考慮する必要があることなども示唆している。

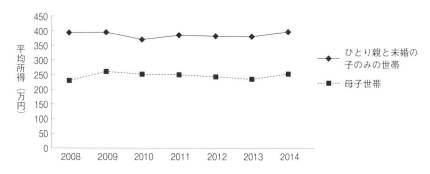

図 E-4-1　母子世帯とひとり親と未婚の子の世帯の平均所得（厚生労働省, 2017より作成）

E-5 親子間の葛藤（反抗期）

★陥る　　　　　　　　　　　　　　　　　　　　　　　　　　　　　　信太寿理

1. 葛藤と反抗

　青年期の自立に伴う親子間の葛藤は，反抗期としてよく知られ，古くから扱われている。その背景として，青年期は疾風怒濤の時期であり，動揺の時期であるから，親子は葛藤と緊張に満ちた時期であるという考え方（**青年期危機説**）がある。これは，Blos（1962/1971）が青年期は親から心理的に離れ，個を確立するという，**第2の個体化**の時期であることも関連する。

　しかし，近年の研究では，親子関係は考えられていたよりも良好であるという研究もある（Coleman & Hendry, 1999/2003）。そのため，海外の青年期を対象とした親子関係研究では，そのような親子関係の見方が修正されつつある（Santrock, 2012）。国内の親子関係研究においても，久世・平石（1992）が疾風怒濤が妥当かについて触れている。

　白井（1997）は，大学生に親子の反抗（葛藤）について回想分析を行っている。その結果，半数以上の者が反抗を体験していたが，体験していなかった者もおり，反抗を経験しなかった学生も適応的に生活していることを示している。このように，近年では親子関係の捉え方として「親からの分離と自律」は，「愛着と自律」に，「強くストレスフルな葛藤」は，「適度な親子間の葛藤が一般的であり，それが肯定的な発達を機能させるという視点」に，最近のモデルは変化してきている（Santrock, 2012）。

　松井（1996）は，日本の青年が親との情緒的つながりを維持しながら成長するとし，白井（1997）も，青年は自立しても親は愛着の対象で有り続けるとし，親子の愛着が青年の自立を促す上で重要であることを示唆している。愛着などが重要になってきた背景として，①青年の親子関係にみられる葛藤の多くは，日常生活における些細な出来事において現れるため，深刻なものではないこと，②青年の親に対する反抗や葛藤のなかには，健全な発達や適応の観点からみて必ずしも適切でないものが混在していること，③愛着や親密性は児童期までの親子関係に限らず，青年期においても依然として重要な意味を持っていること，などがあげられている（平石, 2006）。

2. 葛藤と社会的認知的領域理論

このように，親子関係における葛藤や反抗は，青年期危機説とは異なった視点で近年でも研究が行われている。例えば，社会的認知的領域理論を用いて，親子間の葛藤を明らかにしている研究がある（Smetana, 2011）。社会的認知的領域理論とは，社会的な認知の発達に伴って，子どもが文脈や状況に応じて異なった種類の社会的理解，推論や判断をどのように適用し調和させていくのかを調べる実証的アプローチである（Turiel, 1978）。元々は，道徳性の発達研究で用いられていたが，現在では様々な研究領域へと発展している。社会的認知的領域理論では，主要な社会的領域として，道徳領域，慣習領域，自己管理領域，個人領域の4つがあげられている。これらの領域は環境と子どもの相互交渉から得られた経験により，幼児期の早いうちから区別されると考えられている。Smetana（1991）は，葛藤が増加する理由の1つに親子が葛藤の理由について異なった推論をするためであるとしている。Smetana（2011）は日常的な親子間の葛藤が生じる頻度の高い領域として，慣習，自己管理，個人の3領域であり，道徳領域に関する割合は最も少なかった。また，親子間の葛藤に対する子ども側の認識は，自室の掃除や衣服の個人的な選好のような個人領域を理由として用いることが大半であり，慣習領域や自己管理領域は少ないことも明らかにした。内海（2015）も日本の中学生を対象に親子間葛藤を社会的認知的領域理論の視点から検討している。このように，社会的認知的領域理論は，多様な日常場面における親子の判断の違いに着目し，この時期の親子間葛藤の性質を明らかにしている（Smetana & Asquith, 1994）。

また，斎藤（2003）は日本の青年期の親子関係として，自立を尊重しているようにみえても，本音は子どもを親の側に引き止めておきたいというような，本音と建前のような二重構造になっているとして，青年期の親子関係については，社会文化的な面をより考慮して研究していく必要があるとしている。また，親子間の反抗や葛藤，親密性は，その存在の有無などについて議論するよりも，内容の質を丁寧に吟味，区別しながら検討する必要があるという見解（平石，2006）もあり，今後は社会文化的な面や，葛藤，親密性について様々な側面から丁寧に検討する必要がある。

E-6 ひきこもりの子をもつ家族への支援
★支える

高橋 彩

1. ひきこもり状態の青年と家族の現状

　ひきこもりは，「自室からは出るが家から出ない，または自室からほとんど出ない」あるいは「普段は家にいるが近所のコンビニなどには出かける」という狭義のひきこもりと，「普段は家にいるが自分の趣味に関する用事のときだけ外出する」という準ひきこもりの状態が，6ヶ月以上続いている状態を指す。2015年12月の調査によると，15歳から39歳の狭義のひきこもりは17.6万人，準ひきこもりは36.5万人と推計されている（内閣府, 2016）。不登校の子どもを追跡した結果，10％程度が20代でひきこもり状態になっていることから，ひきこもりの大人や青年と不登校の子どもには共通した心性があり，不登校の問題を学校だけでなく地域の複数の専門家とともに連続的に支援する必要性が指摘されている（齊藤, 2010）。ひきこもり当事者は，生活全般を家族に依存している反面，一般の青年よりも家族の情緒的な絆（家族はあたたかい，よく話す，仲が良い，お互いに思いやっているなど）を感じていないことや暴力が多いことが明らかになっており（渡部ら, 2010），当事者はもちろん家族の不安やストレスはかなり高いと考えられる。ひきこもり当事者が外部へ相談に訪れることが困難なことからも，当事者に直接アプローチできる家族を支援することは，ひきこもり問題の解決において非常に重要である。

2. ひきこもりの家族支援

　ひきこもりの改善につながった親の関わりを分析した廣瀬（2013）は，不登校など初期対応の失敗から，子どもからの一方的な関係性のシャットダウンが起きた後，親が子どもとのコミュニケーション回復の努力を重ね，会話の中から本人が自らの意思でやりたいといったこと（コミットメント）をキャッチし，それを実現できるように支援するというプロセスがあることを見出した。ひきこもりの評価・支援に関するガイドライン（齊藤, 2010）では，未成年の不登校・ひきこもり事例や，家族しか相談に来ない事例における支援の第1段階は，家族支援であり，この段階で家族が支援者から共感され受容される体験を持つことは，家庭における当事者への家族の姿勢に好ましい影響を与えると述べら

れている。廣瀬（2013）は「コミュニケーション回復への努力」「コミットメントをキャッチする」「コミットメントの実現化」のプロセスが，ひきこもり支援の第1段階に位置づけられるとしている。

3. ひきこもりの家族支援のためのCRAFT（クラフト）プログラム

CRAFT（Community Reinforcement and Family Training: コミュニティ強化と家族訓練）とは，**認知行動療法**を基礎とした家族支援プログラムである。依存症家族のためのプログラムとして開発されたが，ひきこもりの家族支援へ応用され，家族のストレス低減などの効果が得られている（境・野中, 2013）。プログラムは全9回からなり（表E-6-1），問題行動の背景にある気持ちを理解するための「機能分析」を習得し，「ポジティブなコミュニケーション」を用いて，望ましい行動を増やし，望ましくない行動を減らす方法を実践的に学べるように工夫されている。例えば，機能分析では，問題行動の「内的きっかけ／外的きっかけ」「反応」「短期的結果／長期的結果」を整理することにより，子の問題行動がなぜ生じるのかについて，家族が理解できるようになる。また「ポジティブなコミュニケーション」として，短く，肯定的に，特定の行動に注意を向ける，自分の感情の名前を明確にする，部分的に責任を受け入れる，思いやりのある発言をする，自省を促す，援助を申し出る，の8つのポイントを挙げている。これらのプログラムを通して，ひきこもりの子を抱える家族の関係を改善し，心理的な負担を軽減することで，ひきこもり状態にある子どもを相談機関につなげることを目指している。

表 E-6-1 ひきこもりの家族支援 CRAFT プログラム（境・野中, 2013 より作成）

	プログラムの内容		
第1回	ひきこもりの若者と社会をつなぐために	第5回	上手にほめて望ましい行動を増やす
第2回	問題行動の理解（機能分析）	第6回	先回りをやめ，しっかりと向き合って望ましくない行動を減らす
第3回	家庭内暴力の予防（機能分析）	第7回	家族自身の生活を豊かにする
第4回	ポジティブなコミュニケーションスキルの獲得	第8回	相談機関を上手に勧める
		第9回	プログラムを終えてからの支援

E-7 親子関係における精神的自立尺度

★測る　　　　　　　　　　　　　　　　　　　　　　　　水本深喜

1. 親子関係における精神的自立尺度の成り立ち

　青年期の親子関係をどのように測定したらよいのであろうか。青年の親との関係における発達課題は，親から精神的に自立することであるといえよう。親から精神的に自立することとしてまずあげられるのは，親の理想化や親への依存から脱し，親を客観視できるような，親とは異なる独自の自己を確立することである（Blos, 1962/1971; Steinberg & Silverberg, 1986）。しかし，親からの**精神的自立**について，こうした分離的側面のみを取り上げるのでは不十分である。なぜなら，親子関係は生涯続くものであり，独立した個として信頼し合える対等な関係性を築くことが適応的な精神的自立であると考えられるからである。喧嘩別れして親から離れていくのは，真に自立した姿とはいえないであろう。こうした視点から作成されたのが，親子関係における精神的自立尺度（表

表 E-7-1　親子関係における精神的自立尺度（水本, 印刷中より作成）

【質問】あなたとあなたのお父さん／お母さんとの関係について、「全くそう思わない」から「非常にそう思う」のうち、最もあてはまるもの1つに○をつけてください。	全くそう思わない	あまりそう思わない	いえない	どちらともいえない	ややそう思う	非常にそう思う
1 親は私の考え方を尊重してくれていると感じる	1	2	3	4	5	
2 私には，親とは異なる独立した考えがあると思う	1	2	3	4	5	
3 親は私のことを信頼してくれていると思う	1	2	3	4	5	
4 私の人生は親の人生とは別の独自のものである	1	2	3	4	5	
5 私が親になったら，親がしてくれたのと同じように子どもにしてあげたいと思う	1	2	3	4	5	
6 私と親とは，互いに独立した関係だ	1	2	3	4	5	
7 親に理解されていないと感じることが多い	5	4	3	2	1	
8 親のことを一人の人間として客観的に見ている	1	2	3	4	5	
9 親の生き方を支持している	1	2	3	4	5	
10 親の考えや期待にとらわれず，自分の信じたとおりに行動する	1	2	3	4	5	
11 親は，いざというときには何を置いても私を助けようとしてくれるだろう	1	2	3	4	5	

親との信頼関係　　1(　) + 3(　) + 5(　) + 7(　) + 9(　) + 11(　) = ☐
親からの心理的分離　2(　) + 4(　) + 6(　) + 8(　) + 10(　) = ☐

E-7-1）である。本尺度は，当初は母娘関係を測定するために作成されたが（水本・山根，2011），その後，父息子・父娘・母息子・母娘関係を測定できることが実証されている（水本，印刷中）。

2. 本尺度の構成概念と親子関係の 4 類型モデル

本尺度では，「親との**信頼関係**」と「親からの**心理的分離**」の 2 側面から親子関係を捉える。「親との信頼関係」は親と互いに信頼し合える関係を示し，「親からの心理的分離」は親との一体感から分離して自己を築いている関係を示す。「親子関係の 4 類型モデル」（図 E-7-1）では，これらを 2 軸としてその高低により，親子関係を「密着型」「依存葛藤型」「親子関係疎型」「自立型」に分類し，2 側面ともに高い「自立型」を親から適応的に精神的に自立している状態としている（詳しくは，水本・山根，2011 を参照）。

下位尺度得点平均値の各親子関係の組み合わせ間の差（表 E-7-2）から，青年期の子が捉える親子関係を相対的にみると，特に信頼関係が築かれているのは母娘関係であり，信頼関係が築かれていないのは父息子関係である。そして心理的分離については，男女とも母親と比較して父親からの方がより心理的に分離しているが，特に心理的に分離しているのは父娘関係であるといえる（水本，印刷中）。

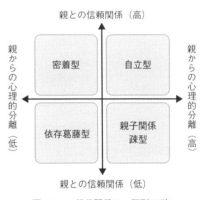

図 E-7-1　親子関係の 4 類型モデル

表 E-7-2　大学生の「親子関係における精神的自立」の平均値（標準偏差）と混合 2 要因分散分析結果（対父親・対母親×息子・娘）（水本，印刷中より作成）

	息子 (n=883)		娘 (n=1,035)		F 値		
	対父親	対母親	対父親	対母親	対親(父・母)	子(息子・娘)	交互作用
親との信頼関係	3.48 (0.86)	3.66 (0.75)	3.64 (0.89)	3.93 (0.79)	125.25*** 対父＜対母	45.92*** 息子＜娘	7.49** 対父＜対母 息子＜娘
親からの心理的分離	3.72 (0.74)	3.60 (0.66)	3.95 (0.66)	3.65 (0.68)	238.82*** 対父＞対母	25.33*** 息子＜娘	41.77*** 対父：息子＜娘

*$p<.05$ **$p<.01$ ***$p<.001$

■ 引用文献

Allen, J. P., Moore, C., Kuperminc, G., & Bell, K. (1998). Attachment and adolescent psychosocial functioning. *Child Development, 69*, 1406-1419.
Arnett, J. J. (2004). *Emerging adulthood: The winding road from the late teens through the twenties.* New York: Oxford University Press.
Arnold L. E., & Carnahan A. J. (1990). Child divorce stress. In Arnold L. E. (Ed.), *Childhood stress* (pp. 373-403). New York: A Wiley-Interscience Publications John Wiley & Sons.
Assadi, S., Smetana, J., Shahmansouri, N., & Mohammadi, M. (2011). Beliefs about parental authority, parenting styles, and parent-adolescent conflict among Iranian mothers of middle adolescents. *International Journal of Behavioral Development, 35*, 424-431.
Blos, P. (1962). *On adolescence: A psychoanalytic interpretation.* New York: The Free Press of Glencoe. (ブロス, P. 野沢 栄司 (訳) (1971). 青年期の精神医学 誠信書房)
Blos, P. (1967). The second individuation process of adolescence. *The psychoanalytic Study of the Child, 22*, 162-186.
Buchanan, C. M., Maccoby, E. E., & Dornbusch, S. M. (1996). *Adolescents after divorce.* Harvard University Press.
Bühler, C. (1967). *Das Seelenleben des Jugendlichen: Versuch einer Analyse und Theorie der psychischen Pubertät.* Gustav Fischer Verlag. (ビューラー, C. 原田 茂 (訳) (1969). 青年の精神生活 協同出版)
Coleman, J. C., & Hendry, L. B. (1999). *The nature of adolescence.* Psychology Press. (白井 利明・若松 養亮・杉村 和美・小林 亮・柏尾 眞津子 (訳) (2003). 青年期の本質 ミネルヴァ書房)
Cumsille, P., Darling, N., Flaherty, B., & Martinez, M. L. (2009). Heterogeneity and change in the patterning of adolescents' perceptions of the legitimacy of parental authority: A latent transition model. *Child Development, 80*, 418-432.
Daddis, C., & Smetana, J. (2005). Middle-class African American families' expectation for adolescents' behavioral autonomy. *International Journal of Behavioral Development, 29*, 371-381.
Darling, N., Cumsille, P., & Pena-Alampay, L. (2005). Rules, legitimacy of parental authority, and obligation to obey in Chile, the Philippines, and the United States. In J. Smetana (Ed.), *Changing boundaries of parental authority during adolescence* (pp. 47-60). San Francisco, CA: Jossey-Bass.
Duncan, G. J., & Brooks-Gunn, J. (1997). *The consequences of growing up poor.* New York: Russell Sage.
Erikson, E. H. (1959). *Identity and the life cycle.* New York: International Universities Press. (エリクソン, E. H. 西平 直・中島 由恵 (訳) (2011). アイデンティティとライフサイクル 誠信書房)
Gately, D., & Schwebel, A. I. (1993). Favorable outcomes in children after parental divorce. *Journal of Divorce & Remarriage, 18*, 57-78.
Granic, I., Hollenstein, T., Dishion, T. J., & Patterson, G. R. (2003). Longitudinal analysis of flexibility and reorganization in early adolescence: A dynamic systems study of family interactions. *Developmental Psychology, 39*, 606-617.
Grotevant, H. D., & Cooper, C. R. (1985). Patterns of interaction in family relationships and the development of identity exploration in adolescence. *Child Development, 56*, 415-428.
Grotevant, H. D., & Cooper, C. R. (1986). Individuation in family relationships: A perspective on individual differences in the development of identity and role-taking skill in adolescence. *Human Development, 29*, 82-100.
繁多 進 (1986). 親子関係—母子関係・父子関係— 島田 一男 (監修) 講座：人間関係の心理4 家族の人間関係 (I) 総論 (pp. 69-90) ブレーン出版
平石 賢二 (2006). 現代青年の親子関係は変わったか 白井 利明 (編) よくわかる青年心理学 (pp. 78-79) ミネルヴァ書房
平石 賢二 (2007). 青年期の親子間コミュニケーション ナカニシヤ出版
廣瀬 眞理子 (2013). ひきこもり者の社会再接続へとつながる親の関わりプロセスに関する質的研究 家族心理学研究, 27, 137-151.
Hoffman, J. A. (1984). Psychological separation of late adolescents from their parents. *Journal of Counseling Psychology, 31*, 170-178.
Hollingworth, L. S. (1928). *The psychology of the adolescent.* New York: Appleton.

Kiernan, K. (1997). The legacy of parental divorce: Social, economic and demographic experiences in adulthood. LSE STICERD Retrieved from https://ssrn.com/abstract=1158892（February 23, 2018）

厚生労働省（2017）．平成27年国民生活基礎調査の概要　Retrieved from http://www.mhlw.go.jp/toukei/saikin/hw/k-tyosa/k-tyosa10/（2017年8月1日）

小嶋 秀夫（1995）．親子関係　岡本 夏木・清水 御代明・村井 潤一（監修）　発達心理学辞典（p. 70）　ミネルヴァ書房

久世 敏雄・平石 賢二（1992）．青年期の親子関係研究の展望　名古屋大学教育学部紀要教育心理学科, 39, 77-88.

LeCroy, C. W.（1988）. Parent-adolescent intimacy: Impact on adolescent functioning. Adolescence, 23, 137-147.

Lerner, R. M., Rothbaum, F., Boulos, S., & Castellino, D. R.（2002）. Developmental systems perspective on parenting. In M. H. Bornstein (Ed.), Handbook of parenting: Biology and ecology of parenting, Vol.2 (2nd ed., pp. 315-344). Mahwah, NJ: Lawrence Erlbaum Associate.

松井 豊（1996）．親離れから異性との親密な関係の成立まで　斎藤 誠一（編）　青年期の人間関係　人間関係の発達心理学 4（pp. 19-54）　培風館

水本 深喜（印刷中）．青年期後期の子の親との関係―精神的自立と親密性からみた父息子・父娘・母息子・母娘間差―　教育心理学研究, 66.

水本 深喜・山根 律子（2011）．青年期から成人期への移行期における母娘関係―「母子関係における精神的自立尺度」の作成および「母子関係の4類型モデル」の検討―　教育心理学研究, 59, 462-473.

内閣府（2001）．第2回　青少年の生活と意識に関する基本調査報告書　Retrieved from http://www8.cao.go.jp/youth/kenkyu/seikatu2/pdf/0-1.html（2018年2月22日）

内閣府（2016）．若者の生活に関する調査報告書　Retrieved from http://www8.cao.go.jp/youth/kenkyu/hikikomori/h27/pdf-index.html

野口 康彦（2007）．親の離婚を経験した子どもの精神発達に関する文献的研究　法政大学大学院紀要, 59, 133-142.

落合 良行・佐藤 有耕（1996）．親子関係の変化からみた心理的離乳への過程の分析　教育心理学研究, 44, 11-22.

境 泉洋・野中 俊介（2013）．CRAFT ひきこもりの家族支援ワークブック―若者がやる気になるために家族ができること―　金剛出版

齊藤 万比古（2010）．ひきこもりの評価・支援に関するガイドライン　厚生労働科学研究費補助金こころの健康科学研究事業「思春期のひきこもりをもたらす精神疾患の実態把握と精神医学的治療・援助システムの構築に関する研究」　Retrieved from http://www.mhlw.go.jp/stf/houdou/2r98520000006i6f-img/2r98520000006i7x.pdf

斎藤 環（2003）．社会的ひきこもり―終わらない思春期―　PHP研究所

Santrock, J. W.（2012）. Adolescence (14th ed.). New York: McGraw-Hill.

白井 利明（1997）．青年心理学の観点からみた「第二反抗期」（〈特集〉若者のこころに迫る―今, 第二反抗期は？―）　心理科学, 19, 9-24.

Smetana, J. G.（1991）. Adolescents' and mothers' evaluations of justifications for conflicts. New Directions for Child and Adolescent Development, 51, 71-86.

Smetana, J. G.（2000）. Middle-class African American adolescents' and parents' conceptions of parental authority and parenting practices: A longitudinal investigation. Child Development, 71, 1672-1686.

Smetana, J. G.（2006）. Social-cognitive domain theory: Consistencies and variations in children's moral and social judgments. In M. Killen & J. Smetana (Eds.), Handbook of moral development (pp. 119-153). Mahwah, NJ: Lawrence Erlbaum Associates.

Smetana, J. G.（2011）. Adolescents, families, and social development: How teens construct their worlds. Chichester, West Sussex, UK: Wiley-Blackwell.

Smetana, J. G., & Asquith, P.（1994）. Adolescents' and parents' conceptions of parental authority and personal autonomy. Child Development, 65, 1147-1162.

Smetana, J., & Gaines, C.（1999）. Adolescent-parent conflict in middle-class African American families. Child development, 70, 1447-1463.

Steinberg, L. (Ed.)（1999）. Adolescence (5th ed.) (pp. 274-299). Boston, MA: McGraw-Hill College.

Steinberg, L., & Silverberg, S. (1986). The vicissitudes of autonomy in early adolescence. *Child Development, 57*, 841-851.
高橋 彩（2014）．大学生における親の権威の正当性判断と親への情報開示　総合政策研究. *17*, 1-13.
戸田 まり（2009）．親子関係研究の視座　教育心理学年報, *48*, 173-181.
Turiel, E. (1978). The development of concepts of social structure: Social convention. In J. Glick & K. A. Clark-Stewart (Ed.), *The development of social understanding* (pp. 25-108). New York: Gardner Press.
Turiel, E. (2006). The development of morality. In N. Eisenberg (Ed.), *Handbook of child psychology, Volume3: Social, emotional, and personality development* (pp. 789-857). New York: Wiley.
内海 緒香（2015）．親子葛藤に関する青年前期の子どもと親の社会的推論　心理学研究, *86*, 230-239.
Wallerstein, J. S., & Kelly, J. B. (1975). The effects of parental divorce: Experiences of the preschool child. *Journal of American Academy of Child Psychiatry, 14*, 600-616.
渡部 麻美・松井 豊・高塚 雄介（2010）．ひきこもりおよびひきこもり親和性を規定する要因の検討　心理学研究, *81*, 478-484.
渡邉 賢二・平石 賢二（2010）．母親の養育スキルと子どもの心理的適応に関する縦断的検討　家族心理学研究, *24*, 171-184.
White, K. M., Speisman, J. C., & Costos, D. (1983). Young adults and their parents: Individuation to mutuality. *New Directions for Child Development, 22*, 61-76.
余田 翔平（2012）．子ども期の家族構造と教育達成格差　家族社会学研究, *24*, 60-71.

友人関係

　青年にとって友人関係はきわめて重要なものであることはいうまでもありません。しかし，何をもって友人とするのか，また親友とは何かと定義することは難しく，友人関係がいつ始まり，いつ終わるのかも曖昧です。友人関係は，トラブルや悩みの原因にもなりますし，自分と一緒に行動してくれたり，悩みを聞いてくれ支えてくれたりする存在にもなります。わかっているようで，実はうまく捉えることができない友人との関係について，改めて考えてみましょう。なお，ここで扱う友人関係は，特別な断りがない限り，同性の友人関係を指します。

F-1 青年期における友人関係の特徴

★知る
岡田　努

1. 青年期にみられる親密な友人関係

　青年期の友人関係は，児童期までとは異なり，青年自身にとって大きな意味を持つと考えられている。

　力動論（精神分析学）に近い立場からは，Sullivan が，2次性徴が発現する数年前の前青年期と呼ばれる年代に，自分自身のためではなく相手の幸福や心理的安定を望むようなきわめて親密な同性同年代の親友関係（**チャム**）がみられると論じている。このチャムは，それまでの生育歴で重篤な精神的問題があった場合でもそれを修正しうる機能（**修正感情体験**）を持ち，逆にそれが得られなかった場合，精神的な問題につながる可能性も指摘されている（Sullivan, 1953; 坂本, 1976）。また精神分析学者の Blos は初期青年期（early adolescence: 2次性徴に伴う心理的変化の時期）において，同性同年代の親しい友人に対して，自分自身の延長として，自分がなりたいと思う資質を持つ者として互いに相手を理想化しあう「**自己愛的対象選択**」と呼ばれる関係がみられるとしている（Blos, 1962; 皆川, 1980）。

　発達心理学においても Coleman (1980) は，1) 急激な身体成長に伴って，自分と類似した他者を求めること，2) 親からの自立に伴って満たされなくなった依存心の対象として，3) 成人への移行期における準拠すべき対象としてなどの点において，青年期の友人関係が重要となるとしている。

　松井 (1990) は，友人関係が青年の社会化に果たす機能として以下の3点をあげている。すなわち，1) 緊張や不安感や孤独感など，生活の中で感じる否定的感情を緩和したり解消したりしてくれる存在としての「安定化機能」，2) 他者との対人関係の基本的な技術（スキル）を，友人との関係を通して学習する「社会的スキルの学習機能」，3) 友人が青年自身の行動や自分自身を認識するモデルとなる「モデル機能」である。

2. 友人関係の性差について

　こうした青年期の友人関係の親密さについて性別による違いはあるのだろうか。Damon (1983/1990) は，青年期においては友人に対する忠誠心が重視さ

れるとしているが，Coleman（1980）によると，とりわけ14〜16歳の女子において忠誠心へのこだわりがみられるという。また齊藤（2005）は女子の友人関係は男子とは異なり，恋愛の予行演習的なものとして相手に「夢中」になる性質がみられるとしている。しかしWay & Silverman（2012）によると，青年の友人関係に対する意識の性差は，量的研究と質的研究では異なっているという。すなわち調査データにおいては，親密感は女子の方が男子よりも高い傾向もみられるが，その内容をインタビューによって詳細に検討すると，親友についての陳述の内容は，男女ともに「何でも話せる相手」「秘密を共有しあう関係」という意味を持ち，質的には類似したものであるという。

3．青年の友人関係の多様性

以上のように青年期においては，1）心理的離乳に伴って親密な関係が家庭内の養育者から友人へと移行すること，2）その移行によって青年の心理的な適応と発達が促進されると考えられてきた。しかし，そうした移行は必ずしも一様なものではない。松井（1982, 1990）によると，小学校高学年から高校生にかけての対人関係は，特に男子では，母親への強い愛着を維持しながらも，生き方の指針や悩みの相談は友人に向かう傾向がみられるという。また下斗米（2002, 2003）の青年の対人ネットワークに関する調査によると，自己開示相手については，悩みの内容によって，父母や教師，友人が，相談相手として使い分けられていた。このように，青年期には友人関係が重視されるとしても，すべての役割が友人に付託されるわけではない。また，親密な友人関係が適応のために必須のものであるかについても，必ずしも一貫した結論は得られていない。Chapman & Chapman（1980/1994）は，Sullivanが述べるチャム的人間関係に相当する特別な時期は存在せず，児童期後半に特異的なものというよりも，青年期から成人期にかけて完成するものであるとしている。山岸（2017）は，親密な他者や家庭からの対人的な支えが児童期後期以降に得られなかったことへの補償としての「想像上の仲間」の機能について文学作品などから考察している。その結果，想像上の仲間が意識的に用いられるなど，一定の条件が整えば，適応的な機能を持つことを指摘している。このように，青年期において親密な友人関係が得られることは望ましいとしても，それなくしては適応がはかられないとまではいえないのかもしれない。

F-2 青年期を通じた友人関係の変化
★変わる

岡田 努

　青年期には友人関係の重要さが他の年代に比べ高まるが，その比重は特に青年期の初期において高いと考えられている。Bukowski et al. (2011) は，青年期の初期の友人関係は，他の経験からは得難い独特の意味を持ち，**幸福感**（well-being）に対する影響が大きいと指摘している。

1. 仲間関係の変容

　Dunphy (1963, 1980) は参与型の観察研究から，青年期における仲間関係の発達について以下のような過程をあげている。小学校高学年（stage 1）は「前クラウド段階」とされる。この時期は3～10人程度の少人数グループからなる「**クリーク**」と呼ばれる仲間集団が中心である。この集団は児童期の仲間関係の延長であり自然発生的なものである。それぞれのクリークは同性のメンバーでまとまっており，クリーク同士は相互作用を持たない。次の stage 2 では，異性のクリーク間での表層的な交流が始まり，ここから10人以上の大グループで社会的な組織がもとになった集団である「**クラウド**」が形成されてくる。中学，高校生段階である stage 3 では，クラウドから流入したメンバーがもとになって，異性を含むクリークが部分的にみられるようになってくる。そしてクリーク内の上位のメンバーを中心に異性交際が始まる。Stage 4 では，異性のメンバーからなる親密なクリークが形成され，そうしたクリークが集合したクラウドも明確になってくる。青年期後期である stage 5 は仲間集団が解消していく段階である。すなわち，クリークはカップルとなるメンバーを含む緩やかなつながりになり，クラウドもやがて解消されていく。

2. 親友関係の変容

　仲間集団よりも小規模な，親友と呼ばれる友人関係についてはどうであろう。精神分析学者の Blos は青年期における友人の内的な役割とその変容について以下のように述べている。青年期には2次性徴に伴い，性的欲求や自律への欲求が高まり，そうした衝動を懲罰的にコントロールする機能（**超自我**）が相対的に弱体化する。そして青年期後期に至る過程で，懲罰的なニュアンスがより小さく自我親和的な「**自我理想**」と呼ばれる心的機能が，超自我にかわって個

人の内的な指針として形成されてくる。青年期の同性同年代の友人はこの自我理想の形成に大きく関わる。青年期前期から中期には友人の価値観や理想が自分のそれと十分区別されず，友人に対する同一視が起こる（**自己愛的対象選択**）。この同一視された友人像が，青年の自我理想の原型となる。やがて青年期の終結にかけて，自我理想が形成されるとともに，自己と対象表象との境界が明確になり，自己愛的対象選択は姿を消していく（以上 Blos, 1962, 1967, 1979; 皆川, 1980）。

　岡田（1987）は中学生から大学生にかけての調査の結果，中学・高校生においては同性の親友像が理想自己像として取り入れられ，大学生になると，現実自己と理想自己の比較によって自尊感情が規定されることを見出した。このことは Blos が述べる自己愛的対象選択のプロセスを実証的に示したものといえる。またこれは F-1 において述べた友人関係の「モデル機能（松井, 1990）」を実証的に示したともいえる。

3. 青年期の終わりにむけて

　下斗米（1990）は友人に対する接近・親密感が高まるにつれて，相手と自分の**類似性**だけでなく**異質性**も認知された上で，そうした認知が役割行動の基礎となることを見出した。青年の友人関係も同様に，相手との類似性に基づいて内的体験を共有するような関係から，互いの異質性も容認できる関係へと変化していくと考えられる（岡田, 2010）。これは，Blos が示した，青年期の終結に向けて自己愛的対象選択が解消していく精神内界の動きとも平行する。成人期以降には友人の意義は低下してくる（Tesch, 1983）。岡田ら（2016）は，大学生に対する調査の結果，大人や未知の人など異質な対象との関わりを持つ青年は，大学内に限定された友人関係の青年に比べ，コミュニケーション力やキャリア形成力，および正社員として就業することへの志向性が高く，フリーター志向が低いことを見出した。このように，青年期を過ぎると，自分とは異なる考えや背景を持つ他者との「異質性」に基づく関係に対するウエートが増してくる。そして下村（2008）が指摘するように，個人的・友愛的な関係から社会的・職業的な人間関係へと移行していくのである。

F-3 日本の青年と海外の青年の友人関係

★比べる

高坂康雅

ここでは，内閣府（2014）の「平成25年度　我が国と諸外国の若者の意識に関する調査」をもとに，日本と欧米諸国における友人関係の違いをみていくことにする。

1. 友人関係における充実感・満足感・安心感

日本の青年が「友人や仲間といるとき」に充実感を得ている割合（80.3%;「あてはまる」と「どちらかといえばあてはまる」の合計）は，「仕事／勉強に打ち込んでいるとき」（仕事67.9%／勉強54.1%）や「家族といるとき」（67.3%）に比べて高い値を示している。しかし，アメリカ（88.5%），イギリス（87.6%），ドイツ（89.2%），フランス（91.9%）などが90%前後であることをみると，「友人や仲間といるとき」に充実感を得ている日本の青年は，国際的にはやや少ないといえる。また，友人との関係における満足度は，64.1%（「満足」と「どちらかといえば満足」の合計）であり，調査対象となった7ヶ国のなかでもっとも低い（図F-3-1）。同様に，友人との関係における安心感も62.6%（「安心」と「どちらかといえば安心」の合計）であり，7ヶ国の中で最も低かった（図F-3-2）。

もちろん，半数以上は友人関係において充実感や満足感，安心感を得ているといえるが，「満足」や「安心」という強い表現に該当するとしている日本の青

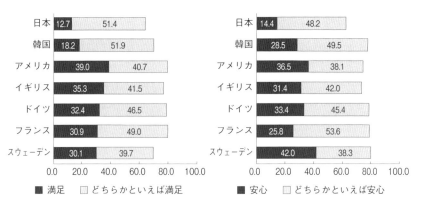

図F-3-1　友人との関係における満足感
（内閣府, 2014 より作成）

図F-3-2　友人との関係における安心感
（内閣府, 2014 より作成）

年は他の国の半分程度であり，国際的にみると，日本の青年の友人関係は良好なものではないのかもしれない。

2. 悩みの種と相談相手としての友人関係

日本の青年にとって，悩みや心配事としてあげられるのは「自分の将来のこと」(79.4%;「心配」と「どちらかといえば心配」の合計)，「お金のこと」(75.9%)，「仕事のこと」(74.8%) など"社会に出ること"や"自立すること"であり，「友人や仲間のこと」(39.9%) はそれらに比べると高い値ではない。しかし，「友人や仲間のこと」について悩んだり心配している割合は，アメリカが33.4%，ドイツが28.7%，スウェーデンが24.8%であり，58.8%であった韓国とともに，日本の値は高い方であるといえる。

このように日本の青年にとって友人関係は悩みの種である一方，重要な相談相手でもある。7ヶ国の青年の主な相談相手（表F-3-1）をみると，欧米諸国の青年は父親や母親に相談する一方，ドイツを除くと，友人はあまり相談相手として選択していないようである。一方，日本の青年は，母親の選択率は欧米と大差ないが，父親の選択率は10%程度低い。その分，友だちを相談相手として選択する割合が高くなっている。

松井（1990）は，友人関係が青年の社会化に果たす機能として3つあげている（F-1 参照）。しかし，ここで示した調査結果をみると，日本と欧米諸国では，青年における友人関係の位置づけが異なっている可能性があり，欧米の友人関係に関する理論・結果を日本の青年の友人関係にそのままあてはめることには，注意が必要であるかもしれない。

表 F-3-1　各国の青年の主な相談相手（内閣府, 2014 より作成）

	父	母	先生	友だち	恋人	相談しない
日本	20.7	47.3	7.7	38.0	11.6	15.7
韓国	21.8	35.4	11.7	30.4	22.6	16.0
アメリカ	31.0	54.0	6.8	14.1	21.0	11.3
イギリス	31.6	49.8	7.3	12.6	18.6	12.6
ドイツ	32.9	53.2	3.2	30.7	20.5	10.8
フランス	25.2	45.2	3.2	15.1	17.0	12.5
スウェーデン	31.0	51.4	5.5	13.5	14.4	12.0

F-4 友人関係の希薄化と切り替え
★取り巻く

山崎　茜

1. 友人関係の希薄化

　青年期は**心理的離乳**の時期であり，友人との相互依存的で排他的な友人関係によりその喪失感を補完・解消する（岡田, 2010）という意味で友人関係がことさら重要な意味を持つ時期である。児童期から青年期にかけて子どもの社会化や親からの心理的離乳に重要な意味を持つ親密な友人関係において，はじめは「同一性」が重視されているが，発達段階があがると「**異質性**」を認めた関係になることが報告されている。これまでの友人関係研究では児童期から青年期にかけての友人関係の発達的変化について①gang-group：外面的な同一行動による一体感（**凝集性**）を特徴とする，②chum-group：内面的な互いの類似性の確認による一体感（凝集性）を特徴とする，③peer-group：内面的にも外面的にも，互いに自立した個人としての違いを認め合いながら共存できる状態と変化する（保坂・岡村, 1986）というように発達するとされ，青年の友人関係は内面を深く開示し，異質性を受容し合い，友人とぶつかり合うことを肯定的に捉えているとされてきた（落合・佐藤, 1996；榎本, 1999など）。

　しかし，このような内面を開示する密接な関係を持とうとしない青年の存在も指摘されている。例えば，現代の友人関係の特徴として保坂（1998）は**gang-groupの消失**や**chum-groupの肥大化**といった現代の子どもたちの友人関係の変質（**希薄化**）がpeer-groupへの発達の遅延を招いていることを指摘し，「これらは現代の子ども達が友人関係における真の親密さを求めている姿の裏返しである」としている。心理的距離が大きい一方で友人への同調性が強い青年の存在（上野ら, 1994）や，青年が互いの内面を開示することなく傷つけ合うことがないよう，表面的に円滑な関係をとるという指摘（岡田, 2002）がある。また，現代の思春期社会では友人グループ間のコミュニケーションはほとんどなく，グループ内で世界が完結しているが，グループ内のメンバーも流動的であり，同じグループに属することがいわゆる親友関係とはいえない間柄であり，グループの個々人の本当の意味でのつながりは希薄であるという指摘（須藤, 2014）もある。

2. 友人関係をわたっていく方略としての切替

　友人関係をその深さと広さという観点で捉えるとき，確かに友人関係は希薄化しているように感じられる。しかし近年，友人関係には関係の深さと広さとは独立の概念として，状況に応じて自己や付き合う相手を切り替える傾向（以下「**状況に応じた切替**」）が存在しており（大谷, 2007），それは希薄化とは異なることが示されている。状況に応じて自己を切り替える（自己切替），とはすなわち，自分の**キャラ**（集団の中での自分の立ち位置や役割；例えば天然キャラ，いじられキャラ，など）をその場の雰囲気や一緒にいる友人に合わせて変えることである。また，付き合う相手を切り替える（対象切替）とは，例えば恋愛相談する友人と進路相談する友人が異なるといったことである。

　丸野（2014）は女子大生が友人関係において自己切替を多く用いていることを示し，現代では友人と定義される範囲が広がり，友人の種類が多様化しているために，場面に応じて友人関係を使い分けるという友人との付き合い方は自然で，その手段として自己切替が最も多く用いられるとしている。

　状況に応じた切替は友人関係の満足度にも影響するが，最も重要なことは状況に応じた切替を社会的文脈の中で適切に用いられているかどうかである。例えば，現代青年においてキャラがある者は自分のキャラが不明な者に比べ友人関係の満足度が高い。それは自己切替を用いて自己が場面や文脈により流動的に変化することで，友人との関係を円滑に進めていることを意味する（千島・村上, 2015）。一方，大谷（2007）は表面的な付き合い方にとどめることや周囲に合わせる付き合い方では自己切替の必要性を伴い，ストレスを高める可能性を指摘している。対象切替については対象切替をしない方が友人関係満足度が高いということが示されており，どのような場面においても関係性を保ち続けられる親友と呼べるような友人関係の方が満足度が高いとされている（丸野, 1994）。切替行動をするかどうかと，その切替行動が適切かどうかは別であり，状況に応じた切替を適切に行使するために必要な切替メタ・スキルを高く持っている者は切替行動を社会的スキルとして効果的に用いて友人関係をわたっていけるのである（大谷, 2013）。

F-5 同調圧力（ピア・プレッシャー）と友人関係
★陥る　　　　　　　　　　　　　　　　　　　　　　　　　　　　須藤春佳

1. 青年期における友人関係と同調圧力

　思春期から青年期においては，心理的な親離れと自我の確立が発達的課題となり，この過程で友人関係・仲間関係は青年にとって，親密な感情や秘密の共有体験などを通じて，情緒的サポートの役割を果たす。ここでは仲間や友人と自身が「同じ（同質）」であることが彼らに安心感をもたらすが，一方で友人と同じであることを求め合うがゆえに生じる仲間からの「**同調圧力（ピア・プレッシャー）**」にも悩まされることとなる。特に，グループの凝集性を高めるため同調圧力が働くことにより，グループ内で少しでも異質なものが感じられる特定の誰かを仲間はずれにする形でいじめが発生する危険性もはらんでいる。児童期から青年期の友人関係には① gang-group，② chum-group，③ peer-group といった発達的変化があるといわれるが，同調圧力が最も高まるのは chum-group である。chum-group とは，小学校高学年から中学生頃に現れ，同性で共通の興味・関心をもつ者同士で形成される集団で，類似性を持つ者同士という安心感が集団形成の基盤となっている。やがて高校生頃の peer-group になると異性も含む集団となり，青年同士が互いの価値観や生き方を知り，違いがあっても理解しようとする自立した個人としての共存状態に移行する。同調圧力の高まる chum-group の時期は，友人との類似性や同質性を確認することで不安な自己を確認し合い，仲間に承認を求めることで自己を保とうとしている段階であると考えられる。須藤（2012）では，女子大学生を対象に，前青年期以降の友人関係の難しさについて尋ねたが，その内容としては中高時代の友人グループに関するものが多く，「グループでの行動，グループによる拘束，束縛，グループ内の人間関係（いじめも含む），グループ間の対立」などがみられた。この調査から，彼らが中高時代に経験した，友人に気を遣い，自分の意見を抑えて仲間に同調し，複数の友人との多様な力動をはらんだ関係を維持する困難さがうかがわれた。思春期から青年期にかけての友人グループでは，仲間からの支持が得られ，かけがえのない友情が育まれ得る一方，グループを維持する上での気遣いや気苦労，この時期特有の集団力動が働き難しさが伴うのである。

2. 同調力とスクールカースト

　青年期の「同調」現象を考える上で関連するもう1つの現象を取り上げたい。近年「**スクールカースト**」という現象が論じられている。スクールカーストとは，クラス内の友人グループ間における非公式なステイタスの序列のことであり，教室内の生徒の「人気」の高低を要因として，生徒の人間関係に序列構造が生み出され，それが生徒間で共有されることによって明確な「身分の差」となって現れる現象を指す（鈴木, 2010）。鈴木の調査では，生徒のコミュニケーション能力がスクールカースト地位に影響することがわかり，自己主張力と同調力がスクールカーストに影響することが明らかとなった。またスクールカーストが高いほど，自分の気持ちと違っても人が求めるキャラを演じる傾向があった。これらから，スクールカーストに代表される現代思春期の仲間関係とは，上位のグループが集団に期待された役割を演じ，それに同調する人たちからなるグループ関係という姿がみえてくるのではないか。また，青年たちが「ぼっち」になることを恐れ，内面的にひかれあうからという理由ではなく，人から1人でいると思われたくないからという理由でイツメン（いつも一緒にいるメンバー）を求める傾向もあるとの指摘もある（岩宮, 2012）。このように，最近では内面的，情緒的なつながりを持って形成する友人関係とは別の，本心とは違っていても相手やその場の雰囲気に合わせる「同調」力を重視する，また集団の中で一人にならないでいるための「居場所」としての仲間関係が持続的に形成される傾向にあるようである。

3. 青年期の自己形成と仲間関係

　青年期の仲間関係とは，青年自身の自己形成とも密接に関わっている。近年，同調圧力による異質性を排除する仲間関係の形成が，思春期という発達段階に特有の一過性のものではなく遷延化しており，持続的に青年期にもみられるとの指摘もある。近年の傾向として，青年たちが自己と同質性を感じられる仲間からの承認を求めるあまり，異質なものを受け入れながら仲間関係を築き，付き合う peer-group への移行がより先延ばしになっているとみることもできるだろう。併せて青年の自己形成の期間も長期化していると考えられる。

F-6 仲間づくりを支えるグループワーク
★支える

須藤春佳

　青年期の人々にとって，仲間と関わり，自分自身を発見していくプロセスはその発達段階上においても重要な意味を持つ。また，社会人として将来的に多様な人と関わっていく上でも，コミュニケーション力の育成が求められる時期でもある。一方，「人にどう接してよいかわからない」「会話を進めるのが苦手」というような理由で人との関わりや仲間作りが円滑にいかない青年たちも多い。特に，大学生になると，それまでの学校段階のような所属するクラスがない場合も多く，自らの意思で部活やサークルなどの輪の中に入り，積極的に関わりを持たないと仲間作りのきっかけがつかめず，人間関係形成が難しい青年にとっては困難な状況にある。ここでは，このような大学生を対象にした**グループワーク**の取り組みを紹介する。グループワークといってもその内容は多岐にわたるが，ここでは大学の学生相談室などが主催して行う学生支援プログラムを念頭に置く。

　グループワークのスタイルとして，**コミュニケーションスキル**を身に付けることを意識し，具体的なスキルを伝達すると同時にテーマに沿って参加者自身の練習を行う構造化されたものもあれば，より参加学生の自発性を尊重し，グループの自由度を重んじた構造化のゆるやかなものもある。また，具体的な活動を通して参加者同士の交流を促進する狙いを持つものもある。表F-6-1は濱田（2015）によるある大学の例，表F-6-2は的場（2011）によるまた別の大学の例である。自由度の高いグループではどのように振る舞えばよいかわからず不安を感じる学生には，前者のような構造化されたグループワークで基本的なスキルを獲得し，自信を高める取り組みが適している。また，ある程度の自我の強さがあり，人間関係を育み，自己表現したり自己理解，他者理解を深めることができ得る学生には後者のようなグループワークが適している。濱田（2015）の取り組みでは，セミナーに継続して参加した学生は，日常生活でもコミュニケーションを意識し，自信につながった様子が報告されている。また的場（2011）の取り組みでは，コミュニケーションに課題があり孤立した状況にあった学生達が，グループワークにおいて仲間と出会い，ともに活動する中で友人

表F-6-1　コミュニケーション・サポート・セミナーの内容例（濱田, 2015より作成）

	エクササイズ	レクチャー
第1回	「自分を知ろう」	「上手な会話の進め方」
第2回	「知ってる私，知らない私」	「相手の気持ちに添った話し方」
第3回	「敬語を磨こう」	「先生・先輩との話し方」
第4回	「やってみよう！ポジティブになる言い換え」	「目上の人へのメールの送り方」
第5回	「会話練習①～会話に質問を入れてみよう～」	
第6回	「会話練習②～表情に気を付けてみよう～」	「緊張場面で使えるリラックス法」
第7回	「会話練習③～上手な会話の広げ方～」	「飲み会・コンパをこなすコツ」
第8回	「会話練習④～会話のきっかけをみつける」	「あなたは大丈夫？大学生活のマナー」

※セミナーでは，はじめに（10分間），エクササイズ（20分間），レクチャー（20分間），休憩（10分間），フリートーク「プチ困ったを解決しよう」（30分間）の構成で行われた。

表F-6-2　学生相談室主催のグループワークのテーマ例（的場, 2011より作成）

開催時期	テーマ
4月	コミュニケーションスキル（心で聴く）
5月	友だちの輪を広げよう（自己開示）
6月	コラージュを楽しもう！（自己発見）
7月	いろんな気持ち・心のストレッチ（自己理解・他者理解）
8月	エンカウンター・グループ（自己表現・自己理解・他者理解）
9月	音楽療法（音楽を楽しむ）
10月	絵本を読もう（感受性の促進・ほっと一息）
11月	アサーショントレーニング（ほどよい自己主張スキル）

※ここでは参加者の個人面接がグループワークと並行して行われた。

関係を育み，時にはけんかもし，進路を見つけて卒業した例が報告されている。

なお，これらのグループワークが十分に機能するためには，それを見守りリードする**ファシリテーター**（促進者）の果たす役割が大きく，グループの動きをみながら，参加メンバーの挑戦や成長を継続的に見守る存在が不可欠である。

また，今回は大学生に焦点を当てたが，小学校，中学校，高校でのクラス単位でも，学級メンバー同士の相互交流を促進する目的でグループワークが行われる場合もある。特に，グループをある程度構造化することにより，クラス内の自然発生的なグループの動きのみに任せていては交流のないクラスメイト同士の交流を促すことが可能になる。このように，グループの力を用いることによって，多様な支援が可能になるのである。

F-7 友人関係への動機づけ尺度

★測る

髙坂康雅

1. 友人関係への動機づけ尺度

　青年の友人関係を測定する尺度には，関わり方（落合・佐藤，1996；岡田，1995など）や友人関係における欲求や感情，活動（榎本，1999，2000など），友人関係に対する志向性・態度（髙坂，2010など）などがある。その中で，友人関係への動機づけ尺度（岡田，2005）は，Ryan & Deci（2000）の**自己決定理論**に基づいて作成された尺度であり，「どのような理由で友人と関わっているのか」という観点で作成されている。

　自己決定理論では，**自己決定性**の程度から動機（理由）を4つに大別しており，友人関係への動機づけ尺度も，その大別と同じく，「外的」「取り入れ」「同一化」「内発」の4下位尺度各4項目で構成されている（表F-7-1）。大学生488名を対象とした岡田（2005）の調査では，確証的因子分析によって，この4下位尺度構成の因子的妥当性が確認されている。また，大学生・短大生・専門学校生252名を対象に行った調査（岡田，2013）でのα係数は，「外的」が.53,「取り入れ」が.75,「同一化」が.83,「内発」が.88であり，高校生を対象とした調査（Okada, 2007）でのα係数は，「外的」が.63,「取り入れ」が.68,「同一化」が.83,「内発」が.83であった。また，中学生を対象とした調査（岡田，2006a）でのα係数は，「外的」が.75,「取り入れ」が.78,「同一化」が.86,「内発」が.88であった。高校生以上が対象者の場合，「外的」や「取り入れ」のα係数がやや低い値になる傾向がみられる。

　中学生・高校生・大学生について4下位尺度得点の比較検討を行った結果，「外的」と「取り入れ」には差はみられず，「同一化」は中学生が高校生よりも高く，「内発」では，中学生が高校生や大学生よりも高いことが明らかになっている（岡田，2006b；図F-7-1）。

　妥当性については，自己決定意識やコンピテンス，対人不安，公的自己意識などとの間に予想される関連がみられている（岡田，2005）。また，学業的援助要請や学習活動を介して友人関係の充実感などへの影響も明らかにされている（Okada, 2007; 岡田，2008）。

表 F-7-1 友人関係への動機づけ尺度（岡田, 2005 より作成）

【質問】あなたはなぜ友人と親しくしたり，一緒に時間を過ごしたりしますか？

	あてはまらない	はまらない	あまりあてはまらない	どちらともいえない	ややあてはまる	あてはまる
1 一緒にいないと，友人が怒るから		1	2	3	4	5
2 友人がいないと，後で困るから		1	2	3	4	5
3 友人と一緒の時間を過ごすのは，重要なことだから		1	2	3	4	5
4 友人と話すのは，おもしろいから		1	2	3	4	5
5 親しくしていないと，友人ががっかりするから		1	2	3	4	5
6 友人がいないと不安だから		1	2	3	4	5
7 友人関係は，自分にとって意味のあるものだから		1	2	3	4	5
8 友人と一緒にいると，楽しい時間が多いから		1	2	3	4	5
9 友人関係を作っておくように，まわりから言われているから		1	2	3	4	5
10 友人がいないのは，恥ずかしいことだから		1	2	3	4	5
11 友人といることで，幸せになれるから		1	2	3	4	5
12 友人と一緒にいるのは楽しいから		1	2	3	4	5
13 友人の方から話しかけてくるから		1	2	3	4	5
14 友人とは親しくしておくべきだから		1	2	3	4	5
15 友人のことをよく知るのは，価値のあることだから		1	2	3	4	5
16 友人と親しくなるのは，うれしいことだから		1	2	3	4	5

外　的　　1 (　) ＋ 5 (　) ＋ 9 (　) ＋ 13 (　) ＝ 　　　　　÷ 4
取り入れ　2 (　) ＋ 6 (　) ＋ 10 (　) ＋ 14 (　) ＝ 　　　　　÷ 4
同 一 化　3 (　) ＋ 7 (　) ＋ 11 (　) ＋ 15 (　) ＝ 　　　　　÷ 4
内　発　　4 (　) ＋ 8 (　) ＋ 12 (　) ＋ 16 (　) ＝ 　　　　　÷ 4

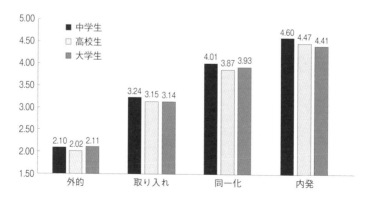

図 F-7-1　中学生・高校生・大学生の各下位尺度得点（岡田, 2006b より作成）

■ 引用文献

Blos, P. (1962). *On adolescence: A psychoanalytic interpretation.* New York: Free Press.
Blos, P. (1967). The second individuation process in adolescence. *The Psychoanalytic Study of the Child, 22,* 162-186.
Blos, P. (1979). The genealogy of ego ideal. In P. Blos (Ed.), *The adolescent passage: Developmental issues* (pp. 319-507). New York: International Universities Press.
Bukowski, W. M., Simard, M., Dubois, M. E., & Lopez, L. S. (2011). Representations process, and development: A new look at friendship in early adolescence. In E. Amsel, & J. Smetana (Eds.), *Adolescent vulnerabilities and opportunities: Constructivist developmental perspectives* (pp. 159-181). New York: Cambridge University Press.
Chapman, A. H., & Chapman, C. M. S. (1980). *Harry Stack Sullivan's concepts of personality development and psychiatric illness.* New York: Bruner/Mazel. (チャップマン, A. H., & チャップマン, C. M. S.　山中 康裕 (監訳)　武野 俊弥・皆藤 章 (訳) (1994). サリヴァン入門―その人格発達理論と疾病論―　岩崎学術出版社)
千島 雄太・村上 達也 (2015). 現代青年における"キャラ"を介した友人関係の実態と友人関係満足感の関連―"キャラ"に対する考え方を中心に―　青年心理学研究, 26, 129-146.
Coleman, J. C. (1980). Friendship and the peer group in adolescence. In J. Anderson (Ed.), *Handbook of adolescent psychology* (pp. 409-431). New York: John Wiley & Sons.
Damon, W. (1983). *Social and personality development.* New York: Norton. (デーモン, W.　山本 多喜司 (編訳) (1990). 社会性と人格の発達心理学　北大路書房)
Dunphy, D. C. (1963). The social structure of urban adolescent peer groups. *Sociometry, 26,* 230-246.
Dunphy, D. C. (1980). Peer group socialization. In R. Muss (Ed.), *Adolescent behavior and society* (3rd ed., pp. 171-183). New York: Random House.
榎本 淳子 (1999). 青年期における友人との活動と友人に対する感情の発達的変化　教育心理学研究, 47, 180-190.
榎本 淳子 (2000). 青年期の友人関係における欲求と感情・活動との関連　教育心理学研究, 48, 444-453.
濱田 里羽 (2015). 日常のコミュニケーションに不安を抱える学生を対象とした継続的グループプログラムの試み　学生相談研究, 36, 135-146.
保坂 亨 (1998). 児童期・思春期の発達　下山晴彦 (編)　教育心理学Ⅱ　発達と臨床援助の心理学 (pp. 103-123)　東京大学出版会
保坂 亨・岡村 達也 (1986). キャンパス・エンカウンター・グループの発達的・治療的意義の検討　心理臨床学研究, 4, 15-26.
岩宮 恵子 (2012).「ぼっち」恐怖と「イツメン」希求　現代思春期・青年期論　精神療法, 38, 233-235.
髙坂 康雅 (2010). 青年期の友人関係における被異質視不安と異質拒否傾向―青年期における変化と友人関係満足度との関連―　教育心理学研究, 58, 338-347.
丸野 佳乃子 (2014). 女子大生の友人関係における切替についての研究　九州大学心理学研究, 15, 37-43.
的場 みぎわ (2011). 人間関係を育む場としての継続的なグループワークの有効性―個別面接とグループワークを併用した事例から―　学生相談研究, 31, 207-217.
松井 豊 (1982). 対人行動の発達　詫摩 武俊・飯島 婦佐子 (編)　発達心理学の展開 (pp. 258-278)　新曜社
松井 豊 (1990). 友人関係の機能　斎藤耕二・菊池章夫 (編)　社会化の心理学ハンドブック (pp. 283-296)　川島書店
皆川 邦直 (1980). 青春期・青年期の精神分析的発達論―ピーター・ブロスの研究をめぐって―　小此木敬吾 (編)　青年の精神病理 2 (pp. 43-66)　弘文堂
内閣府 (2014). 平成25年度　我が国と諸外国の若者の意識に関する調査　Retrieved from http://www8.cao.go.jp/youth/kenkyu/thinking/h25/pdf_index.html (2017年9月28日)
落合 良行・佐藤 有耕 (1996). 青年期における友達とのつきあい方の発達的変化　教育心理学研究, 44, 55-65.
岡田 涼 (2005). 友人関係への動機づけ尺度の作成および妥当性・信頼性の検討―自己決定理論の枠組みから―　パーソナリティ研究, 14, 101-112.
岡田 涼 (2006a). 自律的な友人関係への動機づけが自己開示および適応に及ぼす影響　パーソナリティ研究, 15, 52-54.
岡田 涼 (2006b). 青年期における友人関係への動機づけの発達的変化―横断データによる検討　名古屋大学

大学院教育発達科学研究科紀要（心理発達科学），53, 133-140.
Okada, R. (2007). Motivational analysis of academic help-seeking: Self-determination in adolescents' friendship. *Psychological reports, 100,* 1000-1012.
岡田 涼 (2008). 友人との学習活動における自律的な動機づけの役割に関する研究　教育心理学研究，56, 14-22.
岡田 涼 (2013). 友だちとのかかわりを促すモチベーション―自律的動機づけからみた友人関係　北大路書房
岡田 努 (1987). 青年期男子の自我理想とその形成過程　教育心理学研究，35, 116-121.
岡田 努 (1995). 現代大学生の友人関係と自己像・友人像に関する考察　教育心理学研究，43, 354-363.
岡田 努 (2002). 友人関係の現代的特徴と適応感および自己像・友人像の関連についての発達的研究　金沢大学文学部論集（行動科学・哲学編），22, 1-38.
岡田 努 (2010). 青年期の友人関係と自己―現代青年の友人認知と自己の発達―　世界思想社
岡田 努・榎本 博明・下村 英雄・山浦 一保 (2016). 青年期の対人関係および自己のあり方と青年の就労意識の関連に関する構造の検討　心理学の諸領域，4, 41-52.
大谷 宋啓 (2007). 高校生・大学生の友人関係における状況に応じた切替―心理的ストレス反応との関連にも注目して―　教育心理学研究，55, 480-490.
大谷 宋啓 (2013). 大学生の同性友人関係における状況に応じた切替―社会的スキルとしての効果性と教育上の課題―　大阪電気通信大学人間科学研究，15, 79-93.
Ryan, R. M., & Deci, E. L. (2000). Self-determination theory and the facilitation of intrinsic motivation, social development, and well-being. *American psychologist, 55,* 68-78.
齊藤 万比古 (2005). 思春期―集団と個の桎梏を越えて―　思春期青年期精神医学，15, 2-14.
坂本 健二 (1976). 青年期と精神分裂病―H. S. サリバンの青年期論をめぐって―　笠原 嘉・清水 将之・伊藤 克彦（編）　青年の精神病理 1 (pp. 131-154)　弘文堂
下村 英雄 (2008). 若者の就職における自己と他者―フリーター的・ニート的心性を超えて―　大庭 健・廣石 忠司・下村 英雄・中野 育男・内山 哲朗　職業と仕事……働くって何？ (pp. 97-136)　専修大学出版局
ド斗米 淳 (1990). 対人関係の親密化に伴う自己開示と類似・異質性認知の変化　学習院大学文学部研究年報，37, 269-287.
ド斗米 淳 (2002). 青年の対人ネットワークは狭いか？―準拠集団の道具性と拡張可能性からの検討―　日本教育心理学会 44 回総会発表論文集，S56-57.
ド斗米 淳 (2003). 対人関係の親密化と悩ましさの発生メカニズム　中里 至正・松井 洋・中村 真（編）　社会心理学の基礎と展開 (pp. 83-100)　八千代出版
須藤春佳 (2012). 女子大学生が振り返る同性友人関係―前青年期から青年期を通して―　神戸女学院大学論集，59, 137-145.
須藤春佳 (2014). 友人グループを通してみる思春期・青年期の友人関係　神戸女学院大学論集，61, 113-126.
Sullivan, H. S. (1953). *The interpersonal theory of psychiatry.* New York: Norton.
鈴木 翔 (2012). 教室内（スクール）カースト　光文社
Tesch, S. A. (1983). Review of friendship development across the lifespan. *Human development, 26,* 266-276.
上野 行良・上瀬 由美子・松井 豊・福富 護 (1994). 青年期の交友関係における同調と心理的距離　教育心理学研究，42, 21-28.
Way, N., & Silverman, L. R. (2012). The quality of friendships during adolescence. In P. K. Kerig, M. S. Schulz, & S. T. Hauser (Eds.), *Adolescence and beyond: Family processes and development* (pp. 91-112). Oxford University Press.
山岸 明子 (2017). つらさを乗り越えて生きる―伝記・文学作品から人生を読む―　新曜社

コラム5 「今どきの若者は…」の裏側

　現代の青年の多くは,「これだからゆとり世代は…」といわれたことが,少なくとも1回くらいはあるだろう。青年・若者を語るときに「○○世代」という表現は頻繁に使われ,その多くはあまり良い意味では使われない。この「ゆとり世代」とは,2002年度から施行された学習指導要領に基づいた教育（ゆとり教育）を受けた世代のことを指すことが多く,「円周率は"およそ3"」「総合的な学習の時間」などがマスコミなどでも取り上げられ話題となった。このゆとり教育は,これまでの詰め込み教育の反省を受けて取り入れられたものである。また,時代的には,バブル崩壊とその後の長期的なデフレ不況にさらされた世代でもあり,よくいえば安定志向,悪くいえば意欲・向上心がないと評価される世代である。

　ゆとり世代に対する大人からの風当たりはなかなか厳しいものがあるが,その大人もかつては,さらに上の世代からの批判にあっていた。例えば,1960年代生まれ（現在50歳代）の者が青年期の頃は,新しい感性や価値観を持っており,当時の大人では理解ができないため,「新人類」と呼ばれていた。さらにひと世代さかのぼって1950年代生まれ（現在60歳代）の者は,学生運動が下火になった頃に青年期を過ごした。それまでの"体制と闘う若者"から一転したため,「しらけ世代」「三無主義（無気力・無関心・無責任）」などと呼ばれていた。

　いつの時代でも「今どきの若者は…」と,青年や若者が揶揄されることは少なくない。しかし,青年や若者は決して「しらけ世代」「新人類」「ゆとり世代」と呼ばれたくてそうなったわけではない。ゆとり世代でいえば,詰め込み教育を批判し,ゆとり教育を提唱し,実行したために,ゆとり世代となったのである。いわば,大人の望みを体現化したのがゆとり世代の青年たちである。時代的・経済的な背景もあるが,それも大人が作り出したものである。にもかかわらず,大人がゆとり世代の青年たちを批判するのはおかしな話である。

　それでもやはり大人は青年・若者を批判したくなるのであろう。もしかしたらそれは,大人たちが失ってしまった若さやエネルギー,大人たちが持っていない新しい知識や技術を青年・若者が持っているからかもしれない。つまり,青年・若者批判は,大人たちの嫉妬ではないかと考えられるのである。

恋愛関係

　恋愛ほど青年の心を揺さぶるものはないかもしれません。誰かに恋心を抱き，告白するかどうか悩みます。交際できたとしても，関係を続けていく中で，やはり悩みます。様々なトラブルに巻き込まれることもありますし，失恋すれば大きく落ち込むことになります。それでも多くの青年は恋愛に憧れ，恋愛関係を構築していきます。恋愛関係にはどんな心の動きがあるのでしょうか，多様なアプローチで解明していきましょう。なお，ここで扱う恋愛関係は，特別な断りがない限り，異性間の関係を指しています。

G-1 青年期における恋愛関係の現状とプロセス

★知る

髙坂康雅

1. 青年期における恋愛関係の現状

青年期に入ると，多くの青年は異性に関心を向け，特定の異性と親密な関係（恋愛関係）になりたいと思うようになり，また，恋愛関係を構築する者も出てくる。しかし，実際に恋愛関係を構築できる者は，一般的にイメージされているよりも少ないようである。

日本性教育協会（2013）によると，各学校段階で付き合っている人がいる（「1人いる」＋「複数いる」）割合は，中学生男子で12.4%，女子で13.7%，高校生男子で20.9%，女子で28.2%，大学生男子で38.6%，女子で37.9%であるとされている。また，国立社会保障・人口問題研究所（2017）が18〜34歳の未婚者を対象に調査を行った結果，恋人・婚約者がいる割合は，男性では25〜29歳で，女性では20代でピークを迎え，その後，減少することが明らかにされている（図G-1-1）。

このようにみると，どの世代においても，恋人がいる青年は，少数派であるといえるのである。

2. 青年期の恋愛のプロセス

では，青年期の恋愛関係はどのように進展していくのであろうか。髙坂（2014）は，恋人がいる大学生を対象に，交際期間ごとに経験した恋愛行動について調査をしている（図G-1-2）。その結果，交際4ヶ月未満の時点で，70%

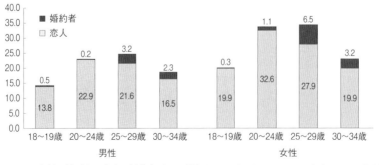

図 G-1-1　年齢・性ごとの恋人・婚約者がいる割合（国立社会保障・人口問題研究所, 2017より作成）

以上が「友人や勉強の話をした」「用もないのに電話やメールをした」などの言語的コミュニケーション行動だけでなく,「手を握ったり,腕を組んだりした」「キスをした」のような身体接触・性的行動を経験していた。また交際5〜8ヶ月では,「個人的な悩みを打ち明けた」のような深い自己開示とともに「セックスをした」などの性的行動も,多く経験されていた。一方,交際が1年を越えると,「自分たちの結婚について話をした」や「恋人として親に紹介した」などの開示行動がみられる一方,「口げんか(口論)をした」「別れたいと思った」のような葛藤行動が増えることも示されている。

このように大学生の恋愛行動は,早い段階で深い自己開示や性的行動がとられ,それ以降,婚約・結婚などの大きな進展がみられないため,徐々に葛藤行動が生じるようになるのである。

性的行動	肩をたたいたり,身体に触れたりした 手を握ったり,腕を組んだりした キスをした 抱き合った	セックスをした				
開示行動	友人や勉強の話をした 子どもの頃の話をした 用もないのに電話やメールをした 相談した	さびしいときに電話やメールをした 個人的な悩みを打ち明けた お互いの将来について話をした 恋人として友人に紹介した			恋人として親に紹介した		
共行動	一緒に買い物や映画に行った デートをした	プレゼントを贈った/贈られた		仕事や勉強の手伝いをした		1泊以上の旅行をした
葛藤行動				口げんか(口論)をした		別れたいと思った
求婚					自分たちの結婚について話をした	
交際期間	4ヶ月未満	5〜8ヶ月	9〜12ヶ月	13〜18ヶ月	19〜24ヶ月	25ヶ月以上

注)経験率が70%を超えたものを掲載した。

図 G-1-2 大学生の恋愛行動のプロセス(髙坂, 2014 より作成)

G-2 青年期における恋愛の特徴とその後の変化
★変わる

高坂康雅

1. 恋ごころの芽生え

実際の恋愛関係を持つようになるのは，青年期に入ってからが多いが，異性に恋愛感情としての好意を抱くことは，青年期以前にも経験される。ライフネット生命保険（2012）では，初恋をした年齢として，「小学校入学前（6歳以下）」（27.7％）が最も多く次いで「小学校高学年（11〜12歳）」（19.5％），「小学校中学年（9〜10歳）」（17.4％）となっている。

大野（2010）は恋の特徴として，①相手への強い思慕の情，②憧憬（憧れ），③**結晶作用**，④**憑執状態**，⑤恋に伴う身体的現象（ドキドキしたり，顔が赤くなるなど）という5つをあげている。

このような恋の経験を通して，特定の異性との親密な関係（恋愛関係）に対する思いが強まり，青年期に入って，恋愛関係の構築に向かうのである。

2. アイデンティティのための恋愛

アイデンティティ概念を提唱した Erikson（1963/1977）は青年期の恋愛について，「その大部分が，自分の拡散した自我像を他人に投射することにより，それが反射され，徐々に明確化されるのを見て，自己の同一性を定義づけようとする努力である」と論じている。つまり，アイデンティティが未確立な青年にとって，恋愛とは，恋人を通して自己を理解し，アイデンティティを確立しようとする試みであるとされているのである。これを受けて大野（1995, 2010）は，アイデンティティが未確立な青年が陥りやすい恋愛の特徴を5点あげ，それらを**アイデンティティのための恋愛**と呼んでいる（表 G-2-1）。これらはいずれも恋愛関係を通して自身のアイデンティティを確立しようとするがために生じる感情や態度であるが，それが時には，強い不安や怒り，相手に対する依存や束縛などを生むことになるのである。

3. 青年期以降の恋愛関係の変化

青年がアイデンティティのための恋愛をしてしまうのは，ひとえにアイデンティティが確立しておらず，自分に自信が持てないためであり，それは，自分自身に関心が向いており，「自分は愛されたい，でも，相手に愛のエネルギーを

表 G-2-1　アイデンティティのための恋愛の特徴（大野, 1995 より作成）

特徴	説明
①相手からの賞賛・賛美を求めたい ②相手からの評価が気になる	自分のアイデンティティに自信が持てない青年は，相手からの賞賛を自分のアイデンティティのより所としている。そのため，相手から賞賛し続けてもらわないと，自分の心理的基盤が危うくなり，よって，相手からの評価も気になる。
③しばらくすると，呑み込まれる不安を感じる	自分自身にある程度の自信が持てない状況で，人と仲良くなろうとすると，相手が自分の心のなかに必要以上に入り込んでくる，もしくは，相手に取り込まれ，自分がだんだんなくなるように感じ，息苦しいような感じさえする。
④相手の挙動に目が離せなくなる	相手から嫌われることは，単なる恋人を失うことにとどまらず，それまでの自身の基盤が揺さぶられる経験となり，大きな不安と混乱の原因となる。
⑤結果として，交際が長続きしない	「アイデンティティのための恋愛」をしている青年の関心は自分自身にあり，本当の意味で相手を愛しているわけではない。そのため，相手を幸福な状態にしようという努力や気配りをすることも難しい。

使う余裕はない」(大野, 1999) 状態であるともいえる。そのため，アイデンティティのための恋愛から脱するためには，アイデンティティを確立し，自信と余裕を持てるようになる必要がある。

　Erikson (1959/2011) は，アイデンティティの確立が主題となる青年期の次の段階である成人期初期について，「適切なアイデンティティの感覚が確立されて初めて，異性との本当の親密さ (正確には，あらゆる他人との親密さ，さらには自分自身との親密さ) が可能になる」と述べ，アイデンティティ確立後には，異性を含む他者に関心を向けることができるようになる**親密性**が発達的な主題となると指摘している。さらに，親密性が獲得されると，「性的に結ばれたカップルが，自分たちの関係の中に本物の性器愛を見出したか，見出しつつあると，まもなく (もし明確な希望を自覚するまで発達していたならば)，2人のパーソナリティとエネルギーを結合させて，共通の子孫を生み出したいと願うようになる」(Erikson, 1959/2011) と述べている。

　このように，Erikson によるアイデンティティの観点から親密な異性関係をみたとき，はじめ青年は自分自身に関心を向けた"自分のため"の恋愛をするが，互いにアイデンティティが確立されるにつれて，"相手のため，2人のため"の関係に変化し，さらには，"子ども・次世代のため"の関係に発達していくのである。

G-3 恋愛の「文化差」とそのメカニズム

★比べる　　　　　　　　　　　　　　　　　　　　　　　　　　浅野良輔

1. 恋愛に「文化差」はあるのか

　日本では2000年を過ぎてから，積極的に恋人をつくろうとする「肉食系」に対して，恋愛に消極的であったり関心を示さなかったりする青年を「**草食系**」と呼ぶようになった。国立社会保障・人口問題研究所（2017）によれば，18～34歳の未婚男女のうち，男性の30.2%，女性の25.9%は，現在交際している異性がおらずそもそも交際を望んですらいない。また，日本，フランス，スウェーデン，イギリスの4ヶ国で，20～49歳の男女に対して恋愛に関する考え方を尋ねたところ（内閣府，2016；図G-3-1），日本人は「相手からアプローチがあれば考える」という受け身な態度を示す回答者の割合が最も多かった。「気になる相手には自分から積極的にアプローチをする」割合が「相手からアプローチがあれば考える」割合を下回っていたのも，4ヶ国のうち日本だけであった。さらに，こうした「草食系」の態度は恋愛関係が成立した後も変わらないらしく，日本人は，カナダ人よりも恋人に対して親密性（親しさの感情）を示さないとの報告もある（7点満点で，日本人は4.4点，カナダ人は5.3点：山田ら，2015）。これらの知見は，日本の青年が他国の青年よりも「草食」であり，恋愛関係の形成や維持をめぐる「**こころの文化差**」の可能性を示唆している。

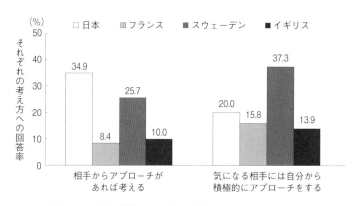

図 G-3-1　恋愛に関する考え方の回答率（内閣府，2016より作成）

2. 恋愛の「文化差」を解きほぐす

　それでは，恋愛の文化差はなぜ生じるのだろうか。この謎を解くための理論として，以下の2つがあげられる。1つめは，**文化心理学的アプローチ**である。文化心理学的アプローチは，東アジア諸国では集団の調和や社会規範の遵守といった**相互協調性**（interdependence）が優先されるのに対して，西洋諸国では自己の独自性や個人的な成功など**相互独立性**（independence）が優先されると仮定し，多くの知見を積み重ねている（詳しくは増田・山岸, 2010 を参照）。例えば，「相手からアプローチがあれば考える」という日本人の受け身な態度は，相手からの誘いを無下に断らない相互協調性の表れとして解釈できる。

　2つめの理論が，**社会生態学的アプローチ**である。社会生態学的アプローチは，人々を取り巻く社会生態環境と個人の行動・心理プロセスの相互構築関係を仮定し，こころの文化差に関する新たな枠組みとして注目を集めている（Oishi, 2014）。恋愛の文化差を生じさせる社会生態環境には，国や地域における人口移動の多さとして定義される住居流動性（residential mobility）や，対人関係の選択機会の多さを表す関係流動性（relational mobility）が考えられる。日本のように住居流動性や関係流動性が低い社会では，北アメリカなど流動性が高い社会よりも，恋人が自分以上に外見，お金，あるいは性格において魅力的で価値ある異性に出会う機会が少なく，恋人から浮気をされたりフラれたりしてしまうリスクが低いため，積極的に愛情を表現して自分の魅力や価値を恋人に認識させなければならない場面があまりない。恋人に対する親密性がカナダよりも日本において低い理由には，こうした流動性の違いがあるかもしれない（山田ら, 2015）。また，流動性が低くそもそも魅力的な異性に出会う機会が少ない日本では，先走って限られたチャンスをムダにしないため，「相手からアプローチがあれば考える」というより慎重な方略が優先されるようになった可能性もある。このように，恋愛の文化差を理解する上で，社会生態学的アプローチは重要な役割を果たすことが期待されている（Kito et al., 2017）。

　ここまで，恋愛をめぐるこころの文化差について議論してきたが，このテーマに関する実証研究は実はまだ少ない。文化心理学的アプローチや社会生態学的アプローチに基づいて，恋愛関係の形成や維持，さらには崩壊にみられる文化差の謎を解明しようとする今後の動向が注目される。

G-4 恋愛・性・結婚に対する意識と行動の変化

★取り巻く

天野陽一

1. 恋愛に対する意識と行動の変化

　ここ半世紀の間，青年の恋愛はおもに性行動の面で変化してきた（図G-4-1）。大学生のセックス経験率は1970年代には1～2割であったが，徐々に増加して1990年代に男女とも過半数を超えている。一方，デート経験率は1970年代にはすでに7～8割に達しており，現在まで大きな変化はみられない。恋人とセックスをする者が増え，恋人関係がセックスを伴う関係であるとの認識が広まっていったと考えられる。

　1990年代には高校生の性行動も活発化している。この時期は援助交際が社会問題となった時期と一致するが，女子だけでなく男子のセックス経験率も同様に増加している。高校生の恋人関係においてもセックスをする者が増え，性行動の早期化・低年齢化が生じたと考えられる。

　セックス経験率の増加傾向は2000年代になると停滞し，2010年代には減少傾向がみられるようになった。恋愛や性行動に積極的でない男性を指す「**草食系男子**」（森岡, 2008）という造語が生まれ，若者の恋愛離れが話題となった。この頃から青年の悩み・心配ごとは「異性との交際」よりも「勉強」や「就職」の割合が多くなった（内閣府, 2009）。就職が厳しくなった現代において，学業や就職活動を優先し，恋愛を後回しにする青年の姿がうかがえる。

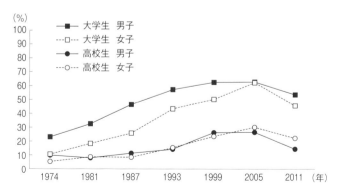

図 G-4-1　セックス経験率の推移（日本性教育協会, 2013 より作成）

2. 結婚しない青年・結婚できない青年

恋愛の到達点の1つともいえる結婚においては，晩婚化・**未婚化**が深刻な社会問題となっている。平均初婚年齢は年々上昇しており，1995年に男性28.5歳，女性26.3歳であったものが，2015年には男性31.1歳，女性29.4歳となった。未婚率も高い水準で推移しており，2015年には20代後半の男性72.7%，女性61.3%が，30代前半でも男性47.1%，女性34.6%が未婚である。

未婚化の原因の1つとして，結婚する意思のない青年が増えているともいわれる。国立社会保障・人口問題研究所（2017）によると，18〜34歳の未婚者のうち「一生結婚するつもりはない」という者の割合は男性12.0%，女性8.0%で微増傾向にある。しかし，この中には将来的に「いずれ結婚するつもり」に変わる可能性があるという者が男性44.1%，女性49.8%含まれている。結婚の意思が変わる場合の理由としては，「相手の出現」のほかに「収入の増加」や「雇用・労働条件の改善」といった経済的なものが多くあげられていた。

晩婚化・未婚化の背景には，社会・経済環境が厳しくなり，結婚が困難な状況であるため，結婚することを諦めたり，先延ばしにしたりしている青年が増えている可能性が考えられる。

3. 恋愛・性行動を経験すべき年齢の規範

これまでみてきたように，性行動は早期化し，結婚は遅延化しているが，これらの経験時期について青年はどのような意識を持っているのであろうか。若尾（2017）は様々な異性交際行動を経験すべき年齢が規範として共有されていることを示している。現代の大学生は，性行動が許容されるのは高校生からと認識する一方で，恋人としての交際は25歳頃までに，セックスについては30歳頃までに経験しないと周囲からネガティブな評価を受けると認識していた。

恋愛の不活発化が進む現代において，これらの年齢を超えても未経験のままという者も少なくない。20代の交際未経験者の割合は男性53.3%，女性34.0%であり（明治安田生活福祉研究所，2016），30代前半のセックス未経験者の割合は男性25.6%，女性31.3%である（国立社会保障・人口問題研究所，2017）。

こうした**年齢規範**から逸脱した者が，偏見の対象となり，精神的不健康に陥ったり，不適応的な性行動をとったりしてしまうことが懸念される。

G-5 失恋がもたらす影響
★陥る　　　　　　　　　　　　　　　　　　　　　　　　　　　　寺島　瞳

1. 青年期における失恋

　青年期において**失恋**は場合によっては強いショックを与える。ある研究によれば，青年がカウンセリングに行く際の主な相談内容は恋愛に関することであり，10～18歳ではその中でも失恋が一番の心配事であった（Price et al., 2016）。萬代ら（2005）も大学生では失恋が最もストレッサー強度が高いことを示している。よって，青年期にとって失恋とは非常に大きな影響をもたらす恋愛の否定的側面であると考えられる。

2. 失恋後の様々な反応

　青年期における失恋後の反応については多くの研究が行われている。失恋後の行動や感情の項目（松井，1993）について，栗林（2008）は悲嘆，後悔，怒り，喜びなどの「感情的側面」，別れを信じられない否認，何かにつけて思い出す回顧などの「認知的側面」，相手と出会うように試みる接近行動，相手との出会いを避ける回避行動，ほかのことに打ちこむ，酒をよく飲むなどの逃避・発散行動などの「行動的側面」に分類している。これらは失恋後に一般的によくみられる反応であるが，より深刻な問題につながる場合もある。

　例えば，Monroe et al.（1999）が行った縦断研究では，青年期において様々なストレッサーの中で失恋がうつ病の発症に最も影響していた。また，Paun & Oliver（2017）の21の研究におけるメタ分析でも，青年期の失恋はうつ症状および**自傷行為**との関連を示した。ただし，これらの反応は失恋の状況や相手との関係にも左右されると考えられる。Field et al.（2009）は，相手から別れを急に告げられたこと，拒絶されたという思いが強いこと，失恋から時間があまり経っていないこと，新しいパートナーが見つかっていないことなどが，失恋による苦痛を強めていることを明らかにしている。

　一方で，失恋は必ずしもネガティブな反応だけとは限らない。Tashiro & Frazier（2003）は，大学生による調査から失恋後のポジティブな変化を明らかにしている。具体的には，失恋後には自分の良い変化（強くなった，自信がついた，自立した，感情的に落ち着いた），人間関係上の良い変化（人間関係に

ついて学んだ），環境の良い変化（失恋によって友人との仲が深まった），その他（次は違うタイプの恋人を選ぼうと思った）などのポジティブな変化もみられている。

3. 失恋からストーカー行為への発展

　失恋がポジティブな変化をもたらせばよいが，ネガティブな反応がより深刻なものになると，ストーカーなどの行為に発展しかねない。Park et al.（2011）による大学生を対象とした調査では，恋人がいることによって自分の価値を保っている者ほど，失恋後の情緒的な苦痛が強くなり，ストーカー行為に至っていた。また，Larson et al.（2016）による重大な非行を犯した青年を対象とした縦断研究では，青年期での失恋の経験があった者の方が，成人期になってから犯罪行為を行う率が高かった。なお，国内のストーカー被害では，約半数が交際相手（元含む）によるものである（警察庁，2017）。以上より，失恋は少なくとも状況によってはストーカー行為につながる可能性は高い。また，犯罪を犯すリスクが高い青年においては，失恋がもたらす影響に特に注意が必要であろう。

4. 失恋からうまく立ち直るには

　失恋からストーカー加害などに発展しないためには，失恋からうまく立ち直ることが必要である。例えば，次の恋を見つける，何かに夢中になるなど失恋の経験自体を回避すること（加藤，2005）や，多様な関係から情緒的サポートを得ること（山下・坂田，2008）で，失恋から早く立ち直ることができるといわれている。しかし，大きな傷つきであるほど，忘れようとしてもかえって思い出し，否認したまま感情的な回復がみられないことも起こりうる。その場合は専門的な介入も必要であろう。Kazan et al.（2017）によれば，ランダム化比較試験にて失恋への介入法の効果を検証した論文は全部で5編あった。例えば，Rye & Pargament（2002）の失恋を対象としたグループ療法では，痛みを思い出し，相手に共感して，利他的になり，許そうとし，許し続けるという過程を経ることで，対象者のウェルビーイングが高まっていた。

　失恋による情緒的な苦痛からストーカーなどの行為に陥らないよう，単なる失恋と軽視せずに対応をすることが求められる。

G-6 デートDV

★支える

寺島　瞳

1. デートDVの実態

　配偶者間のDV（Domestic Violence）が社会問題となっているように，青年期の恋愛におけるデートDVも問題視されている（赤澤，2016）。デートDVとは親密な関係にある若者の間での暴力であり（山口，2003），英語ではDating Violenceと呼ばれている。デートDVの種類には「身体的暴力」，「精神的暴力（心理的暴力）」，「社会的暴力（行動の制限）」，「性的暴力」，「経済的暴力」などがある（日本DV防止・情報センター，2007；エンパワメントかながわ，2017）。

　青年期におけるデートDVの被害経験率について，2016年にエンパワメントかながわが1都10県の中学生・高校生・大学生2,122名を対象に調査を行

表G-6-1　青年期におけるデートDVの被害経験率（エンパワメントかながわ，2017より作成）

		女性	男性			女性	男性
身体的暴力	つねったり，噛んだりする	6.3%	4.6%	精神的暴力	バカ，死ねなど傷つく言葉を言う	14.3%	7.8%
	壁に押し付ける	5.0%	2.3%		体型や容姿について嫌なことを言う	12.9%	4.1%
	殴る	3.7%	2.5%		理由も言わずに無視をする	12.1%	9.4%
	突き飛ばしたり，引きずる	3.0%	0.5%		別れたら死ぬと言う	11.4%	5.5%
	首を絞める	2.8%	0.7%		お前のせいだと言う	10.5%	5.3%
	蹴る	2.5%	1.6%		大切にしているものをこわしたり，捨てたりする	2.3%	2.5%
行動の制限	返信が遅いと怒る	24.2%	13.3%	性的暴力	嫌がっているのに体を触る	10.1%	1.4%
	他の異性と話をしないと約束する	15.4%	11.5%		裸や性行為の写真や動画を撮りたい，あるいは送って欲しいと要求する	9.6%	0.9%
	友人関係を制限する	14.0%	9.0%		嫌がっているのにキスをする	8.2%	2.1%
	一日の自分の行動を全て報告させる	8.8%	3.4%		避妊に協力しない	6.2%	0.7%
	服装や髪形を決めつける	6.6%	3.2%		嫌がっているのにセックスをする	6.0%	0.9%
	スマホや携帯のデータを消す	5.1%	4.1%		裸や性行為の写真や動画を撮る	4.7%	0.9%
経済的暴力	貸したお金を返さない	4.0%	2.3%				
	バイトを辞めさせる，あるいはさせない	2.9%	1.6%				
	デートの費用をいつも払わせる	2.7%	2.3%				
	別れるならこれまでのデート代を返せと言う	2.1%	0.9%				
	高いプレゼントを買ってほしいと言う	1.9%	5.5%				
	無理やりお金を出させる	1.8%	2.3%				

っている。その結果，表 G-6-1 に示した 5 種類 30 項目の暴力のうち，女性の 44.5％，男性の 27.4％が少なくとも 1 つの被害を経験していた。暴力の種類ごとでは「行動の制限」や「精神的暴力」の被害が多い傾向にあったが，深刻な「身体的暴力」や「性的暴力」も無視できない割合であった。10 代に限ると女性 43.8％，男性 26.7％が経験していた。特に，15 歳以下の者の間でもこれらのデート DV が相当な数で起きていることが明らかとなり，低学年から予防教育を実施していく必要性が高まっている。

2. デート DV の予防・介入

　デート DV を予防するには，まず何がデート DV であるか認識する必要がある。しかし，特に「精神的暴力」に関しては，実際に被害を受けていても，デート DV として認識されないことが多い。寺島ら（2013）は，嫌なことをされているにもかかわらず，被害者が「自分に非がある」と自分を責め，「たいしたことではない」と被害を軽視して別れない傾向にあることを示している。また，デート DV の被害は徐々にエスカレートしていくことも指摘されているため，被害者が暴力とは気づきにくいグレーゾーンも含めてデート DV と認識をして，対処する必要がある（伊田，2015；宮前ら，2016）。

　日本では NPO 団体などにより予防教育が積極的に行われてきたが，その効果を検証する研究はほとんど行われていない（赤澤，2016）。一方で，海外では効果が検証されている予防教育が多くある。例えば，Safe Dates プログラム（Foshee & Langwick, 2004 など）は，暴力的な関係の理解，怒りのマネージメントの仕方，友人のサポートの仕方，人に助けを求める方法，健全な関係の築き方などを学ぶための全 10 回のカリキュラムを実施する。多くの中学や高校で実施されており，効果が実証されている（SAMSHA, 2016）。

　なお，デート DV の予防は効果があるが，すでに起きている暴力への介入は難しい（O'Leary & Slep, 2012）。デート DV の予防教育を中学校の低学年において必修化するなどし，暴力が起きること自体を未然に防ぐことが重要である。若いうちからの予防教育がデート DV の予防だけではなく，将来的には配偶者間の DV の予防にもつながると考えられる。

G-7 恋愛様相尺度（SIML）

★測る　　　　　　　　　　　　　　　　　　　　　　　　　　　　　高坂康雅

1. 青年期における恋愛様相モデルと恋愛様相尺度

恋愛様相尺度（Scale of Immature/Mature Love; SIML）は，髙坂（2011）が提唱した**恋愛様相モデル**に基づいて作成されている。髙坂（2011）は，恋には相対性，所有性，埋没性という3つの特徴が，愛には絶対性，開放性，飛躍性という3つの特徴があり，相対性と絶対性，所有性と開放性，埋没性と飛躍性が，それぞれ対応しており，恋愛様相モデルは，これら3次元でかたちづくられる三角柱で表されている。恋愛様相モデルでは，恋愛は恋と愛という質的に異なり，相反する特徴が混在している状態であると考えられ，現在の恋愛状態を相対性－絶対性，所有性－開放性，埋没性－飛躍性という3つの次元上を動くパラメーターを結んだ三角形で表されるとされている。

そのため，恋愛様相尺度（表G-7-1）は，相対性－絶対性，所有性－開放性，埋没性－飛躍性という3下位尺度で構成されている。また，質問項目は左右に対照的な文章があり，どちらによりあてはまるかを答える形式となっている。

2. 恋愛様相尺度の妥当性

恋愛様相尺度の妥当性は，髙坂・小塩（2015）で検討されている。相対性－絶対性，所有性－開放性，埋没性－飛躍性の3下位尺度とも恋愛関係満足度や結婚願望のような恋愛関係に関する指標や，アイデンティティや親密性のような自我発達に関する指標と正の相関を示した一方，年齢や交際期間とは有意な相関は示さなかった。また，髙坂（2016）は，恋人がいる大学生を対象として1年後の追跡調査を行い，恋愛関係が継続していた群の方が終了していた群よりも，1年前の時点での「相対性－絶対性」得点が高いことを明らかにしている。このように，諸変数との関連や交際継続／終了の予測などから，恋愛様相尺度が，現在の恋愛関係の状態を把握する上で，十分な妥当性を有している尺度であると考えられる。

表 G-7-1　恋愛様相尺度（高坂・小塩, 2015）

【質問】両側に文章が並んでいます。あなたが恋人とつきあっている時の考えや行動は，左右どちらの文章によりあてはまっていますか？　例えば，右側の文章と比較して，左側の文章の方が割りとあてはまっていると思う場合には，2「割りと」に○をつけてください。

選択肢：かなり／割りと／どちらかといえば／どちらかといえば／割りと／かなり

	左の文章	尺度	右の文章
1	恋人と他の異性を比較すると，他の異性の方が良く見え，がっかりすることがある	1　2　3　4　5　6	恋人の良いところは，他の異性と比較するまでもなく，十分にわかっている
2	恋人が，私に気兼ねなく，やるべきことに専念できるように支えている	6　5　4　3　2　1	恋人には，何をしているときでも，私のことを気にかけてくれるよう求めている
3	恋人と過ごす時間を減らしたくないので，新しいことには取り組まないようにしている	1　2　3　4　5　6	恋人との関係を拠り所として，新しいことにも積極的に取り組もうとしている
4	私の理想とは関係なく，恋人はそのままで魅力的である	6　5　4　3　2　1	恋人を見ていると，自分の理想に合わないところをつい探してしまう
5	恋人が仕事や勉強などに熱心になっていると，私は放っておかれているようで不安になる	1　2　3　4　5　6	恋人が仕事や勉強に熱心になっているとき，私が放っておかれても，素直に応援できる
6	恋人がいるからこそ，仕事や勉強に集中して取り組むことができている	6　5　4　3　2　1	恋人のことばかり考えてしまい，仕事や勉強がおろそかになる
7	恋人の欠点をみつけると，私の理想から遠のいた気がして落ち込む	1　2　3　4　5　6	恋人の欠点をみつけても，恋人の新たな一面を発見したようで嬉しくなる
8	恋人が忙しくても，恋人が活動に集中できるように，様々な面でサポートしている	6　5　4　3　2　1	恋人が忙しいと，一緒にいられないので，悲しくなる
9	恋人とつきあっていると，仕事や勉強，他の人とのつきあいに対する関心や意欲が減る	1　2　3　4　5　6	仕事や勉強，他の人とのつきあいで苦労して，恋人のことを思い出すと，頑張ろうという気になる
10	短所や欠点も含めて，恋人に十分満足している	6　5　4　3　2　1	恋人の長所や良い面には満足しているが，短所や欠点は見ないようにしている
11	私ともっと多くの時間を一緒に過ごすために，恋人には他の活動に時間や労力は費やさないでほしい	1　2　3　4　5　6	恋人が他の活動に熱心に取り組むために，自分の時間や労力は惜しまず協力している
12	恋人からの支えを得て，日々の生活を意欲的に過ごすことができている	6　5　4　3　2　1	生活の中心は恋人であり，恋人の要望や都合にあわせた生活を送っている
13	恋人よりも，もっと自分にふさわしい異性がいるのではないかと思い，つい他の異性を比較してしまう	1　2　3　4　5　6	恋人以上に自分にふさわしい異性はどんなに探してもおらず，恋人の代わりになる異性はいないと思う
14	恋人が様々な行動や人とのつきあいを今よりもできるように，積極的に協力している	6　5　4　3　2　1	私との時間を大切にしてもらうために，恋人には様々な行動や人とのつきあいを今よりも減らしてほしい

相対性－絶対性　1（　）＋4（　）＋7（　）＋10（　）＋13（　）＝　　　　÷5＝
所有性－解放性　2（　）＋5（　）＋8（　）＋11（　）＋14（　）＝　　　　÷5＝
埋没性－飛躍性　3（　）＋6（　）＋9（　）＋12（　）＝　　　　　　　　　÷4＝

注）それぞれの項目への回答を合計し，項目数で除した値がそれぞれの下位尺度の得点となる。得点が高いほど，愛の特徴（絶対性，開放性，飛躍性）を有していることを表すようになっている。なお，実施の際には偶数番号の項目（網掛けされている項目）の選択肢の数字を入れ替えて行う方が望ましい。
2014 年に調査した 18-24 歳の男性 125 名の平均得点は「相対性－絶対性」が 4.08（SD＝0.93），「所有性－解放性」が 3.95（SD＝0.86），「埋没性－飛躍性」が 4.06（SD＝0.77）であり，同年代の女性 125 名の平均得点は「相対性－絶対性」が 4.11（SD＝1.08），「所有性－解放性」が 4.00（SD＝0.83），「埋没性－飛躍性」が 4.14（SD＝0.93）であった。

■ 引用文献

赤澤 淳子（2016）．国内におけるデートDV研究のレビューと今後の課題　人間文化学部紀要, 16, 128-146.

エンパワメントかながわ（2017）．デートDV白書 VOL.5　全国デートDV実態調査報告書　エンパワメントかながわ

Erikson, E. H. (1959). *Identity and the life cycle.* (Psychological Issues Vol.1. Monograph 1.) New York: International Press.（エリクソン, E. H. 西平 直・中島 由恵（訳）(2011). アイデンティティとライフサイクル　誠信書房）

Erikson, E. H. (1963). *Childhood and society* (2nd ed.). New York: W. W. Norton.（エリクソン, E. H. 仁科 弥生（訳）(1977). 幼児期と社会 I　みすず書房）

Field, T., Diego, M., Pelaez, M., Deeds, O., & Delgado, J. (2009). Breakup distress in university students. *Adolescence, 44,* 705-727.

Foshee, V. A., & Langwick, S. A. (2004). *Safe Dates: An adolescent dating abuse prevention curriculum.* Center City, MN: Hazelden.

伊田 広行（2015）．デートDV・ストーカー対策のネクストステージ─被害者支援／加害者対応のコツとポイント─　解放出版社

加藤 司（2005）．失恋ストレスコーピングと精神的健康との関連性の検証　社会心理学研究, 20, 171-180.

Kazan, D., Calear, A., & Batterham, P. (2017). A systematic review of controlled trials evaluating interventions following non-marital relationship separation. *Journal of Relationships Research, 8.* doi:10.1017/jrr.2017.7

警察庁（2017）．平成28年中のストーカー事案及び配偶者からの暴力事案等の対応状況について　Retrieved from https://www.npa.go.jp/safetylife/seianki/stalker/seianki28STDVsyosai.pdf（2018年3月9日）

Kito, M., Yuki, M., & Thomson, R. (2017). Relational mobility and close relationships: A socioecological approach to explain cross-cultural differences. *Personal Relationships, 24,* 114-130.

国立社会保障・人口問題研究所（2017）．現代日本の結婚と出産─第15回出生動向基本調査（独身者調査ならびに夫婦調査）報告書─　Retrieved from http://www.ipss.go.jp/ps-doukou/j/doukou15/doukou15_gaiyo.asp（2018年2月20日）

高坂 康雅（2011）．青年期における恋愛様相モデルの構築　和光大学現代人間学部紀要, 4, 79-89.

高坂 康雅（2014）．大学生の恋愛行動の進展　和光大学現代人間学部紀要, 7, 215-228.

高坂 康雅（2016）．恋愛様相モデルによる大学生の交際継続／終了の予測　日本発達心理学会第27回大会発表論文集

高坂 康雅・小塩 真司（2015）．恋愛様相尺度の作成と信頼性・妥当性の検討　発達心理学研究, 26, 225-236.

栗林 克匡（2013）．「恋を失う」　加藤 司・谷口 弘一（編）　対人関係のダークサイド（pp. 89-102）北大路書房

Larson, M., Sweeten, G., & of youth and adolescence, P.-A. (2016). With or without you? Contextualizing the impact of romantic relationship breakup on crime among serious adolescent offenders. *Journal of Youth and Adolescence, 45,* 54-72.

ライフネット生命保険（2012）．初恋に関する調査　Retrieved from http://www.lifenet-seimei.co.jp/newsrelease/2012/4151.html（2017年4月7日）

萬代 優子・山崎 喜比古・八巻 知香子・石川 ひろの・小澤 恵美・清水 準一・富永 真己・藤村 一美・加藤 礼子（2005）．大学低学年生のDaily Hassles, ならびにそれらと生活状況, 個人特性, ソーシャルサポートとの関連　日本健康教育学会誌, 13, 34-45.

増田 貴彦・山岸 俊男（2010）．文化心理学［上・下］─心がつくる文化, 文化がつくる心─　培風館

松井 豊（1993）．恋ごころの科学　サイエンス社

明治安田生活福祉研究所（2016）．20〜40代の恋愛と結婚─第9回結婚・出産に関する調査より─　Retrieved from http://www.myilw.co.jp/research/report/2016_01.php（2017年8月31日）

宮前 淳子・竹澤 みどり・宇井 美代子・寺島 瞳・松井 めぐみ（2016）．若年層を対象とした交際相手からの心理的暴力被害経験尺度の作成と性差の検討　地域環境保健福祉研究, 19, 9-19.

Monroe, S. M., Rohde, P., & Seeley, J. R. (1999). Life events and depression in adolescence: Relationship loss as a prospective risk factor for first onset of major depressive disorder. *Journal of abnormal Psychology, 108,* 606-614.

森岡 正博（2008）．草食系男子の恋愛学　メディアファクトリー

内閣府（2009）．平成 22 年度結婚・家族形成に関する調査報告書　Retrieved from http://www8.cao.go.jp/shoushi/shoushika/research/cyousa22/marriage_family/mokuji_pdf.html（2017 年 8 月 31 日）

内閣府（2016）．平成 27 年度少子化社会に関する国際意識調査報告書　Retrieved from http://www8.cao.go.jp/shoushi/shoushika/research/h27/zentai-pdf/index.html（2018 年 2 月 20 日）

日本 DV 防止・情報センター（2007）．デート DV ってなに？ Q＆A―理解・支援・解決のために―　解放出版社

日本性教育協会（編）（2013）．「若者の性」白書―第 7 回青少年の性行動全国調査報告―　小学館

Oishi, S. (2014). Socioecological psychology. *Annual Review of Psychology, 65*, 581-609.

O'Leary K. D., & Slep A. M. S. (2012). Prevention of partner violence by focusing on behaviors of both young males and females. *Prevention Science, 13*, 329-339.

大野 久（1995）．青年期の自己意識と生き方　落合 良行・楠見 孝（編）講座生涯発達心理学 4　自己への問い直し―青年期―（pp. 89-123）　金子書房

大野 久（1999）．人を恋するということ　佐藤 有耕（編）　高校生の心理：①広がる世界（pp. 70-95）　大日本図書

大野 久（2010）．青年期の恋愛の発達　大野 久（編）　シリーズ生涯発達心理学 4　エピソードでつかむ　青年心理学（pp. 77-105）　ミネルヴァ書房

Park, L., Sanchez, D., & Brynildsen, K. (2011). Maladaptive responses to relationship dissolution: The role of relationship contingent self-worth. *Journal of Applied Social Psychology, 41*, 1749-1773.

Paun, A. M., & Oliver, J. A. (2017). How much does love really hurt? A meta-analysis of the association between romantic relationship quality, breakups and mental health outcomes in adolescences and young adults. *Journal of Relationships Research, 8*, 1-12.

Price, M., Hides, L., Wendell C., Staneva, A. A., & Stoyanov, S. R. (2016). Young love: Romantic concerns and associated mental health issues among adolescent help-seekers. *Behavioral Sciences, 6*, 9. doi:10.3390/bs6020009

Rye, M. S., & Pargament, K. I. (2002). Forgiveness and romantic relationships in college: Can it heal the wounded heart? *Journal of Clinical Psychology, 58*, 419-441.

Substance Abuse and Mental Health Services Administration's (SAMHSA) National Registry of Evidenced-based Programs and Practice (2016). Safe Dates Retrieved from http://nrepp.samhsa.gov/ProgramProfile.aspx?id=83（August 31, 2017.）

Tashiro, T. Y., & Frazier, P. (2003). "I'll never be in a relationship like that again": Personal growth following romantic relationship breakups. *Personal Relationships, 10*, 113-128.

寺島 瞳・宇井 美代子・宮前 淳子・竹澤 みどり・松井 めぐみ（2013）．大学生におけるデート DV の実態の把握：被害者の対処および別れない理由の検討　筑波大学心理学研究, 45, 113-120.

若尾 良徳（2017）．大学生における異性交際の経験年齢に関する規範意識　日本体育大学紀要, 47 (1), 35-44.

山田 順子・鬼頭 美江・結城 雅樹（2015）．友人・恋愛関係における関係流動性と親密性―日加比較による検討―　実験社会心理学研究, 55, 18-27.

山口 のり子（2003）．デート DV 防止プログラム実施者向けワークブック―相手を尊重する関係をつくるために―　梨の木舎

山下 倫実・坂田 桐子（2008）．大学生におけるソーシャル・サポートと恋愛関係崩壊からの立ち直りとの関連　教育心理学研究, 56, 57-71.

コラム6　青年の援助とその課題

　青年の多くは何らかの悩みを持ち，中には精神疾患や自傷行為，自殺企図など緊急的な援助を要する者も出てくる。このような青年の中には，なかなか援助要請を出せない者もいるが，青年の周りには青年を助けてくれる人や機関が数多く存在する。

　青年を援助する人としては，親や友人，教師などが代表例といえるであろう。スクールカウンセラー（SC）も重要な援助資源である。石隈（1999）は援助者（ヘルパー）を専門的ヘルパー，複合的ヘルパー，役割的ヘルパー，ボランティア的ヘルパーの4種に分けており，それぞれSC，教師，親，友人があてはまる。専門的ヘルパーとしては，SCのほかに教育センター・教育相談所に配置されているスクール・ソーシャル・ワーカー（SSW），児童相談所の児童福祉士・児童心理司，思春期外来や精神科，心療内科，産婦人科などの医師なども含まれている。他にも，子ども家庭支援センターや警察署内の少年サポートセンター，法務局の人権相談所，精神保健福祉センター，さらにはNPOなど民間の支援団体などもあり，青年からのSOSに対して援助を行っている。

　しかし，援助をしてくれる人や機関が周囲にいるのに対して，青年は支援を求めない傾向にある。中学生や高校生が援助を求める相手は友人が最も多い一方，中学生では援助要請をためらう相手も友人である（永井・新井，2005）。また，専門的な援助を受けることに対するスティグマや自立に対する志向性，専門的援助を受けた際に否定的な評価を受けることへの懸念などが，専門的なヘルパーや機関への援助要請を阻害しているとされている（Del Mauro & Williams, 2013）。

　援助をしてくれる人がいるのに，援助をしてもらいたい青年がこのような懸念などによって援助を受けられない，受けることに躊躇することは不幸なことである。専門的な援助を受けることは適切なことであり，それは青年本人だけではなく周囲の人の健康にも関わることを理解してもらう必要がある。また，どのようなときにどこに相談したり援助を求めたりすればよいかという情報を青年に周知することは，青年のみならず，社会全体の「心の健康」を考える上で，必要な基礎的援助（一次的援助サービス）であるといえるであろう。

教師-生徒関係

　世間にはたくさんの職業がありますが，教師ほど青年の発達に関わり，社会全体から多くのことを求められている職業はないかもしれません。多くの教師は，その要求に応えようとし，やりがいを感じながら青年の教育に携わっています。そのため，青年の中には，「恩師」といえるような，自分の人生に深く関わる教師と出会える者も少なくありません。今，教師と青年（生徒）との関係はどのようになっているのか，否定的な面も含めて理解していきましょう。

H-1 教師と生徒との関係
★知る　　　　　　　　　　　　　　　　　　　　　　　　　　　　中井大介

1. 教師－生徒関係の意味

　中学校や高校のいずれかの学校段階を通して多くの青年が**教師－生徒関係**を経験するだろう。一方で，青年にとって教師との関係は友人，親などに比べ重要度が低いともいわれている。では，このような教師－生徒関係は青年期にとってどのような意味があるのだろうか。まず教師－生徒関係は青年期の学校生活にとって重要な意味を持つ。それは，教師－生徒関係が生徒の学校生活に直接的，間接的に影響を及ぼすからである。これまでも教師－生徒関係が生徒の学習面，進路面はもちろん，生徒の学級適応やいじめ抑止など心理・社会面にまで影響を及ぼすことが指摘されている。

　また，教師－生徒関係は生徒の発達にとっても重要な意味を持つ。Eriksonのライフサイクルの視点からみれば，青年期は2次性徴期に伴う急激な心身の変化やアイデンティティ獲得の発達課題と直面することになる。このように自己を探求する時期は他者との相互作用の中で「自分らしさ」を確立していく。そのため，生徒にとって身近な大人であり評価者である教師との関係は顕在的にも潜在的にも生徒の自己概念の発達にとって重要な意味を持つ。このように青年期の教師－生徒関係は生徒の適応や発達にとって重要な契機となり得るが，裏を返せば危機となり得る可能性もある。

2. 教師－生徒関係の特徴

　親－子ども，医者－患者など対人関係にはその関係の違いにより特徴がある。その中で，表H-1-1にあるように教師－生徒関係にも他の対人関係とは異なるいくつかの特徴がある。そのため，青年にとって教師は学習や部活の指導者としての関係はもちろん，自分の進路に関わる評価者，悩みの相談相手，第二反抗期の対象など様々な関係を内包する可能性がある。その中で，良好な教師－生徒関係とは「ソーシャル・リレーション（指導を行う教師，指導を受ける生徒といった制度上の役割関係）」と「パーソナル・リレーション（制度上の役割関係を超えた個人と個人の感情交流がなされている関係）」の両方が保たれている状態とされている（國分, 1992）。しかし，青年期の生徒の個性も様々で

表 H-1-1　教師-生徒関係の特徴（岸田，1987より作成）

特徴	説明
1. 異世代の教育的な関係	国民の付託を受け，年長者の教師が，未成熟な生徒の成長発達を援助し，能力を培うことを目的とする教育的な関係。
2. 公的・制度的な関係	公的な教育制度によって人為的に作られた関係。そのため生徒の教師選択と教師の生徒選択の自由はない。
3. 発達的に変化する関係	生徒の発達段階に応じて変化する人間関係。生徒の発達に従い，教師との人間関係の持つ意味や内容，影響の様相が異なってくる。
4. 学級・地域集団内の関係	広がりを持つ人間関係。教師と生徒の個別的な二者関係だけでなく，常に集団関係として他の生徒，保護者，地域社会への影響がある。
5. 情緒的心理関係と認識的論理関係	情緒的な心理関係を中心に，教育活動における情報の伝達・受容・処理としての認識的論理関係にまで及ぶ人間的接触の関係。

あるため，教師-生徒関係には，教師と生徒のマッチング（相性）の問題なども存在する。このような特徴的な関係のため青年期の教師-生徒関係は生徒に様々な影響を及ぼす可能性があり，時に対教師暴力などの問題をはらむ可能性も秘めている。

3. 教師-生徒関係の現状

　青年期の教師-生徒関係の現状には少なからず課題もある。文部科学省（2006）は「今後の教員養成・免許制度の在り方について」の中で，社会構造の急激な変化への対応，学校の課題の複雑化・多様化への対応など教師の「役割」がこれまで以上に求められていることを指摘している。このように社会から教師や生徒に求められる役割を**「役割期待」**という。國分（1992）は，教師と生徒の良好な関係とは教師と生徒のお互いの役割期待が一致している場合としているが，近年の教師と生徒の「役割期待の一致度」は低い状態である。いじめ，不登校，発達障害など様々な援助ニーズを抱える生徒が増加し，教師にはこれらの援助ニーズに対応する「教師役割」がこれまで以上に期待される。しかし，従来の「教師個人の力量のみに頼る二者関係の教師-生徒関係」で，多様化・困難化する援助ニーズに対応することは容易ではない。また，社会構造の急激な変化に伴い青年の個性はより多様化しており，生徒が「生徒役割」を受け入れていることも前提にできない。このような教師-生徒関係における「役割期待のズレ」に近年の教師-生徒関係の課題の1つがある。

H-2 青年期における教師と生徒の関係の変化
★変わる　　　　　　　　　　　　　　　　　　　　　　　　　　　　中井大介

1. 教師－生徒関係の発達的変化

　教師－生徒関係における生徒の**教師認知・態度**は，発達的に変化することが指摘されている。岸田（1987）は，生徒の教師認知・態度の発達的変化の基本的な共通要因として「教師への期待・要求」「教師への理解」「教師への態度」をあげている（表 H-2-1）。その中で，児童期に比べた青年期の心理的発達や教科担任制など学校制度上の変化から，中学生や高校生の教師観には様々な点で動揺がみられるようになる。この時期の教師像がすべての発達段階を通じて最も完璧な教師像を描いているため，教師への批判的態度も深さが増し，教師を批判的にみるようになる。また理想と現実の格差を感じて失望し，反抗的態度をとることもあり，教師との接触も少なくなっていく。しかし，その一方で教師を1人の人間としてみるようになり，教師との人格的な交わりが始まる時期でもある。そのため，教師に対して人生観，世界観を問いかけることも多くなり，青年の**ロールモデル**としての教師の役割も求められるようになる。

表 H-2-1　子どもの教師認知・態度の発達（岸田，1987 より作成）

段階＼特徴	教師への期待・欲求	教師への理解	教師への態度
小学校 低学年～ 中学年	**母親的教師** やさしい生活指導者・学習指導者	**絶対視・偶像視** 教師は絶対的権威を持つ	**愛情期待・畏敬** 親和的，肯定的，依存的，開放的態度
小学校 中学年～ 高学年	**父親的教師** 公平で，熱心な学習指導者	**絶対視・偶像視の崩壊** 教師への批判の芽生え	**信頼と批判** 信頼的，肯定的，独立的，閉鎖的，一部批判的態度
中学生～ 高校生	**専門家的・人生の先達的教師** 厳正で，熱心な学習指導者・人生の教師	**理想の像の追求** 理想と現実との教師像のずれ発見と批判 **ひとりの人間として受容** 教師も弱さや悩みを持つ普通の人間としてみる	**反抗・性愛的思慕** 反抗的，批判的，否定的，独立的，閉鎖的，情景的態度

2. 青年期の教師 – 生徒関係の様相

　上記のように教師 – 生徒関係における生徒の教師認知・態度は発達とともに変化し，生徒の教師への期待・欲求も変化していく。その中で，青年期は友人関係の重要性が増すのに対し，教師への相談の割合は友人や親と比較して低いことが多くの調査で明らかになっている（図 H-2-1）。また山口（2004）も教師を対象に授業場面，学校行事場面，部活動場面の3場面で教師が最適と考える生徒との心理的距離を検討し，授業場面では，小学校，中学校，高校の順に，生徒との心理的距離が遠くなることを指摘している。

　その一方で「高校生活と進路に関する調査」では高校3年生が進路を決める際に影響を受けたのは，1位の「母親」に次いで「高校の先生」の割合が高く，半数以上が「影響した」と回答している（ベネッセ教育総合研究所，2015b）。このように，青年期においては心理・社会的な悩みの相談といった**情緒的サポート**に比べ，進路指導など**道具的サポート**における教師の影響力がうかがえる。また，青年期は教師との関わりの量や質について個人差が大きくなる時期でもある（中井，2012）。部活動での関わりの有無や生徒自身の教師との関係の形成・維持に対する動機づけの違いなどによって，青年の教師との関係に対するコミットの深さも個人によって異なるようになる。

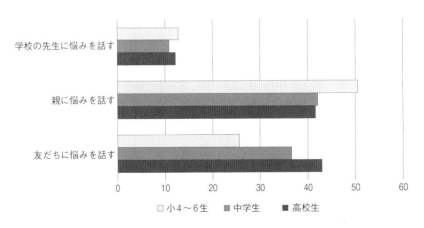

図 H-2-1　いろいろな人との関わり（ベネッセ教育総合研究所，2015b より作成）

H-3 日本の青年と海外の青年の教師 - 生徒関係の差異
★比べる
中井大介

1. 教師 - 生徒関係に対する総合的な評価の国際比較

15歳を対象に行われたPISA2012の国際調査で，日本は「生徒と教師の関係」に関する5つの質問項目のうち，「多くの先生は，生徒が満足しているかについて関心がある」の1項目でOECD平均よりも低いものの，「生徒は，たいていの先生とうまくやっている」など，他の4項目で教師との関係が良好であることを示し，OECD平均と同程度の水準を維持している（国立教育政策所, 2013）。さらに2003年と2012年の比較では5項目すべてで生徒と教師の関係が良好であることを示す回答の割合も増えている（図H-3-1）。

また，日本，アメリカ，中国，韓国の高校生を対象に行われた「高校生の生活と意識に関する調査」では（国立青少年教育振興機構, 2015），学校の教師に対する信頼感について「とても信頼している」「まあ信頼している」の割合が，日本71.4%，アメリカ68.8%，中国86.6%，韓国73.2%であった。中国に比べ低い数値を示しているものの7割近い生徒が教師を信頼していることを示している。文化や教育制度が異なる中での単純な国際比較はできないが，日本の教師 - 生徒関係に対する総合的な評価は他国と同水準を維持しているといえる。

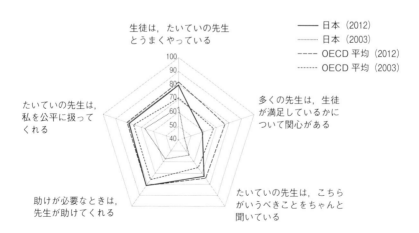

図H-3-1　OECD生徒の学習到達度調査（PISA）「生徒と教師の関係」（国立教育政策所, 2013より作成）

2. 日本の教師 – 生徒関係の特徴

　日本の高校生の教師 – 生徒関係の特徴として教師との関係が相対的に希薄である可能性も指摘されている。日本，アメリカ，中国，韓国で行われた「高校生の心と体の健康に関する調査」では，図 H-3-2 に示したように教師からの受容，教師への相談しやすさ，教師からの承認の評価がいずれも 4 ヶ国で日本が最も低い（日本青少年研究所, 2011）。また，日本，アメリカ，中国，韓国で行われた「高校生の生活と意識に関する調査報告書」でも，「学習や学校生活でどんなことが大切だと思うか」という質問において「先生を尊敬すること」に「とても重要」と答えた割合は，日本 20.7％，アメリカ 73.6％，中国 77.1％，韓国 41.7％で日本が最低であった（国立青少年教育振興機構, 2017）。

　一方，日本，アメリカ，中国，韓国で行われた「中学生・高校生の生活と意識」では，「進路についての相談相手」で教師を選択したのは日本 44.6％，アメリカ 35.16％，中国 37.7％，韓国 27.6％と日本が最も高い（日本青少年研究所, 2013）。また，**「国際教員指導環境調査」**では（国立教育政策所, 2013），部活動など課外活動で教師と生徒が関わる時間は日本が最長になっている。このような国際比較の調査は文化や教育制度なども影響するためデータの解釈には慎重な姿勢を要するが，相対的に生徒が教師との関係を希薄と捉えている点，進路の相談相手として捉えている点などが日本の青年の特徴としてうかがえる。

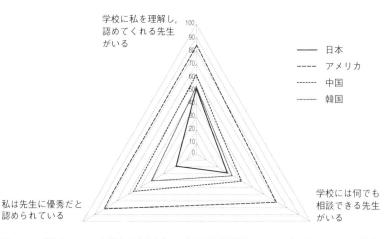

図 H-3-2　「先生について（「全くそうだ」＋「まあそうだ」）」（日本青少年研究所, 2011 より作成）

H-4 教師の関わり方の時代的変化と社会的要請

★取り巻く

中井大介

1. 管理的な関わり方

　生徒の個性や問題行動は時代による社会変化とともに常に変化し続けている。そのため，社会的要請の中で教師に求められる生徒への関わり方も時代とともに変遷してきている。この変遷の一端は「**生徒指導**」の変化をみることで知ることができる。まず，日本に本格的な「生徒指導」の概念が導入され始めたのが1945（昭和20）年頃〜1951（昭和26）年頃であった。この時期は第2次世界大戦直後であり，戦後の新教育制度の発足による教育の民主化の中で，日本に本格的な生徒指導が導入された時期であった。この中で教育相談におけるカウンセリングも導入されたが，学校教育で教育相談は「甘やかし」とされ本格的に受け入れられず，依然として生徒への管理的な関わりが中心であった。

　その後，日本の生徒指導体制の整備が行われたのが，1951（昭和26）年頃〜1971（昭和46）年頃の戦後復興期から高度経済成長期であった。この時期は終戦後の荒廃した社会の中で戦災孤児や家出少年が増加し，1951（昭和26）年に生活困窮型非行を中心とした少年非行が戦後第一のピークを迎え，学校教育における生徒指導の重要性が強調された時期であった。しかし，生徒指導の整備期においても，教師の生徒への関わり方は戦後の社会的な背景の中で，生徒指導の導入期と同様に，依然として管理的な関わり方が中心であった。

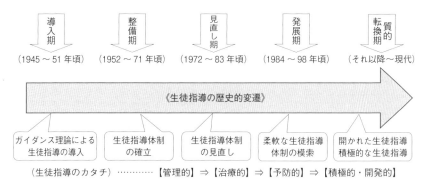

図 H-4-1　生徒指導の歴史的変遷（有村, 2008より作成）

2. 開発的な関わり方へ

　生徒指導体制の整備期に確立された体制の見直しが迫られたのが 1971（昭和 46）年頃～1984（昭和 59）年頃であった。この時期は高度経済成長期が終了した安定成長期のもと，徐々に国民の生活が豊かになり受験競争の過熱，校内暴力，家庭内暴力，いじめといった，生徒の新たな問題が多発化，深刻化した時期であった。その中で，問題傾向のある生徒のみへの治療的な関わりを中心とする生徒指導も見直しが迫られ，すべての教師がすべての生徒を対象に生徒指導を行う姿勢が徐々に定着し始めた時期であった。

　その後，社会の急激な変化に生徒指導が積極的かつ柔軟に対応することが求められたのが 1984（昭和 59）年頃～1998（平成 10）年頃であった。この時期はこれまでの反社会的問題の増加に加え，不登校など非社会的問題の増加など教育荒廃が表面化した時期であった。この時期は**スクールカウンセラー**の配置など，従来の教師のみの指導体制にとらわれず，生徒の変化に積極的かつ柔軟に対応する予防的な関わりが模索され始めた時期であった。

　生徒が自ら問題解決し，社会に適応するための能力である自己指導力の育成が重視されるなど，生徒指導が質的転換期を迎えたのが 1998（平成 10）年頃～2010（平成 22）年頃であった。この背景には社会の急激な変化などにより多様な価値観を持つ生徒が増え，画一的な関わりでは対応しきれない状況があった。また，従来の教師のみで行う固定化された生徒指導の枠組みを取り払い，関係機関との連携を深めた「開かれた生徒指導」のもと，生徒の個性を重視するガイダンス機能の充実を目指す関わりへと転換していった。

　そして日本の教員の多忙化が指摘される中で，学校のマネジメントを強化し，組織として教育活動に取り組む体制づくりが具体化されたのが，2010（平成 22）年頃～近年であった。2015 年の教育再生実行会議の第 7 次提言では，教師が生徒と向き合う時間を確保し，教育活動に専念できるよう「学校経営を支える事務職員の充実を図り，教師と事務職員の役割分担を見直すことや，スクールカウンセラーやスクールソーシャルワーカー，部活動指導員，学校司書，ICT 支援員等の配置を行うことにより，『**チーム学校**』を実現する」ことが示された。このように近年の教師 - 生徒関係は H-1 でみた「教師個人の力量のみに頼る二者関係の教師 - 生徒関係」の転換が行われつつある時期となっている。

H-5 多忙化する生徒と教師

★陥る

髙坂康雅

1. 生徒の多忙化

子どもというのは，学校が終われば，家の玄関にカバンを放り投げ，日が暮れるまで遊び，帰宅しても，テレビをみたり，ゲームをしたりするという一般的なイメージがかつてはあった。しかし，現在の子どもたちはとても忙しい。

ベネッセ教育総合研究所（2015a）の調査（2013年実施）では，小学生の51.2%，中学生の64.8%，高校生の70.3%が，普段の生活について「忙しい」と回答している（「とても感じる」と「わりと感じる」の合計）。これらの値は，2008年に行われた同じ調査から，小学生で1.7ポイント，中学生で5.6ポイント，高校生で5.8ポイント増加しており，子どもたち，特に中学生・高校生が多忙化している様子がうかがえる。

では，子どもたちは何に時間を使っているのだろうか。ベネッセ教育総合研究所（2015a）をみると，「屋外での遊び・スポーツ」や「テレビ・DVD」「携帯電話・スマートフォン・パソコンなどを使う」などの娯楽に割く時間が減っており，「睡眠」の時間や「家族と話す・すごす」「友だちと話す・すごす」という親密な他者との時間も減少している（表H-5-1）。それに対して，「学校」に

表H-5-1 小学生・中学生・高校生の主な活動に用いる時間（ベネッセ教育総合研究所, 2015aより作成）

	小学生			中学生			高校生		
	2008年	2013年	差	2008年	2013年	差	2008年	2013年	差
睡眠	516.0	513.7	▲2.3	446.4	443.0	▲3.4	403.3	403.1	▲0.2
学校	444.0	453.4	9.4	443.2	452.7	9.5	447.8	454.9	7.1
屋外での遊び・スポーツ	78.5	69.7	▲8.8	82.6	76.3	▲6.3	70.9	63.5	▲7.4
学校の宿題	44.8	48.6	3.9	61.9	59.5	▲2.4	70.1	69.4	▲0.7
勉強（学校の宿題以外）	53.1	53.6	0.5	96.1	105.1	9.0	86.1	92.4	6.4
学習塾・予備校	135.2	129.6	▲5.6	145.6	151.8	6.2	134.0	141.1	7.1
テレビ・DVD	83.8	75.3	▲8.5	86.9	73.5	▲13.3	91.0	76.9	▲14.1
携帯電話・スマートフォン・パソコンを使う	77.9	55.2	▲22.8	114.3	70.6	▲43.7	128.6	72	▲56.6
家族と話す・すごす	46.9	44.3	▲2.7	44.5	38.7	▲5.8	42.5	41.6	▲0.9
友だちと話す・すごす	67.3	64.3	▲2.9	61.7	53.2	▲8.5	79.1	76.8	▲2.3

注）数値は平均時間であり，単位は「分」。差は2013年調査の平均時間から2008年調査の平均時間をひいたものであり，▲はマイナス（2013年調査の平均時間の方が短い）ことを意味する。

いる時間や「勉強（学校の宿題以外）」の時間，中学生・高校生では「学習塾・予備校」の時間が増加している。

これらの結果をみると，子どもたちは，「遊びに忙しい」のではなく，「まじめに勉強・学習することに忙しい」という現状が浮かび上がるのである。

2. 教師の多忙化

忙しいのは，子どもだけではない。**教師の多忙化**も近年指摘されている。文部科学省（2017）の調査によると，小学校教諭の1日の平均在校時間は11時間15分，中学校教諭は11時間32分であった。これは平成18年（2006年）の調査よりも小学校教諭で43分，中学校教諭で32分増加している。これに対して平均の持ち帰り勤務時間は，小学校教諭で9分，中学校教諭で2分しか減少しておらず，教員の勤務・労働時間が長時間化していると考えられる。

このような長時間の勤務の中，教師が授業時間にあてているのは，小学校教諭で4時間25分，中学校教諭で3時間26分であり，世界的にも勤務時間における授業時間の割合は低い。表H-5-2は，ある公立中学校男性教師の一日の生活であるが，睡眠時間は約6時間であり，朝から部活の朝練を行っている。帰りの会の後にも部活や生徒指導，会議などがあり，授業準備，提出物の点検などを終える頃には，21時を回っている。

このような教師の多忙化は，休息や睡眠，プライベートな時間を奪い，教師のストレスや疲労につながる。また，授業の準備や研修の時間，児童生徒やその保護者と関わる時間などを圧迫し，より良い授業や生徒指導・教育相談の機会を奪ってしまう。そして，このような厳しい状況にある教師をみて，優秀な青年が教師を目指さなくなることも懸念され，さらに学校環境を悪化させてしまうと考えられる。

表 H-5-2　公立中学校教諭の一日
（東京新聞，2015より作成）

5:00	起床
5:00 ～ 7:15	家事・朝食・授業準備
7:15 ～ 7:30	出勤
7:30 ～ 8:10	部活の朝練
8:20 ～ 8:30	職員の打ち合わせ
8:30 ～ 8:40	教室での朝の読書指導
8:40 ～ 8:50	朝の会
8:55 ～ 12:45	授業（授業がない時は見回り）
12:45 ～ 13:20	教室で給食
13:45 ～ 15:30	授業
15:30 ～ 15:55	清掃
16:00 ～ 16:10	帰りの会
16:25 ～ 18:00	部活・生徒指導・会議など
18:00 ～ 21:15	授業準備・提出物の点検など
21:15 ～ 21:30	帰宅
21:30 ～ 22:30	夕食・風呂・家事
23:00	就寝

H-6 不登校に対する支援

★支える

伊藤美奈子

1. 登校刺激に対する子どもの気持ち

不登校の子どもたちは，どのような関わりを学校の教師に求めているのだろうか。以下にあげるのは，不登校で**適応指導教室**（教育支援センター）に通室中の子どもたちを対象に行った調査結果（伊藤，2014）の一部である。

表 H-6-1 は，不登校をめぐる 6 項目に対する子どもたちの回答結果である。学校に対する相反する2つの意見「学校に行きたくなければ行かなくていいと思う」「学校には行けるものなら行きたい」については，回答が三分された。他方，肯定の回答が大半を占めたのは「学校についてはそっとしておいてほしい」という項目であった。それに加えて，「先生に家庭訪問や電話連絡をもっとしてほしい」に対しては「そう思わない」が半数を超えている。やはり不登校の子どもたちは，**登校刺激**に対しては否定的な気持ちが強いのだろうか。

不登校の子どもたちと出会って感じるのは，「そっとしておいて」という言葉の裏にあるのは，決して〈教師への一方的な嫌悪や拒否〉ではないということである。教師個人よりも，教師の背後にみえる学校という存在そのものへの拒否反応かもしれない。「先生が心配してくれるのはうれしい。でも，今の私には先生に会う勇気がない。もし，先生から学校においでといわれたらどう返事をしていいかわからない。だから今は会えない……」と揺れ動いている場合が多いように思う。さらに，将来に対する情報を求める気持ちの強さは，「勉強や進路のことは気になる」気持ちの強さに表れている。現籍校に復帰するのは難

表 H-6-1　不登校をめぐる意識（伊藤，2014 より作成）

	大いにそう思う	少しそう思う	そう思わない
学校に行けるものなら行きたい	278（24.1）	482（41.7）	396（34.3）
勉強や進路のことは気になる	608（52.7）	404（35.0）	142（12.3）
学校に行っていないので人の目が気になる	351（30.5）	434（37.7）	366（31.8）
学校には行きたくなければ行かなくていいと思う	278（24.2）	564（49.0）	308（26.8）
学校のことについてはそっとしておいてほしい	409（35.7）	554（48.3）	184（16.0）
先生には家庭訪問や電話連絡をもっとしてほしい	74（6.4）	394（34.3）	682（59.3）

注）数値は回答者数。（　）内は割合（％）。

しくても，「高校には行ってみたい」「できるなら楽しい高校生活を経験してみたい」というのがホンネだろう。「でも，不登校の私に行ける高校はあるのだろうか」「中学校も行けないのに高校に行きたいなんていえない」……そんな気持ちから本当の思いが口に出せない子どももいる。こうした子どもたちが抱えるアンビバレントな気持ちを理解し，そのこころの揺れに寄り添う対応が求められている。

2．理由を聞くこと

　不登校の子どもたちから「(学校に行けない) 理由を聞いてほしくない」という言葉をよく耳にする。周りの大人は，不登校の原因を明らかにし，対策を考えたいと考える。「できることがあるなら話してほしい」という気持ちから理由を問うのだろう。しかし現実には，本人も"行けない理由"を明確に把握できているわけではない。"簡単に言葉で説明できない"ということもあるだろうし，"今はそれを考えたくない"という気持ちが潜んでいることもある。不登校の理由を言語化できないことは珍しいことではない。そんな状況で理由を問われ続けると，どんどん気持ちが追い詰められていく。"なぜ行けないの？"という問いは，本人にとっては批判や非難のニュアンスに伝わることもあるのである。

3．ロープの先

　では，子どもたちは，教師にどんな対応を望んでいるのだろうか。中学2年の不登校女子生徒の言葉を紹介したい。

> 私は今，"学校という長いロープの先"を握っている。もう一方の先を握るのは先生。もし先生が「早く学校においで」とロープをグイグイと引っ張っても，今の私は学校に行けない。なので，怖くてロープを手放してしまうだろう。一方，「先生には会えない」という私の言葉を鵜呑みにして先生がロープを放してしまったら，それも困る。私がもう少し元気になったら，ロープをツンツンと引っ張るので，その時にはしっかりと引っ張り返し，私に会いに来てほしい。

　このメッセージから，引っ張りすぎず，でも離さず，子どもからの微かな合図を見落とさないよう，長いロープをピンと張った状態で握り続けてほしいという，教師に対する難しい要求が読み取れる。教師の掌中にある長いロープの先にいる子どもの存在を感じつつ，ロープを握り続けることが求められている。

H-7 生徒の教師に対する信頼感尺度

★測る

中井大介

　従来から教師 - 生徒関係を測定する尺度は多く開発されてきた。しかし従来の尺度は教師の指導態度や指導行動など「教師側の特性」に着目した尺度が多く，「生徒側の特性」に着目したものが少なかった。この点を踏まえ中井・庄司（2008）は，中学生の教師に対する**信頼感**を測定する生徒の教師に対する信頼感尺度（STT尺度）を作成している。STT尺度には「安心感」「不信」「役割遂行評価」の3つの下位構造がある。第1の「安心感」には，教師との関係性に対する安心感に関する項目と教師がいることによる安心感に関する項目が含まれる。第2の「不信」には，教師に対する不信感に関する項目が含まれる。第3の「役割遂行評価」には，生徒が教職という職業についている教師に対して期待している役割に関する項目が含まれる。中学生2,970名，高校生678名を対象にした調査の平均点では学年差が認められている（図H-7-1）。また，公立中学校と私立中学校では平均点が異なることも明らかになっており，STT尺度には，発達差や学校差があることが推察される。一方，このSTT尺度の対象を「学級の担任の先生を思い浮かべて」に変更すると学年差がみられなくなることも明らかになっている。この生徒の教師に対する信頼感は，生徒の過去の教師との関わり経験，教師の指導行動・指導態度，保護者の教師認知など，生徒の要因，教師の要因，環境の要因と関連することが示されている（中井, 2012）。

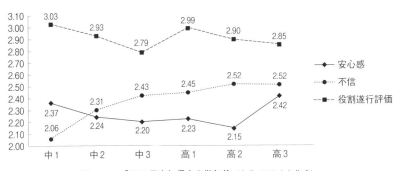

図H-7-1 「STT尺度」得点の学年差（中井, 2012 より作成）

表 H-7-1　生徒の教師に対する信頼感尺度（中井・庄司, 2008 より作成）

【質問】ここには先生と生徒の関係を言い表す文があげてあります。それぞれの文を読んで，あなたがどう思っているかについて，文の右側の最もあてはまる数字1つに○をつけてください。回答の際は，学校内の特定の先生を思い浮かべて答えて下さい。

	全くそう思わない	あまりそう思わない	少しそう思う	非常にそう思う
1　先生になら いつでも相談ができると感じる	1	2	3	4
2　先生は自分の考えを押し付けてくると思う	1	2	3	4
3　先生は悪いことは悪いとはっきり言うと思う	1	2	3	4
4　私が不安なとき，先生に話を聞いてもらうと安心する	1	2	3	4
5　先生は自分の機嫌で態度が変わると思う	1	2	3	4
6　先生は自信を持って指導を行っているように感じる	1	2	3	4
7　私は先生と話すと気持ちが楽になることがある	1	2	3	4
8　先生は一度言ったことを，ころころ変えると感じる	1	2	3	4
9　先生は教師としてたくさんの知識を持っていると思う	1	2	3	4
10　先生と話していると困難なことに立ち向かう勇気がわいてくる	1	2	3	4
11　先生の性格には裏表があるように感じる	1	2	3	4
12　先生は正直であると思う	1	2	3	4
13　私が悩んでいるとき，先生が私を支えてくれていると感じる	1	2	3	4
14　先生は威張っているように感じる	1	2	3	4
15　先生は質問したことにはきちんと答えてくれる	1	2	3	4
16　将来のことがわからないときは先生に相談してみようという気になる	1	2	3	4
17　たとえ間違っているときでも，先生は自分の間違いを認めないと思う	1	2	3	4
18　先生は決まりを守ると思う	1	2	3	4
19　先生はいつも私のことを気にかけてくれていると思う	1	2	3	4
20　先生は言っていることと，やっていることに矛盾があると思う	1	2	3	4
21　先生には正義感が感じられる	1	2	3	4
22　先生は私を大事にしてくれていると感じる	1	2	3	4
23　先生は一部の人を，ひいきしていると思う	1	2	3	4
24　先生には教育者としての威厳があると思う	1	2	3	4
25　私が失敗したとき，先生なら私の失敗をかばってくれると思う	1	2	3	4
26　先生は他の生徒と私を比べていると思う	1	2	3	4
27　先生は何事にも一生懸命であると思う	1	2	3	4
28　先生は私の立場で気持ちを理解してくれていると思う	1	2	3	4
29　先生の考え方は否定的だと思う	1	2	3	4
30　私が間違っているときは，先生ならきちんと叱ると思う	1	2	3	4
31　先生なら私との約束や秘密を守ってくれると思う	1	2	3	4

安心感　　1( )＋4( )＋7( )＋10( )＋13( )＋16( )＋19( )＋22( )＋25( )＋28( )＋31( )＝

不　信　　2( )＋5( )＋8( )＋11( )＋14( )＋17( )＋20( )＋23( )＋26( )＋29( )＝

役割遂行評価　3( )＋6( )＋9( )＋12( )＋15( )＋18( )＋21( )＋24( )＋27( )＋30( )＝

■ 引用文献

有村久春（2008）．キーワードで学ぶ特別活動 生徒指導・教育相談　金子書房
ベネッセ教育総合研究所（2015a）．第2回放課後の生活時間調査報告書［2013］ Retrieved from http://berd.benesse.jp/shotouchutou/research/detail1.php?id=4700（2017年9月28日）
ベネッセ教育総合研究所（2015b）．高校生活と進路に関する調査　Retrieved from http://berd.benesse.jp/up_images/research/03_Kokoseikatsu_digest_Web_P08_15.pdf（2017年8月31日）
伊藤 美奈子（2014）．不登校　後藤 宗理・二宮 克美・高木 秀明・大野 久・白井 利明・平石 賢二・佐藤 有耕・若松 養亮（編）　青年心理学ハンドブック（pp. 178-187）　福村出版
岸田 元美（1987）．教師と子どもの人間関係―教育実践の基盤―　東京教育開発研究所
國分 康孝（1992）．生徒―教師関係　氏原 寛・小川 捷之・東山 紘久・村瀬 孝雄・山中 康裕（編）　心理臨床大事典　培風館
国立教育政策所（2013）．OECD 生徒の学習到達度調査（PISA2012）　Retrieved from http://www.nier.go.jp/kokusai/pisa/（2017年8月31日）
国立教育政策所（2013）．教員環境の国際比較―OECD 国際教員指導環境調査（TALIS）2013年調査結果報告書―　Retrieved from http://www.nier.go.jp/kenkyukikaku/talis/（2017年8月31日）
国立青少年教育振興機構（2015）．高校生の生活と意識に関する調査　Retrieved from http://www.niye.go.jp/kanri/upload/editor/98/File/09.6.pdf（2017年8月31日）
国立青少年教育振興機構（2017）．高校生の生活と意識に関する調査報告書　Retrieved from http://www.niye.go.jp/kanri/upload/editor/114/File/gakkouseikatu.pdf（2017年8月31日）-
文部科学省（2006）．今後の教員養成・免許制度の在り方について（答申）」文部科学省　Retrieved from http://www.mext.go.jp/b_menu/shingi/chukyo/chukyo0/toushin/1212707.htm（2017年8月31日）
文部科学省（2017）．教員勤務実態調査（平成28年度）の集計（速報値）について（概要）　Retrieved from http://www.mext.go.jp/b_menu/houdou/29/04/__icsFiles/afieldfile/2017/04/28/1385174_001.pdf（2017年9月28日）
中井 大介（2012）．生徒の教師に対する信頼感に関する研究　風間書房
中井 大介・庄司 一子（2008）．中学生の教師に対する信頼感と学校適応感との関連　発達心理学研究, 19, 57-68.
日本青少年研究所（2011）．高校生の心と体の健康に関する調査　日本青少年研究所
日本青少年研究所（2013）．高校生の進路と職業意識に関する調査　日本青少年研究所
東京新聞（2015）．育児と両立「もう限界」一日平均12時間在校 忙しすぎる教諭　東京新聞9月15日
山口 正二（2004）．生徒と教師の心理的距離に関する実証的研究―最適な心理的距離・自己概念・学校適応からの検討―　カウンセリング研究, 37, 8-14.

時間的展望

　青年が好むマンガやアニメには,「時間」をテーマとした作品が少なくありません。過去に行き現在を変える,未来に行き将来の自分の姿をみる。実際にはできませんが,そのような作品を通して青年は「時間」というものを強く意識するようになります。1秒1秒進んでいく時の中で,青年は自分の過去・現在・未来について,どのように考え,どのように行動しているのでしょうか。時間について考えることの意味も含めて,考えていきましょう。

I-1 時間的展望
★知る
千島雄太

1. 時間的展望（time perspective）とは

　時間的展望に関する心理学的研究は1930年代まで遡り，今日まで膨大な研究の蓄積がなされてきた。時間的展望の定義はいくつかの立場があるが，その中でもLewin（1951）は，「ある一定時点における個人の心理学的過去，および未来についての見解の総体」と定義している。また，都筑（1999）は，時間的展望を，「個人の心理的な過去・現在・未来の相互連関過程から生み出されてくる，将来目標・計画への欲求，将来目標・計画の構造，および，過去・現在・未来に対する感情」と定義している。すなわち，時間的展望は過去・現在・未来に関して，心理的にどのように捉えるかということを意味しており，個人や集団の行動に強く影響を及ぼすものとされている。

2. 時間的展望の概念整理

　定義からもみてとれるように，時間的展望が扱う領域は広範にわたっている。都筑（1999）は，時間的展望を「欲求・動機（将来への希望など）」「認知（行動目標の有無など）」「感情・評価（空虚感など）」の3側面と，それらを支える「基礎的認知能力（計画性や時間管理など）」から構成されるモデルを提唱している（図I-1-1）。時間的展望は個人の行動を方向づける役割を果たし，行動の結果からもまたフィードバックを受けるとされ，社会的な文脈も時間的展望に影響を及ぼすと考えられている。

　近年ではMello & Worrell（2015）が，時間的展望の概念を「態度」「指向性」「関連」「頻度」「意味」の5領域に整理している。Mello & Worrell（2010）は，これらの下位概念を測定するための尺度集を作成しており，研究が蓄積されつつある。以下では，下位概念の説明と関連する研究知見を紹介する。

　「態度」とは，過去・現在・未来への肯定的・否定的感情や評価を意味している。青年期には，特に過去に対してネガティブな感情を持ちやすいことが知られている（Carney & Patrick, 2017; Laureiro-Martinez et al., 2017; Mello et al., 2016）。「指向性」とは，過去・現在・未来に対する重要度の認識を意味している。どの時制が重要かを尋ねると，青年期には，現在と未来が選択される

割合が多く，過去が著しく少ないことが報告されている（Mello et al., 2013; 白井, 1997）。また，現在もしくは未来のみに重点を置いている青年ほど，学業成績が低く，リスク行動（非行など）が多いことがわかっている（Mello et al., 2013）。「関連」とは，過去・現在・未来がお互いに関連している程度の認識を意味している。青年期には，3つの時制が相互に関連し合っている図か，現在と未来が関連している図が選択されやすいことや，3つの時制が全く関連し合っていない図を選ぶほど学業成績が低く，リスク行動が多いことが報告されている（Mello et al., 2013）。「頻度」とは，個人が過去・現在・未来について考える頻度のことであり，「意味」とは，個人が過去・現在・未来をどのように定義づけているかを表している。

3. Eriksonの理論における時間的展望

心理社会的な自我発達に関する理論で有名なEriksonは，**基本的信頼感**を獲得できるかどうかが，乳児期に顕著な心理社会的危機であるとした（Erikson, 1959）。基本的信頼感とは，他者や自己が信頼に値するかどうかという感覚を意味する。このような乳児期における「基本的信頼感」対「不信感」という危機は，青年期において「時間の展望」対「時間的展望の拡散」として顕在化するとされている。つまり，乳児期に自分や他者が信頼できるものという感覚を獲得することで，青年期において困難な状況に直面したとしても，自分や周りの人を信じて，前向きに物事を考えられるようになる。

また，Eriksonは青年期において顕著となる発達課題を，**アイデンティティの確立**であるとした（Erikson, 1959）。アイデンティティの構成要素には，過去・現在・未来の自己の連続性を認識し，統合的に理解することが含まれており，それらは時間的展望と密接に関わっている（都筑, 1999）。

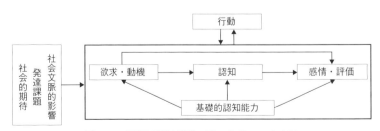

図 I-1-1　時間的展望の構造モデル（都筑, 1999を改変）

I-2　時間的展望の発達
★変わる
千島雄太

1. 青年期における時間的展望の発達

青年期は，認知発達の影響も相まって，それまでバラバラだった過去や未来という時間が現在と結びついていき，「今」という時間を，広がりや意味を持ったものとして解釈し直す時期である。Lewin（1951）は，児童期から青年期にわたる時間的展望の発達を次の2点から定式化している。第1に，より遠い未来や過去の事象が，現在の行動に影響を及ぼすようになる「**時間的展望の拡大**」である。第2に，願望を持つだけの実現不可能な水準と，実際に努力すれば実現可能な水準とが分化する「**現実と空想の分化**」である。このような時間的展望の発達によって，自分が進むべき進路や人生の選択について，現実的・自律的に考えられるようになっていく。

Steinberg et al.（2009）は，10～30歳を対象に，計画性，時間的展望，結果の予期について尋ねる調査を行っている。「計画性」は，前もって計画することが時間の無駄か，それとも物事をうまく進めるための良い方法かを尋ねるものであった。「時間的展望」は，将来欲しいものを得るために，今の幸せを我慢するかを尋ねるものであった。「結果の予期」は，何かを決める時に，事前に起こり得る可能性を考えておくかどうかを尋ねるものであった。それらの年齢的変化としては，主に青年期から成人前期にかけて，得点が上昇していた（図

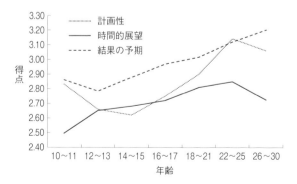

図 I-2-1　計画性，時間的展望，結果の予期の年齢的推移（Steinberg et al., 2009 より作成）

I-2-1)。このように，青年期は，将来を具体的かつ現実的に展望する力が養われる時期であることが，データからもみてとれる。

2. 時間的展望の生涯を通した発達

生涯発達という観点から時間的展望を捉えた場合，どのような特徴が示されるのだろうか。以下に，白井（1997）が発達段階ごとに時間的展望の変化を整理したものを簡単に紹介する。(1) 児童期（10～13歳）では，未来を肯定的に捉えるが，空想のレベルにとどまる。(2) 青年期（14～24歳）では，未来展望が拡大し，空想と現実の次元が区別される。目標と手段の関係性の認知が発達する。(3) 成人前期（25～39歳）は，職業・家庭の領域で未来展望が広がり，目標指向性が青年期よりも高くなる。(4) 中年期（40～64歳）は，子育ての終わりや老いを感じることで，「今まで生きてきた時間」ではなく，「これから生きられる時間」に目を向けるようになる。(5) 老年期（65歳～）には，将来展望は狭まり，希望や目標指向性は減少する。未来とは結びつきを持たない現在指向の者が多くなる。

未来展望の広がりについて，Strough et al.（2016）は，18～93歳の3,933名を対象に調査を行った。分析の結果，若者ほど未来の機会や可能性に注目しており，高齢者ほど未来が限定的であると感じていることが示された。健康度や職の有無の影響を統制しても同様の結果が得られ，女性の方が未来が開けていると認知していた。このような年齢的変化は，個人の寿命に対する認識と深く関わっていると考えられる。

また，Laureiro-Martinez et al.（2017）は，**ジンバルド時間的展望尺度**を使用したこれまでの研究について，年齢との関連を取り上げてメタ分析を行った。メタ分析とは，これまで発表された複数の研究結果を利用して，より総合的な結果を導出する手法である。対象となった論文は2001～2015年に発表された72の研究であり，対象者は合計で29,815名（13～75歳）であった。分析の結果，過去を否定的，回避的にみる態度を意味する「過去否定」と，快楽的で危険を好み，向こうみずな態度を意味する「現在快楽」が年齢と負の関連を示した（過去否定で $\eta_p^2 = -.15$; 現在快楽で $\eta_p^2 = -.16$）。これらの結果から，年齢が若い者ほど，過去を受容しにくく，現時点での快楽を重視する傾向にあることがわかる。

I-3 海外における時間的展望研究の動向
★比べる　　　　　　　　　　　　　　　　　　　　　　　　　　千島雄太

1. 国際比較研究の増加

　時間的展望の研究は，主にアメリカやヨーロッパ諸国で数多く行われてきたが，2012 年には時間的展望の国際学会（International Conference on Time Perspective）がスタートするなど，近年では国際交流が盛んに行われている。代表的な例としては，24 ヶ国を対象とした時間的展望の得点やプロフィールに関する調査（Sircova et al., 2014, 2015）や，33 ヶ国を対象とした過去・現在・未来の**自己連続性**に関する調査（Becker et al., 2017）などがある。国際比較の大きな利点は，自国の特徴を諸外国の特徴と比べながら検討できることであり，より広い視野で日本人の特徴を再認識することが可能である。例えば，日本人の青年は未来に対して希望を持ちにくいことがわかっており（内閣府，2014；鈴木，2015），国際比較研究によって，どのような社会・文化的基盤が関係しているのかを解明することができる。

2. 実際の経過時間との関連

　時間的展望の研究では，「現時点」で過去や未来についてどのように考えているかを測定する研究がほとんどであるが，「現時点」での過去や未来へ認識は，必ずしも「実際」の過去や未来と合致しているとは限らない。近年では，この**時間的展望の現実性**に関して注目が集められている（Busseri et al., 2009; Lachman et al., 2008; Röcke & Lachman, 2008）。

　例えば，Lachman et al.（2008）では，約 10 年間の間を空けて縦断調査を行い，多くの人は 10 年前の人生は今よりも悪かったと回顧し，10 年後の人生は今よりも良くなると予測するが，実際には 10 年経っても人生満足感はそれほど変化しないことが示されている。図 I-3-1 は，32 〜 44 歳のデータであるが，高齢になるにつれてその非現実性は消失していくことがわかっている（Busseri, 2013; Lachman et al., 2008）。以上のような研究は，多くの人々に共有されている「私はこれまで成長してきたし，これからもより良くなっていく」という信念は，認知的なバイアスの影響を受けたものであることを意味している。

　また，このような現象は，比較的短いスパンでも生じることが示されている。

Wilson & Ross (2001) では，Time 1 と Time 2（2ヶ月後）で，現在の自己評価と，2ヶ月前の自己評価を行っている。その結果，「実際の」現在の自己評価は，Time 1 から Time 2 にかけてやや低下していたにもかかわらず，Time 2 の時点では，2ヶ月前の自分よりも，現在の自分を高く評価していた。この結果は，2ヶ月前という短い期間であっても，自分は成長したという「幻想」が存在することを意味している。

3. 認知心理学・神経科学分野における研究の増加

過去の記憶や未来の想起に関しては，近年，認知心理学や神経科学の分野で，実証研究が増加している。この分野では，時間と場所を越えて過去や未来の出来事を再体験するようなエピソード記憶の想起を，**メンタルタイムトラベル**と呼んでいる（Tulving, 2002）。これまでも，エピソード記憶や意味記憶に関しては実証研究が蓄積されてきたが，近年ではエピソード的未来思考（いつかくるかもしれない個人的な未来の出来事をシミュレーションすること）を成立させるメカニズムを解明しようとする動きが顕著である（Klein, 2013; Schacter et al., 2012; Szpunar, 2010）。その中でも，エピソード的未来思考は，過去のエピソード記憶が基盤となっているという考え方が支持されつつある（**構築的エピソードシミュレーション仮説**：Schacter & Addis, 2007）。つまり，まだ体験していない未来の出来事について想像する際には，過去のエピソード記憶が手掛かりになっているということである。実際に，過去の出来事を思い出す場合と，未来の出来事を想像する場合には，同じ脳領域が活性化することが報告されている（Addis et al., 2007）。また，高齢者と比べて若者は，エピソード記憶が具体的であるために，エピソード的未来思考をより具体的に報告することが示されている（Gaesser et al., 2011）。

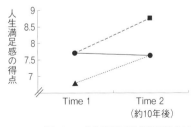

図 I-3-1　人生満足感の非現実的な回顧と予測（Lachman et al., 2008 より作成）

I-4 時間的展望と社会的動向

★取り巻く

石川茜恵

1. 社会変化と青年の時間的展望の変化

「将来の見通しが持ちにくい」社会であると指摘され始めてからすでに長い年月が経っているが、その状況は現在も続いており、今後も続くことが予想される。青年の時間的展望は、このような現代社会における「将来の見通しの持ちにくさ」の影響を受けて変化しており、また変化が要請されている。奥田（2013）は、1970年代から2010年代にかけて行われた時間的展望研究のうち、時間的展望体験尺度（白井，1994b）とサークル・テスト（Cottle, 1976）を用いた調査を分析し、時間的展望の時代的変遷を検討している。図I-4-1，図I-4-2は、奥田（2013）の結果に、筆者が2009年（サークル・テスト），2015年，2017年（時間的展望体験尺度）に実施した調査結果を追加して作成した図である。奥田（2013）が指摘するように、時間的展望を構成する「目標指向性」「希望」「現在充実感」「過去受容」の各側面は以前に比べて得点に差がなくなってきている（図I-4-1）。また、現在が優位な青年（Present Dominance）の割合が増加し、未来が優位な青年（Future Dominance）の割合が減少し（図I-4-2；左図）、そして時間的統合性の高い青年（Temporal Integration）の割合が徐々に減少し、時間的統合性の低い青年（Temporal Atomicity）の割合が増加して

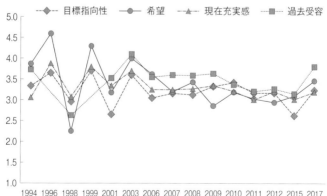

図I-4-1 時間的展望体験尺度各因子得点の推移（奥田，2013に加筆修正して作成）

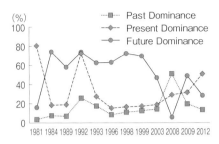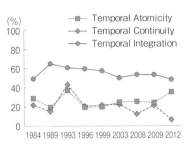

図 I-4-2　サークル・テストの推移（左：時間的優位性，右；時間的統合性）
（奥田, 2013 に加筆修正して作成）

いる（図 I-4-2；右図）。これらの変化からは，以前に比べて将来の見通しが持ちにくくなっていること，また見通しの持ちにくさによって時間的展望が変化していることが推測される。

2. 現代社会において時間的展望をどう持つか

　現代社会ではどのような時間的展望を持つことができるだろうか。Savickas (2011/2015) は，21 世紀の労働は人々に不安と不確実性を感じさせているとし，このような社会では，「安定した生活条件の中で計画を立ててキャリアを発達させるのではなく，変化しつつある環境の中で可能性を見出しながらキャリアをうまく管理していかなければならない」と指摘している。また，下村ら (2007) は，キャリア自立の支援では「一般に『なりたい』自分を展望し，プランを立てて実行していくというアプローチが強調されるが，このようなアプローチは，いつでも誰にでも適合するとは限らない」とし，青年の時間的指向性のタイプによってアプローチの仕方を変える必要性を指摘している。近年では，**バランスのとれた時間的展望**（Balanced Time Perspective）（Boniwell & Zimbardo, 2004）という概念が提案され，研究され始めている。この概念はその個人が置かれた状況に合わせて時間的指向性を変化させるような時間的展望のあり方を示し，精神的健康と正の関連があるとされている。現代社会では，このようなバランスのとれた時間的展望を自身の置かれた状況に合わせ，柔軟に持つことが重要となるだろう。社会的動向は個人の時間的展望の持ち方に変更を迫る形で影響を与えている。この影響は，認知発達によって時間的展望が発達し進路選択が課題となる青年期において，より大きいといえる。

I-5 時間的展望の拡散（希望を見出せない青年）
★陥る　　　　　　　　　　　　　　　　　　　　　　　　石川茜恵

1. 時間的展望の拡散の様相

　時間的展望研究は，過去・現在・未来への感情や態度，統合度などを測定する道具を作成し，時間的展望の様相を判断してきた。そして，過去・現在・未来への感情や態度がすべてネガティブである青年，統合されていない様相を示す青年が，時間的展望が拡散している，または**ネガティブな時間的展望**であるとし，その精神的健康度の低さを明らかにしてきた（Mello et al., 2013 など）。例えば都筑（1993）は，アイデンティティと時間的展望の関連を検討し，拡散地位の青年は，自分の過去・現在・未来をネガティブにイメージし，またそれらをバラバラに捉えていることを明らかにした。日潟・齊藤（2007）では，高校生の時間的展望のタイプの1つとして過去・現在・未来をネガティブに捉えている群である「展望低群」を抽出し，この群の精神的健康度が低いことを明らかにした。さらに，過去と現在には満足していないが目標を持っている群でも精神的健康が低いことが示されており，目標の有無といった未来のみではなく，過去や現在への態度も精神的健康にとって重要であることが示されている。青年の過去を踏まえて未来への見通しを検討する必要性を指摘した石川（2014）は，過去のとらえ方の違いによって将来への希望や将来目標の有無に差があることを示している。図I-5-1に示すように，「葛藤群」や「とらわれ群」といった過去に対して否定的な認識や態度を持ち，過去にとらわれている程度が強い

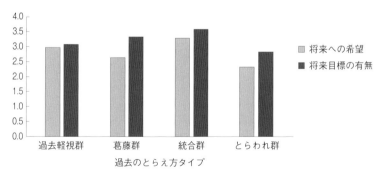

図I-5-1　過去のとらえ方タイプにおける目標意識の違い（石川, 2014 より作成）

場合には，将来への希望を持ちにくい。一方で，「統合群」のように現在において過去を過去として捉え，現在や未来につながるものとして統合的に位置づけることができた場合には，将来への希望を持つことができ，また将来目標を持つことができている。このように，時間的展望がネガティブな青年では，過去とそこから続く現在に問題を抱えている可能性がある。青年が自身の過去を現在や未来との関係でどのように意味づけた上で未来を見通しているのかという点をみていく必要がある。

2. 時間的展望の変化と他者の影響

　時間的展望がネガティブな場合，青年が自身の過去を受容できず，過去にとらわれている可能性がある。しかし，過去のネガティブな出来事は青年を成長させる機会でもある。Savickas（2011/2015）は，キャリア形成において「正常で，適切で，予測でき，正当であるものの崩壊，あるいはそれからの逸脱」や自身の「欠陥」「恐怖，限界，障害，心の傷」を重視し，それらと格闘するうちに，「人は，いかにして逆境を乗り越え自らの欠点を克服し，以前よりも向上した何かになるかを学んでいく」とした。過去にネガティブな出来事に遭遇しても，それらを乗り越える経験を重ねていく中で青年は成長するといえる。また，時間的展望が変化する過程において重要となってくるのが他者の存在である。田澤・梅崎（2017）では，「キャリア意識の高い学生は，過去に大切だったと思えるような人と会い，努力をし，経験として残っている者が多く，現在もなお，大切と思える周りの人と会っている者が多」いとしている。また，大石・岡本（2010）では，挫折経験に対し肯定的意味づけができている青年では，挫折経験当初から他者の「支え」が得られている点が示されている。このように，時間的展望は1人で確立するものではなく，周囲の**他者の影響**を受けている。

　しかし，自身の過去の出来事を現在，未来との関係でポジティブに意味づけるだけでは解決しない状況もある。例えば，児童養護施設で暮らす中学生は現在における「空虚感」が高く，特に被虐待経験のある中学生は「将来への希望」が低かった（井出ら，2014）。また，現代社会は「将来の見通しが持ちにくい」社会とされ，多くの青年が将来に不安を感じている（日本青少年研究所，2013）。青年側の要因だけではない将来への希望の低さについても理解する必要がある。

I-6　時間的展望に関する臨床・教育実践
★支える　　　　　　　　　　　　　　　　　　　　　　千島雄太

　ここでは，時間的展望の形成を促進することを目的とした臨床・教育実践を紹介する。いずれの内容も，過去・現在・未来の可視化や連続性を認識させる作業を含んでおり，これらはアイデンティティ形成を促進する実践ともいえる。

1. 時間的展望療法（Time Perspective Therapy）

　時間的展望療法（Sword et al., 2014, 2015）は，過去にトラウマを抱えたクライエントの過去・現在・未来の認知の偏りに焦点を当て，バランスの取れた時間的展望の習得を促すものである。この療法は，Zimbardoの時間的展望理論（Zimbardo & Boyd, 2008）に即したものであり，以下の手順で行われる。(1) 時間的展望の尺度を使用して，クライエントが時間的展望のどの領域で問題を抱えているかを特定する。(2) クライエントが，自身の時間的展望のプロフィールを自覚できるよう支援する。例えば，過去・現在・未来の様相に関するイラストを描いてバランスの取れた時間的展望の重要性を教示する。(3) 特定のネガティブな時間領域にとどまるのではなく，ポジティブな過去・現在・未来を柔軟に行き来できるような能力を養う。すなわち，思いやりを持って過去を再構成し，充実した今を楽しみ，ポジティブな未来に向かって計画や準備をする能力を持てるよう促す。Sword et al. (2015) は，29名の軍事的なトラウマを抱えた退役軍人に対して，時間的展望療法を実施し，トラウマの強さ，不安，抑うつを低減する効果があったことを報告している。

2. 回想展望法

　白井（2001）は，未来への展望は過去の意味づけを経て可能になることを提唱している。**回想展望法**は，その考えに基づいて考案された教育実践であり，小さい頃に「大きくなったら何になりたかったか」を回想させ，そこに一貫性と変化を読み取ることで未来への展望を形成する技法である（白井, 1994a, 2015）。まず，小さい頃から順に，大きくなったら何になりたかったかを回想し，一覧表にまとめる。記述の要素は，対象（職業），思っていた時期，きっかけ，動機や魅力，その後の対処である。続いて，対象，動機，対処の一貫性や共通性を分析し，発表する。そして最後に，本人の発表を聞いた参加者と指導者は，

本人が大切にしていることや求めていることについて、ポジティブなフィードバックを行う。大学生・専門学校生を対象にした実践では、過去になりたかったものを発表することが自己肯定と正の関連を示し、発表を行うこと自体が職業選択への関心や計画性を高めることが示されている（白井、1994a）。

3. 展望地図法

展望地図法（園田，2011）は、20答法、概念地図法を参考にして考案されたものであり、自己に関する命題を視覚化・外在化しながら過去・現在・未来にわたる自己のストーリーを構成するものである。この実践の目的は、時間的に変化する自己を視覚的に外在化し、ストーリー化することによって、時間的展望を再構成し、可能自己（なりたい自分、なりたくない自分など）を創出することである。以下の手順で行われる。まず、付箋に「現在の私は……」に続く短文または単語を、5項目以上思いつく限り記述する。「過去」と「未来」についても同様に、それぞれ違う色の付箋を用いて、記述する。次に、「私」はどこから来て（過去）、今どこにいて（現在）、どこに行くのか（未来）という時間の流れを重視して、書いた付箋を台紙に貼っていく。その際、似た内容の言葉を近くに集める。貼り終えたら、関連のあるところを線で結び、その線の意味や、その他の必要な説明を書き込む。完成したら、近くの人とお互いに自分の地図について説明する。園田（2011）は、展望地図法を体験した者は、単に過去・現在・未来の出来事を記述する出来事法を体験した者よりも、首尾一貫性の感覚や時間的展望の全ての得点が高かったことを報告している。

4. ライフヒストリーグラフ

山田（2004）は、青年の自己形成を促進する目的で、ライフヒストリー（個人史）を可視化する方法を考案した。以下の手順で行われる。まず、横軸に過去・現在・未来の時間を置き、縦軸に悪い・中性・良いという出来事の印象度を置いたグラフを用意する。そのグラフに、人生における重要な出来事をプロットしていき、それらを線でつなぐ。次に、グラフの特徴について、過去・現在・未来ごとに用意された質問に沿って記述する。最後に、全体を俯瞰して気づいた点などを報告する。山田（2004）は、変化のパターンのうち、現在で良い出来事を書き、未来が上昇傾向にある者ほど、時間的展望の得点が高いことや、85％の者が過去の出来事を肯定的に意味づけていることなどを見出している。

I-7 日本語版青年時間的態度尺度

★測る

千島雄太

1. 時間的展望尺度

日本で最も使用頻度が高い時間的展望に関する尺度は，白井（1994b）が作成した**時間的展望体験尺度**である。「過去受容」「充実感」「希望」「目標志向性」の4つの下位尺度，計18項目から構成されている。国際的にみて最も有名な尺度はZimbardo & Boyd（1999）が作成したジンバルド時間的展望尺度（Zimbardo Time Perspective Inventory; ZTPI）である。「過去肯定」「過去否定」「現在快楽」「現在運命」「未来」の5つの下位尺度，計56項目から構成されている。非常に広く使用されているものの，探索的因子分析で5因子が得られにくいことや，現在次元の下位尺度が時間的展望の概念と合致していないこと，短縮版尺度が乱立しておりいずれも十分な信頼性・妥当性が示されていないことなど，いくつかの問題点が指摘されている（Temple et al., 2017; Worrell et al., 2013）。日本語版も存在するが，因子分析の際に大幅に項目を削減しており，確認的因子分析では十分な適合度が得られていない（下島ら，2012）。

2. 青年時間的態度尺度（Adolescent Time Attitude Scale; ATAS）

ZTPIの諸問題を改善するために，Worrell et al.（2013）は，**青年時間的態度尺度**を作成した。彼らは，ZTPIを時間的展望の中でも時間的態度を測定する尺度であるとしている。青年時間的態度尺度は，時制（過去・現在・未来）×評価（肯定・否定）の6下位尺度，計30項目から構成され，これまで十分な信頼性と妥当性が示されている。国際的にも15以上の言語に翻訳されており，表I-7-1に日本語版を示した（Chishima et al., 2016）。日本の高校生382名を対象とした調査での平均値（*SD*）は，過去肯定で3.68（0.78），過去否定で2.57（0.87），現在肯定で3.71（0.75），現在否定で2.47（0.77），未来肯定で3.52（0.78），未来否定で2.30（0.67）であった。また，6因子を組み合わせて分析する方法や（Andretta et al., 2013, 2014; McKay et al., 2016; Morgan et al., 2017），高齢者を含む成人への適用も試みられている（Mello et al., 2016）。なお，日本語版の尺度を成人に使用する場合は，10番目の項目を「私は大人になっても」から「私は年を取っても」に修正する必要がある。

表 I-7-1　日本語版青年時間的態度尺度（Chishima et al., 2016）

【質問】それぞれの項目について，あてはまるものを一つ選んでください。

選択肢：1 まったくそう思わない／2 いそう思わない／3 どちらともいえない／4 そう思う／5 とてもそう思う

	項目	1	2	3	4	5
1	自分の将来が楽しみです	1	2	3	4	5
2	私は，今の生活に不満があります	1	2	3	4	5
3	自分には幼い頃のとても幸せな思い出があります	1	2	3	4	5
4	私は将来，成功するとは思えません	1	2	3	4	5
5	今の生活に満足しています	1	2	3	4	5
6	私にとって，過去の人生は忘れたいものです	1	2	3	4	5
7	私は将来，幸せになると思います	1	2	3	4	5
8	自分の今の状況についてよく思っていません	1	2	3	4	5
9	私には，小さい頃のよい思い出があります	1	2	3	4	5
10	私は大人になっても，大した人間にならないと思います	1	2	3	4	5
11	私は，今の状況を気に入っています	1	2	3	4	5
12	私は，自分の過去に不満があります	1	2	3	4	5
13	自分の将来のことを考えると笑顔になります	1	2	3	4	5
14	私にとって，今の状況は充実しています	1	2	3	4	5
15	自分の昔のことを振り返ると悲しくなります	1	2	3	4	5
16	自分の将来のことを考えると悲しくなります	1	2	3	4	5
17	全体的に，私が今取り組んでいることに幸せを感じます	1	2	3	4	5
18	自分の過去が違うものであったらよかったのにと思います	1	2	3	4	5
19	自分の将来にワクワクします	1	2	3	4	5
20	自分の今の状況に不満足です	1	2	3	4	5
21	自分の過去を幸せに思っています	1	2	3	4	5
22	私は，自分の将来について考えたくありません	1	2	3	4	5
23	今の生活が幸せではありません	1	2	3	4	5
24	とても幸せだったので，昔のことを考えるのが好きです	1	2	3	4	5
25	自分の将来のことを考えても意味がありません	1	2	3	4	5
26	全体的に，自分の今の生活に幸せを感じます	1	2	3	4	5
27	自分の過去について苦い思いがあります	1	2	3	4	5
28	私は，自分の将来のことを考えるとワクワクします	1	2	3	4	5
29	私は，今の生活に悩んでいます	1	2	3	4	5
30	私の過去には楽しい思い出がいっぱいです	1	2	3	4	5

下位尺度	計算式	合計	平均
未来肯定	1（　）＋ 7（　）＋ 13（　）＋ 19（　）＋ 28（　）＝		÷ 5 ＝
未来否定	4（　）＋ 10（　）＋ 16（　）＋ 22（　）＋ 25（　）＝		÷ 5 ＝
現在肯定	5（　）＋ 11（　）＋ 14（　）＋ 17（　）＋ 26（　）＝		÷ 5 ＝
現在否定	2（　）＋ 8（　）＋ 20（　）＋ 23（　）＋ 29（　）＝		÷ 5 ＝
過去肯定	3（　）＋ 9（　）＋ 21（　）＋ 24（　）＋ 30（　）＝		÷ 5 ＝
過去否定	6（　）＋ 12（　）＋ 15（　）＋ 18（　）＋ 27（　）＝		÷ 5 ＝

■ 引用文献

Addis, D. R., Wong, A. T., & Schacter, D. L. (2007). Remembering the past and imagining the future: Common and distinct neural substrates during event construction and elaboration. *Neuropsychologia, 45*, 1363-1377.

Andretta, J. R., Worrell, F. C., & Mello, Z. R. (2014). Predicting educational outcomes and psychological wellbeing in adolescents using time attitude profiles. *Psychology in the Schools, 51*, 434-451.

Andretta, J. R., Worrell, F. C., Mello, Z. R., Dixson, D. D., & Baik, S. H. (2013). Demographic group differences in adolescents' time attitudes. *Journal of Adolescence, 36*, 289-301.

Becker, M., Vignoles, V. L., Owe, E., Easterbrook, M. J., Brown, R., Smith, P. B., ... & Camino, L. (2017). Being oneself through time: Bases of self-continuity across 55 cultures. *Self and Identity*, Advance online publication. doi.org/10.1080/15298868.2017.1330222

Boniwell, I., & Zimbardo, P. (2004). Balancing time perspective in pursuit of optimal functioning. In P. A. Linley & S. Joseph (Eds.), *Positive psychology in practice* (pp. 165-179). Hoboken, NJ: John, Wiley & Sons.

Busseri, M. A. (2013). How dispositional optimists and pessimists evaluate their past, present and anticipated future life satisfaction: A lifespan approach. *European Journal of Personality, 27*, 185-199.

Busseri, M. A., Choma, B. L., & Sadava, S. W. (2009). Functional or fantasy? Examining the implications of subjective temporal perspective "trajectories" for life satisfaction. *Personality and Social Psychology Bulletin, 35*, 295-308.

Carlson, J., & Englar-Carlson, M. (2011). Series preface. In M. L. Savickas, *Career Counseling*. Washington, D. C.: American Psychological Association. (サビカス, M. L. 日本キャリア開発研究センター (監訳) 乙須 敏紀 (訳) (2015). サビカス キャリア・カウンセリング理論―〈自己構成〉によるライフデザインアプローチ― 福村出版)

Carney, A. K., & Patrick, J. H. (2017). Time for a change: Temporal perspectives and health goals. *Personality and Individual Differences, 109*, 220-224.

Chishima, Y., Murakami, T., Worrell, F. C., & Mello, Z. R. (2016). The Japanese version of the Adolescent Time Inventory-Time Attitudes (ATI-TA) Scale: Internal consistency, structural validity, and convergent validity. Assessment. Advance online publication. doi.org/10.1177/1073191116683800

Cottle, T. J. (1976). *Perceiving time: A psychological investigation with men and women*. New York: Wiley.

Erikson, E. H. (1959). *Identity and the life cycle. Psychological issues*, Vol.1, No.1. New York: International Universities Press.

Gaesser, B., Sacchetti, D. C., Addis, D. R., & Schacter, D. L. (2011). Characterizing age-related changes in remembering the past and imagining the future. *Psychology and Aging, 26*, 80-84.

日潟 淳子・齊藤 誠一 (2007). 青年期における時間的展望と出来事想起および精神的健康との関連 発達心理学研究, *18*, 109-119.

井出 智博・片山 由季・大内 雅子・堀 遼一 (2014). 児童養護施設中学生の時間的展望と自尊感情―有効な自立支援をおこなうために― 静岡大学教育学部研究報告 (人文・社会・自然科学篇), *64*, 61-70.

石川 茜恵 (2014). 青年期における過去のとらえ方タイプから見た目標意識の特徴―時間的展望における過去・現在・未来の関連 発達心理学研究, *25*, 142-150.

Klein, S. B. (2013). The temporal orientation of memory: It's time for a change of direction. *Journal of Applied Research in Memory and Cognition, 2*, 222-234.

Lachman, M. E., Röcke, C., Rosnick, C., & Ryff, C. D. (2008). Realism and illusion in Americans' temporal views of their life satisfaction: Age differences in reconstructing the past and anticipating the future. *Psychological Science, 19*, 889-897.

Laureiro-Martinez, D., Trujillo, C. A., & Unda, J. (2017). Time perspective and age: A review of age associated differences. *Frontiers in Psychology*, 8.

Lewin, K. (1951). *Field theory in social science: Selected theoretical papers*. New York: Harper & Brothers.

McKay, M. T., Percy, A., Cole, J. C., Worrell, F. C., & Andretta, J. R. (2016). The relationship between time attitudes profiles and self-efficacy, sensation seeking, and alcohol use: An exploratory study. *Personality and Individual Differences, 97*, 203-209.

Mello, Z. R., Finan, L. J., & Worrell, F. C. (2013). Introducing an instrument to assess time orientation and

time relation in adolescents. *Journal of Adolescence, 36*, 551-563.
Mello, Z. R., & Worrell, F. C. (2010). *The adolescent and adult time inventory: Preliminary technical manual.* Berkeley, CA: Colorado Springs, CO.
Mello, Z. R., & Worrell, F. C. (2015). The past, the present, and the future: A conceptual model of time perspective in adolescence. In M. Stolarski, N. Fieulaine, & W. van Beek (Eds.), *Time perspective theory: Review, research, and application. Essays in honor of Phillip G. Zimbardo* (pp. 115-129). Zug, Switzerland: Springer.
Mello, Z. R., Zhang, J. W., Barber, S. J., Paoloni, V. C., Howell, R. T., & Worrell, F. C. (2016). Psychometric properties of time attitude scores in young, middle, and older adult samples. *Personality and Individual Differences, 101*, 57-61.
Morgan, G. B., Wells, K. E., Andretta, J. R., & McKay, M. T. (2017). Temporal attitudes profile transition among adolescents: A longitudinal examination using mover-stayer latent transition analysis. *Psychological Assessment, 29*, 890-901.
日本青少年研究所 (2013). 高校生の進路と職業意識に関する調査　Retrieved from http://www1.odn.ne.jp/youth-study/reserch/index.html (2018年3月7日)
大石 郁美・岡本 祐子 (2010). 青年期における挫折経験過程と希望の関連　広島大学心理学研究, *10*, 257-272.
奥田 雄一郎 (2013). 大学生の時間的展望の時代的変遷―若者は未来を描けなくなったのか？―　共愛学園前橋国際大学論集, *13*, 1-12.
Röcke, C., & Lachman, M. E. (2008). Perceived trajectories of life satisfaction across past, present, and future: Profiles and correlates of subjective change in young, middle-aged, and older adults. *Psychology and Aging, 23*, 833-847.
Schacter, D. L., & Addis, D. R. (2007). The cognitive neuroscience of constructive memory: Remembering the past and imagining the future. *Philosophical Transactions of the Royal Society B: Biological Sciences, 362*, 773-786.
Schacter, D. L., Addis, D. R., & Buckner, R. L. (2007). Remembering the past to imagine the future: The prospective brain. *Nature Reviews Neuroscience, 8*, 657-661.
Schacter, D. L., Addis, D. R., Hassabis, D., Martin, V. C., Spreng, R. N., & Szpunar, K. K. (2012). The future of memory: Remembering, imagining, and the brain. *Neuron, 76*, 677-694.
下村 英雄・白井 利明・川﨑 友嗣・若松 養亮・安達 智子 (2007). フリーターのキャリア自立：時間的展望の視点によるキャリア発達理論の再構築に向けて　青年心理学研究, *19*, 1-19.
下島 裕美・佐藤 浩一・越智 啓太 (2012). 日本版 Zimbardo Time Perspective Inventory (ZTPI) の因子構造の検討　パーソナリティ研究, *21*, 74-83.
白井 利明 (1994a). 大学の進路指導教育に関する実践的研究―キャリア・カウンセリングの実習を通して―　進路指導研究, *15*, 30-36.
白井 利明 (1994b). 時間的展望体験尺度の作成に関する研究　心理学研究, *65*, 54-60.
白井 利明 (1997). 時間的展望の生涯発達心理学　勁草書房
白井 利明 (2001).「希望」の心理学―時間的展望をどうもつか―　講談社
白井 利明 (2015). 高校生のキャリア・デザイン形成における回想展望法の効果　キャリア教育研究, *34*, 11-16.
Sircova, A., van de Vijver, F. J. R., Osin, E., Milfont, T. L., Fieulaine, N., Kislali-Erginbilic, A., ...Boyd, J. N. (2014). A global look at time: A 24-country study of equivalence of the Zimbardo Time Perspective Inventory. *SAGE Open, 4*, 1-12.
Sircova, A., van de Vijver, F. J. R., Osin, E., Milfont, T. L., Fieulaine, N., Kislali-Erginbilic, A., ...Boyd, J. N. (2015). Time perspective profiles of cultures. In M. Stolarski, N. Fieulaine, & W. van Beek (Eds.), *Time perspective theory: Review, research, and application. Essays in honor of Phillip G. Zimbardo* (pp. 169-187). Zug, Switzerland: Springer.
園田 直子 (2011). 時間的展望を形成する方法としての「展望地図法」の開発とその効果の検討　久留米大学心理学研究, *10*, 22-30.
Steinberg, L., Graham, S., O'Brien, L., Woolard, J., Cauffman, E., & Banich, M. (2009). Age differences in future orientation and delay discounting. *Child Development, 80*, 28-44.
Strough, J., Bruine, D. B. W., Parker, A. M., Lemaster, P., Pichayayothin, N., & Delaney, R. (2016). Hour glass

half full or half empty? Future time perspective and preoccupation with negative events across the life span. *Psychology and Aging, 31,* 558-573.
鈴木 賢志（2015）．日本の若者はなぜ希望を持てないのか—日本と主要6ヵ国の国際比較—　草思社
Sword, R. M., Sword, R. K., & Brunskill, S. R. (2015). Time perspective therapy: Transforming Zimbardo's temporal theory into clinical practice. In M. Stolarski, N. Fieulaine, & W. van Beek (Eds.), *Time perspective theory: Review, research, and application. Essays in honor of Phillip G. Zimbardo* (pp. 481-498). Zug, Switzerland: Springer.
Sword, R. M., Sword, R. K., Brunskill, S. R., & Zimbardo, P. G. (2014). Time perspective therapy: A new time-based metaphor therapy for PTSD. *Journal of Loss and Trauma, 19,* 197-201.
Szpunar, K. K. (2010). Episodic future thought: An emerging concept. *Perspectives on Psychological Science, 5,* 142-162.
田澤 実・梅崎 修（2017）．キャリア意識と時間的展望—全国の就職活動生を対象にした自由記述分析—　キャリア教育研究, 35, 47-52.
Temple, E., Perry, J. L., Worrell, F. C., Zivkovic, U., Mello, Z. R., Musil, B., ...McKay, M. T. (2017). The Zimbardo time perspective inventory: Time for a new strategy, not more new shortened versions. *Time & Society.* Advance online publication. doi.org/10.1177/0961463X17718102
都筑 学（1993）．大学生における自我同一性と時間的展望　教育心理学研究, 41, 40-48.
都筑 学（1999）．大学生の時間的展望—構造モデルの心理学的検討—　中央大学出版部
Tulving, E. (2002). Episodic memory: From mind to brain. *Annual Review of Psychology, 53,* 1-25.
Wilson, A. E., & Ross, M. (2001). From chump to champ: People's appraisals of their earlier and present selves. *Journal of Personality and Social Psychology, 80,* 572-584.
Worrell, F. C., Mello, Z. R., & Buhl, M. (2013). Introducing English and German versions of the Adolescent Time Attitude Scale (ATAS). *Assessment, 4,* 496-510.
山田 剛史（2004）．過去-現在-未来にみられる青年の自己形成と可視化によるリフレクション効果—ライフヒストリーグラフによる青年理解の試み—　青年心理学研究, 16, 15-35.
Zimbardo, P. G., & Boyd, J. N. (1999). Time perspective: A valid, reliable individual differences metric. *Journal of Personality and Social Psychology, 77,* 1271-1288.
Zimbardo, P., & Boyd, J. (2008). *The time paradox: The new psychology of time that will change your life.* New York: Simon and Schuster.

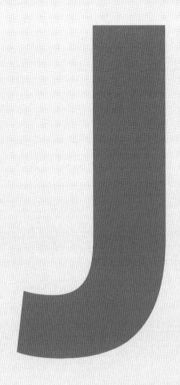

J キャリア

　自分はどう生きるのかを考えるとき，まず思いめぐらすのは「職業」でしょう。どのような仕事をするのかは，小さい頃から考えることであり，青年期になるとより具体的になります。しかし，働き始めても，働くことについては考え続けることになります。病気，失業，転職，結婚・出産などは，働くことについて考える機会になります。ここでは主に「職業キャリア」について，その発達とそれに伴う心理的な現象について，理解していきましょう。

J-1 青年期におけるキャリアの特徴
★知る

原田　新

1. キャリアとは

　厚生労働省によると，**キャリア**とは，「一般に「経歴」，「経験」，「発展」さらには，「関連した職務の連鎖」などと表現され，時間的持続性ないし継続性を持った概念」とされる。その中でも，人の一生における経歴一般を「人生キャリア」（life career）と呼び，そのうち職業を切り口として捉えた場合の人の一生・経歴・履歴の特定部分を「職業キャリア」（professional/occupational/vocational career）と呼んで区別することもある。つまり，進路や職業という意味合いとともに，生涯の生き方という意味合いも含む概念といえる。

2. 青年期におけるキャリアの特徴

　青年期は，学業的な幅が広がるだけでなく，部活やサークルに所属して人間関係が広がったり，アルバイトを始めて働く経験を積むとともに，その中で様々な対人関係を築いたりと，他者との関わりや活動の幅が一気に広がる時期である。そのような多様な対人関係や活動を通して，青年は自分の興味・関心や，自分の適性，強み，弱み，自分の限界など，自分自身のことを探求し，理解していく。さらに，学校段階の最終学年が近づくにつれ，青年は卒業後の進路について真剣に悩み始め，多くの人は就職活動に取り組むことになる。特に，**インターンシップ**への参加経験は，自身に強く影響を及ぼすなど（京都大学高等教育研究開発推進センターら，2015），青年は就職に向けた活動の中で，一層自分自身についての理解を深め，進路や就職について，ひいては今後の生き方そのものについて吟味していくこととなる。

　「新入社員「働くことの意識」調査」（公益財団法人日本生産性本部，2016）によると，青年の会社の選択理由として，「自分の能力・個性が生かせるから」が，長期にわたり最も選択される理由となっている（図J-1-1）。この結果は，青年が青年期を通して自身の能力や個性に関する自己理解を深め，それに適合する会社を選択しようとしていることを示唆するものといえる。

　しかし一方で，1990年代の半ばころより，新規学卒者のうち中学卒の約7割（近年では約65%），高校卒の約5割（近年では約4割），大学卒の約3割が初

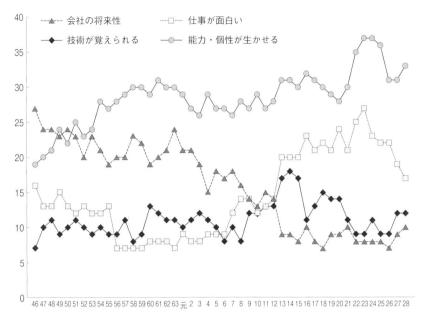

図 J-1-1　会社の選択理由（公益財団法人日本生産性本部, 2016 より）

職を3年以内で辞めるという，いわゆる「7・5・3現象」ともいわれる，**早期離職**の現象が続いている。「若年者の離職状況と離職後のキャリア形成（若年者の能力開発と職場への定着に関する調査）」（独立行政法人労働政策研究・研修機構，2017）によると，若者の早期離職の理由の中で選択される割合が高いのは，「肉体的・精神的に健康を損ねたため」や「労働時間・休日・休暇の条件がよくなかった」などネガティブな内容のものであった。しかし同時に，一定数の若者が「自分がやりたい仕事とは異なる内容だったため」や「キャリアアップするため」など，より自分に適合する仕事を求めて離職する結果も示された。

　キャリアとは，学校を出て就職をしたら終わりというわけではない。就職後も様々な経験を積み重ねる中で，自分の生き方や働き方を見直した結果，会社の中での自分の生きる道を変更したり，場合によっては，学び直すために大学等へ行ったり，転職したりすることもあり得るのである（末廣, 2014）。

J-2 青年期を通したキャリア発達

★変わる　　　　　　　　　　　　　　　　　　　　　　　　　　　　原田　新

1. キャリア発達の理論

　宮下（2010）は，自身の経験やこれまでの**キャリア発達**の諸理論等を踏まえて，「充電期」「滑走期」「離陸期」「充実期」「完成期」の5段階からなる独自の**職業発達段階**を提唱した（図J-2-1）。この理論では，「滑走期」以降の段階ではより以前の段階に戻る可能性も考慮されている。例えば，大学生時代に「滑走期」まで到達したものの，諸般の事情で卒業後に「充電期」に逆戻りしてしまったり，「充実期」にあった人が，リストラに遭ったことで「滑走期」に戻ってしまうということなどもあり得る（宮下，2010）。また段階ごとに3つの下位段階から構成されており，それぞれ3つ目は「他者の観点との調和」という要素が内包され，その意味で最も発達した下位段階と位置づけられている。これは，他者との関係性が失われた発達は決して健全なものにはなり得ないという考えを反映するものである。

　この宮下（2010）の発達段階でも，最初の「充電期」がおよそ乳幼児から小学生頃，最後の「完成期」は職業生活から引退後の人生を展開させていく時期とされているように，人のキャリアを考える上では，生涯にわたる生き方全体という視点を持つことが不可欠である。

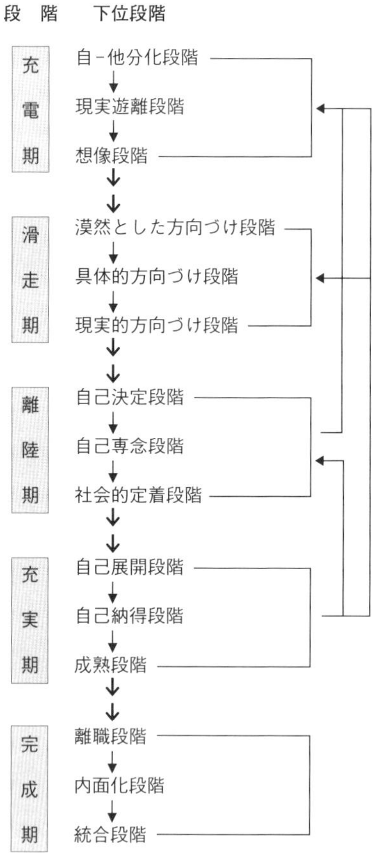

段階	下位段階
充電期	自-他分化段階 → 現実遊離段階 → 想像段階
滑走期	漠然とした方向づけ段階 → 具体的方向づけ段階 → 現実的方向づけ段階
離陸期	自己決定段階 → 自己専念段階 → 社会的定着段階
充実期	自己展開段階 → 自己納得段階 → 成熟段階
完成期	離職段階 → 内面化段階 → 統合段階

図J-2-1　宮下による職業発達段階
（宮下，2010より作成）

2. 青年期におけるキャリア発達

　青年期のキャリア発達を考える上では，2つのライフという考え方が役に立つ（溝上，2012）。2つのライフとは，「人生」という意味でのライフ（人生のライフ）と，「日常生活」という意味でのライフ（日常のライフ）のことである。前者は職業・進路選択，生き方，将来展望などの人生設計を，後者は学業やクラブ・サークル活動，アルバイト，ボランティア，趣味・娯楽のような学校・学校外の日常生活全般を指す。溝上（2010）は，(1)将来の見通し（人生のライフ）を持っているかどうかと，(2)その見通しを実現すべく日常生活（日常のライフ）で努力すべきことを理解しており，それを実行しているかどうかの2つの観点の組み合わせから，大学生を計4群に分類している。具体的には，(1)で将来の見通しがあると答えた者を，さらに①「理解実行」（何をすべきか分かっているし，実行もしている），②「理解不実行」（何をすべきかは分かっているが，実行はできていない），③「不理解」（何をすべきかはまだ分からない）という3群に分類し，さらに「見通しなし」も加えた計4群である。溝上（2010）によると，72.7％の学生が何らかの将来の見通しを持っている一方，それを日常生活につなげて努力している「理解実行」群は26.2％しかいない。

　青年期のキャリア発達には，このような将来への見通しを持つことが欠かせないが，それを単なる空想，妄想に終わらせず，自分の能力や適性などに絡めてより現実的，社会的なものにしていくことが必要である（溝上，2012）。そのためには，どんな小さなものでも良いので，日常生活において将来の見通しとつなげた行動を行うこと，つまり「理解実行」群の生き方が重要となる。行動が伴えば，目標達成としての結果や，他者からの評価（社会的フィードバック）が得られることもあり，この社会的フィードバックを得ることが，将来の見通しを社会的なものにする上で重要となるからである（溝上，2012）。

　安田・溝上（2014）は，このような「理解実行」群の特徴を表す「2つのライフ（大学1・2年）」（大学1・2年時に将来の見通しを持ち，その実現に向けて努力していたかどうか）が，複数の変数の中で，最も「組織社会化」に影響することを示している。「**組織社会化**」とは，職に就いた後の組織に向けられた社会化，要は職場適応のこと（溝上，2014）であり，大学生による「理解実行」群の生き方は，後の適応的なキャリア発達をもたらし得るものといえよう。

J-3 日本の青年と海外の青年のキャリアの差異
★比べる　　　　　　　　　　　　　　　　　　　　　　　　　　　　　　原田　新

1. キャリアパスの差異

　キャリアに関して，日本と海外における大きな違いに，**新卒一括採用**や**終身雇用**というような，日本の伝統的で独自性の高い雇用のあり方があげられる。新卒一括採用とは，新規学卒者の見込みとなる学生を，決められた期間に大量採用する制度である。そしてそれは，終身雇用の一部として機能し，若い間は安めの給料で雇われる代わりに，終身雇用という形での保証が提供される。このような雇用のあり方のため，日本人の青年は最終学校段階を卒業した後，安定的なフルタイムの仕事に就き，定年まで同一企業で働き続けることが多い。

　一方，海外においては，学校から仕事への移行が，日本のような「単線移動」ではなく，「複線移動」である場合が少なくない（溝上，2014）。溝上（2014）によると，例えば，アメリカの若者は，フルタイムの学校教育を終えていったん就職した後に，さらなるキャリアアップや学び直しのために学校へ戻る者が少なからずおり，イギリスでは，仕事をしながら継続教育機関で教育・研修や夜間学級等でコースを受講し，学歴を上げること，そしてそれが昇進につながることがある（Kerckhoff, 2000 など）。これらの例は，学校と仕事とが断絶してすばやく移行するのではなく，両者を行ったり来たり，あるいはゆるやかに学校の割合が落ち，仕事の割合が主となって移行を果たしていくという形態があることを示唆している（溝上，2014）。

　かつては，このように日本と諸外国との**キャリアパス**に明確な差異が存在していた。しかし近年では，日本においても多様なキャリアパスがみられるようになっている。学卒後のキャリアパスについて調べた調査（小杉，2010）によると，まず派遣や契約社員，アルバイトなどの非正規の職を経て正規雇用に就く者や，学卒後にいったん正規雇用の職に就いた上で転職をして，非正規雇用の職を経験しながら再度正規雇用に戻る者，もしくはそのまま非正規雇用のままでいる者など，正規雇用に就いた若者がそのまま同一の会社に定着するという日本の伝統的な形態とは異なるあり方も増えてきている。

2. 転職に対する考え方

内閣府（2014）が日本，韓国，アメリカ，イギリス，ドイツ，フランス，スウェーデンの7ヶ国の若者を対象に行った「我が国と諸外国の若者の意識に関する調査」の中で，「転職に対する考え方」の質問が取り上げられている（図J-3-1）。その結果によると，日本人の若者の回答では，6つの選択肢の中で「できるだけ転職せずに同じ職場で働きたい」が31.5％と最も選択されている。諸外国と比べても，日本人がこの回答をした割合は韓国に次いで高く，それ以外の5ヶ国は6つの選択肢の中で，「職場に強い不満があれば転職することもやむをえない」や「職場に不満があれば転職する方がよい」を高い割合で選択している。その意味では，日本や韓国よりも，欧米諸国の方が，多様な経路を経ながら自身のキャリアを形成していく傾向が強いといえる。しかし，日本人の回答で，転職する方向で考える3つの選択肢の割合を合計すると，51.3％と半数を超えている。また，同様の調査を行った世界青年意識調査（内閣府，2009）の結果と合わせてみると，「つらくても転職せず，一生一つの職場で働き続けるべき」が今回選ばれた割合（4.8％）は，以前より減少している（2008年：12.5％，2003年：10.3％，1998年：9.6％）。これらの結果から，近年では日本人の若者も転職に対して積極的になってきており，キャリアの在り方も変わりつつあるといえる。

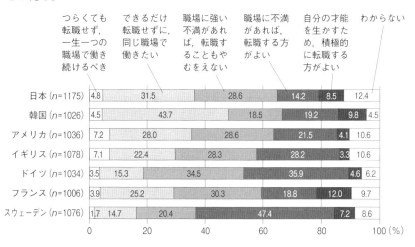

図 J-3-1　転職に対する考え方（内閣府，2014より作成）

J-4 環境移行とキャリア
★取り巻く
渡辺伸子

1. 環境移行とは

学校から仕事への移行では，時間・人間関係・経済的および精神的なあり方の3つの面での変化が生じると白井（2008）は概括している。様々な変化を円滑に通り過ぎる者がいる一方で，いずれかの変化の途中でつまずいてしまう者もいる。ここでは「移行」を時間的に捉え，進路を決めるまでの段階，就職活動を行う段階，就職先が決まって以降の段階に分けて研究を紹介する。

2. 進路を決めるまで

学生は，どのようにして進路を決定するのだろうか。若松（2013）は，「自分に合っている」と判断するための観点を「**適合観点**」を命名し，文科系大学生を対象として調査を行った。分析の結果，ある進路を志望する強さは，その進路が自分の興味に合っていると考える程度の高さおよびその進路に対する理解度の高さと関連することが明らかとなった。つまり，自分の興味に合っていて，進路に関する情報が十分だと感じたときに，大学生は「私はこの業界・職業を希望しよう」と思うようになるのである。

3. 就職活動中

就職活動の期間は，不安に満ちている。松田ら（2010）は，大学生の感じる**就職活動不安**が就職活動にどのような影響を与えるのか検討している。作成された就職活動不安尺度は，①アピール不安，②サポート不安，③活動継続不安，④試験不安，⑤準備不足不安の5下位尺度から構成されており，尺度全体の得点の高さが就職活動の活動量および就職活動の状態への満足感と負の関連を示していた。また，就職活動不安の高さは問題焦点型**ストレスコーピング**を低め，その結果，活動量と満足感を低下させていた。つまり，就職活動不安を強く感じる者ほど，就職活動が不活発で，自分の就職活動の状況に不満を持っているといえる。また，その関連の一部は，問題の原因を解決できないこと，つまり就職活動を上手に行えないことにより生じているのである。

しかし，同じ尺度を使用した森田（2014）は，就職活動不安と情報収集行動の関連を検討し，就職活動不安の良い面も見出している。就職活動不安のうち，

アピール不安が高い場合には，情報収集行動がとられやすかったのである。

就職活動不安は活動量や満足感を抑制するので不適応的と考えてしまいやすいが，情報収集を促す面もあるため，そのような不安は感じない方が良いと一概にいい切れない部分がある。

ところで，そのようなストレスフルな活動に際して，保護者からのサポートはありがたいものであろう。田澤・梅崎（2016）は大学生が保護者の関わりに満足しているほど，明確なビジョンを持って活発な就職活動を行う傾向があることを見出した。保護者の関わりが，一種の**ソーシャルサポート**として機能しているのかもしれない。

4. 就職活動以降

就職活動が終了すると，大学生活の残りの時間を過ごし，その後働き始める。

髙橋・岡田（2013）は就職活動による自己成長感に着目し，大学生を対象に調査を行っている。就職活動による自己成長感は，①他者関係の構築，②課題遂行スキル，③自己理解と自己受容，④社会への積極的関与，⑤感情の統制の5側面に分けられている。この中で，課題遂行スキルおよび自己理解と自己受容が入社前の大学生活充実行動および就業準備行動と関連していた。つまり，就職活動によって課題の遂行が以前より上手になったと感じる者や，自分のことが以前よりもわかるようになったと感じる者は，旅行やサークル活動で大学生活の残りの期間を充実させようと工夫したり，入社後に役立ちそうな情報を取り入れるなどの行動を行ったりする傾向があるのである。

入社後はどうであろうか。星（2016）は，学卒後5年以内の就労者を対象に**プロアクティブ行動**と仕事満足感に関する調査を行った。プロアクティブ行動とは，新入社員が会社に適応するためにとる主体的な行動である（竹内, 2014）。星（2016）はプロアクティブ行動の7つの側面，すなわち，①情報探索行動，②一般的な社会活動，③ネットワーク構築，④フィードバック探索，⑤職務変更交渉，⑥ポジティブフレーム，⑦上司との関係構築のいずれが仕事満足感と関連するのか検討した。その結果，物事を良い方向に捉えようという気の持ち方であるポジティブフレームは，職場の人間関係の満足感などを統制してもなお，仕事満足感を高める効果を示していた。スムーズな移行には，青年側の積極的な工夫も重要なのである。

J-5 進路未決定と若年無業者
★陥る

渡辺伸子

1. 進路未決定者の特徴

　学校卒業後の進路を決めていない状態は「**進路未決定**」と呼ばれている（若松, 2001）。卒業時までに進路が決められない深刻な進路未決定の学生もいるが，一方で，最終的に進路を決めて卒業する学生であっても一時的に進路未決定状態を経験していると考えられる。このように，進路未決定は身近な現象である。

　杉本（2007）は，大学生の就職活動プロセスを縦断調査により検討している。大学3年生に対し，第1次調査を10月に，第2次調査を11月に実施し，10月調査時点で就職活動を開始していた「既開始群」，11月調査時点に就職活動の開始が確認された「開始群」，11月調査時点でも就職活動の開始が確認できなかった「未開始群」の3群を比較したところ，「未開始群」では就職イメージの「制度的イメージ」得点が低いことおよび「未開始群」の友人は就職活動状況が不活発であることが明らかになった。つまり，就職活動が不活発な大学生は，就職することを社会的規範と捉えていない上，普段身近にいる友人も就職活動が不活発であり，心理的にも社会的にも就職活動に向かいにくい状態にあるといえる。

　また，テキストマイニングを用いて大学生の「就職しないこと」のイメージを検討した杉本（2008）は，就職しないことで生活ができなくなることや，身内に頼らなければならないというようなことがイメージできている場合，進路未決定の程度が低いことを明らかにしている。一方で，就職しないことを表面的に否定的に捉えているだけの場合には，進路未決定の程度が高いことも明らかとなった。これらのことを総合すると，働くことを周囲の人などとの社会的関係の中での出来事であると捉えられない場合に，未決定となりやすいということができる。

2. 若年無業者のコミュニケーションの特徴

　若年無業者とは，「15～34歳の非労働力人口のうち，家事も通学もしていない者」であり，2014年時点では56万人と報告されている（内閣府, 2015）。同年の15歳から34歳の人口に占める若年無業者の割合は，2.1％であった。若年

無業者のうち，就労を希望しない者の「就業を希望しない理由」および就労を希望するが求職活動を行っていない者の「求職活動をしない理由」は，「病気・けがのため」と「学校以外で進学や資格取得などの勉強をしている」が最も多かった。これらは身体的・社会的な理由と考えられる。一方で，心理的な理由も見受けられる。具体的には，就労を希望しない者において，心理的な理由である「仕事をする自信がない」が5～10％程度選択されていた。また，就労を希望するが求職活動を行っていない者において，「探したが見つからなかった」や「知識・能力に自信がない」「希望する仕事がありそうにない」といった挫折的な理由がそれぞれ5～10％程度選択されていた。これらの結果を総合すると，若年無業者となり，無業状態が維持される背景には何らかの心理的な要因があると推察される。

森本（2012）は，若年無業者および若年無業経験者に対して半構造化面接を行い，若年無業者のコミュニケーションの特徴を明らかにした。面接で得られた語りの整理の結果から，若年無業者のコミュニケーションの構造の特徴は「アンバランスさ」であると結論づけている。若年無業者のコミュニケーションには「感情表出」や「聞き手への積極性」など，コミュニケーションを円滑にするために適切な特徴もみられた一方で，複数の点でぎこちなさがみられた。すなわち，「聞き手への過剰な確認・説明」「話し手と聴き手とのずれ」「因果・評価，時間，主題の非一貫性」「説明や情報の不正確さ」であり，これらのぎこちなさは，時間的展望の低さや他者との関係を自分の中に現実味を持って位置づけられていないために起こっていると考察されている。

以上のことを踏まえ，森本（2012）は，若年無業者に対しアイデンティティの形成を支援していくことが必要であるとしている。そして，そのために，「他者に語る機会を増やす」ことを提案している。語る内容に関しては，まず，具体的に外在するものについてある程度まとまりをもって語れるようになることを目指し，その後自己について語るという順序を示している。

3. 進路未決定状態と若年無業者の共通点

進路未決定状態と若年無業者の接続についての知見は少ない。しかしながら，進路未決定状態の者も若年無業者も，自己を他者との社会的関係の中で知覚し，その中に位置づけることが苦手である点が共通しているといえるだろう。

J-6 キャリア教育の実際
★支える

渡辺伸子

1. キャリア教育とは

　文部科学省が2004年に発表した「キャリア教育の推進に関する総合的調査研究協力者会議報告書」では，**キャリア教育**において養うべき「職業観・勤労観」を「人間関係形成能力」「情報活用能力」「将来設計能力」「意思決定能力」の4つの能力として捉えることとしている。そして，各科目においてキャリア発達を支援するという視点を持って教育を行うとともに，**職場体験**やインターンシップ，社会人・職業人インタビューなどの体験活動を取り入れてキャリア教育を推進すべきとの見方を示している。

　諸富（2007）は，キャリア教育には2つの要素があるとしている。第1は，将来設計や職業選択などを指導する「キャリア形成支援」である。第2は，人間関係に関する能力や責任感などの基礎的な能力を育む「キャリア形成に必要な基礎力を身につけさせること」である。キャリア教育をこの2つの要素として捉えた場合，キャリア教育は小学校から可能であり，大学までの長い教育課程の中で発達や学習の段階に合わせて行っていくものと考えることができる。本節では，中学校における職業体験と，大学におけるキャリア科目について取り上げ，キャリア教育の実際について考えてみたい。

2. 中学校における職業体験とキャリア教育

　2012年時点において，約9割の中学校で職場体験が実施されている（国立教育政策研究所生徒指導・進路指導研究センター, 2013）。

　山田（2011）は中学2年生の5日間の職場体験の直前・直後・2ヶ月後で進路成熟を比較した。その結果，進路成熟のすべての下位尺度，すなわち「教育進路成熟」「職業進路成熟」「人生進路成熟」で得点の上昇がみられた。しかしながら，職場体験を行わなかった中学生との比較ではないため，時間の経過によって進路成熟が進んだ可能性が排除できない。職場体験の効果についてさらなる知見が望まれるところである。

　ところで，中学校におけるキャリア教育の推進に必要なものとは何だろうか。辰巳（2013）は，中学校の校長およびキャリア教育担当教員に対し調査を実施

し，キャリア教育を推進する上で次の4点が重要であることを見出した。すなわち，①生徒の実態やニーズの把握・課題が明確になっていること，②必要な資料や情報の収集がされていること，③同僚性（職員相互の情報交換がなされていること），④測定可能な目標が設定されていること，である。キャリア教育も学校教育の範疇で行われる以上，教員による積極的な運営が欠かせないということであろう。

3. 大学におけるキャリア教育

現在，多くの大学でキャリア形成のための授業が実施されている。

竹内（2014）は，そのようなキャリア形成科目の受講生（大学2年生）に対して調査を行った。授業の内容は，卒業生へインタビューを行い，そのインタビューに基づき受講生自らのキャリアプランのプレゼンテーションを行うというものであった。プレゼンテーションの機会は2度であった。1度目は練習として教員の前で行い，2度目は本番として他の受講生及びボランティアとして聴講に参加した社会人の前で行った。学期の初めに1回目の調査を，最後のプレゼンテーション終了後に2回目の調査を行い比較したところ，全体として大きな変化はみられなかった。しかし，授業への取り組み方別に詳細に分析を行ったところ，プレゼンテーション前に教員のアドバイスを受けそれを有効と感じた学生はキャリアの明確感が高かった。また，プレゼンテーションが有効だと感じた学生は大学生活に目標を持とうとより強く感じていた。このことから，竹内（2014）は受講生の受講態度の重要性を指摘している。大学の授業も，受講の際の心構えによって，キャリア形成に大いに活かすことができるのである。

その他にも，大学のカリキュラムの中には，インターンシップやボランティア，資格取得に必要な実習など，職業を部分的に体験する活動がある。しかしながら，実施する期間や業種が異なるために，これらの活動がキャリア形成に対してどのような効果を持っているのか明らかにするのは難しい。現在のところ十分にこれらの活動の効果が明らかにされているとはいい難いため，今後の検討が待たれるところである。一方で，竹内（2014）の結果を転じれば，これらの活動も大学生の側の心構えが大切と考えられる。自分なりにキャリアの目標を持って取り組むことが大切であろう。

J-7 キャリア探索尺度（ISCEI）
★測る

高坂康雅

　Super（1957/1960）は，生涯にわたってキャリアを通して自己実現していくという考え方のもと，キャリア発達を成長，探索，確立，維持，離脱という5つの段階で説明している。この中で，青年期は探索段階にあたり，青年は自身のキャリアについて情報収集や試行，模索を積極的に行い，自分が適すると思われる分野や職業を選択・決定していくようになる。一方，近年では，「自分のやりたいことや好きなことを職業にしたい」という「**やりたいこと志向**」の高まりが指摘されている（苅谷, 2003 など）。自分のやりたいことや好きなことを重視し，表面的な面白さやかっこよさなどに憧れ，その職業を目指す者も多いが，自身がもっているイメージと実際の仕事内容やその仕事で求められる能力・スキルなどとのズレにより，途中で就職活動をやめてしまったり，早期離職してしまう者も少なくない。そのような結果にならないためにも，事前のキャリアに対する探索は重要なのである。

　安達（2010）が作成した**キャリア探索尺度**（Initial Stage Career Exploration Inventory; ISCEI）は，就職活動が本格化する前の段階にある学生を対象として作成された尺度であり，自分自身の能力，志向性，適正，好みなどを理解する「自己理解」，働くことや興味のある仕事に関する情報を調べる「情報収集」，働くことや興味のある仕事について他者から教えてもらう「他者からの学び」の3下位尺度で構成されている。短大1年生・専門学校1・2年生・大学1・2年生を対象とした安達（2010）の調査では，「自己理解」の平均点が3.75（0.76），「情報収集」が2.97（1.08），「他者からの学び」が2.83（0.97）となっている。

　ISCEIの信頼性はα係数で検討されており，「自己理解」が.82，「情報収集」が.87，「他者からの学び」が.67となっており，ある程度の内的一貫性が確認されている。また，妥当性は，Stumph et al.（1983）による Career Exploration Survey（CES）との関連で検討されており，ISCEIの3下位尺度得点はCESの2下位尺度得点といずれも正の相関がみられている。また，ISCEI3下位尺度得点は自己向上志向得点とも正の相関を示しており，さらに，「情報収集」と「他者からの学び」は職業決定に関する尺度（下山, 1986）の「決定」と有意な正の

相関を示し，「自己理解」は「模索」と有意な正の相関を示しており，併存的妥当性は示されていると考えられる。

さらに，大学2年生と3年生を対象に，3得点を用いたクラスター分析を行ったところ，「自己理解」が高い自己理解先行群，3得点のいずれもが高い積極的探索群，いずれもが低い消極的探索群，「情報収集」が高い環境探索先行群という4クラスターが抽出されており，自己理解先行群は女子の方が，環境探索先行群は男子の方が多かった一方，2年生と3年生との間では人数分布の差異はみられていない。

ISCEIは項目数が少ないことから，就職活動を前に，何をすればよいのかわからない学生に対する行動指標になり得るとともに，キャリア教育の効果検証にも使用可能な尺度であると考えられる。一方，「他者から学ぶ」のα係数が他の2下位尺度に比べ低いことや，大学2・3年生を対象とした調査では，これら3下位尺度間の相関が.48〜.62と高い値であるなど，再検討・改善の余地があるといえる。

表 J-7-1　キャリア探索尺度（安達, 2010より作成）

【質問】あなたは以下の項目にある行動をどの程度行っていますか。

	まったく行っていない	あまり行っていない	どちらともいえない	よく行っている	非常によく行っている
1 自分の長所や短所について考えてみる	1	2	3	4	5
2 本や雑誌，インターネットなどで仕事や働くことに関連する記事を読む	1	2	3	4	5
3 自分という人間について考えてみる	1	2	3	4	5
4 将来の仕事について友人や先輩，家族などから話を聴く	1	2	3	4	5
5 これまでの自分の生き方について振り返ってみる	1	2	3	4	5
6 興味がある仕事に関する情報を集める	1	2	3	4	5
7 これからの自分の生き方について想像してみる	1	2	3	4	5
8 仕事や働くことをテーマにしたTV番組を観たり，講演会を聴きに行く	1	2	3	4	5
9 自分が好きなこと，得意なことについて考えてみる	1	2	3	4	5
10 興味がある仕事に就くにはどの様に活動すれば良いか調べる	1	2	3	4	5
11 自分が嫌いなこと，不得意なことについて考えてみる	1	2	3	4	5
12 社会人から仕事や働くことについて話を聴く	1	2	3	4	5
13 興味がある仕事で必要とされる知識や資格について調べる	1	2	3	4	5

自己理解　　1( ) + 3( ) + 5( ) + 7( ) + 9( ) + 11( ) = ☐　÷6 =
情報収集　　2( ) + 6( ) + 10( ) + 13( ) = ☐　÷4 =
他者から学ぶ　4( ) + 8( ) + 12( ) = ☐　÷3 =

■ 引用文献

安達 智子（2010）．キャリア探索尺度の再検討　心理学研究, 81, 132-139

星 かおり（2016）．若年就労者の仕事満足に対するプロアクティブ行動の効果についての検討　パーソナリティ研究, 25, 123-134.

苅谷 剛彦（2003）．若者よ，丁稚奉公から始めよう―「自分探し」を夢想する前にまず「手に職」をつけよ―　文芸春秋, 81, 359-365.

Kerckhoff, A. C. (2000). Transition from school to work in comparative perspective. In M. T. Hallinan (Ed.), *Handbook of sociology of education* (pp. 453-474). New York: Kluwer Academic / Plenum Publishers.

国立教育政策研究所生徒指導・進路指導研究センター（2013）．キャリア教育・進路指導に関する総合的実態調査第二次報告書　Retrieved from http://www.nier.go.jp/shido/centerhp/career_jittaityousa/pdf_2/cover.pdf（2017 年 8 月 22 日）

小杉 礼子（2010）．若者と初期キャリア―「非典型」からの出発のために―　勁草書房

京都大学高等教育研究開発推進センター・東京大学大学総合教育研究センター・電通育英会（2015）．『大学生のキャリア意識調査 2007-2010-2013 年の経年変化』報告書　Retrieved from https://www.dentsu-ikueikai.or.jp/common/pdf/research/2015/2007-10-13result.pdf（2017 年 8 月 31 日）

松田 侑子・永作 稔・新井 邦二郎（2010）．大学生の就職活動不安が就職活動に及ぼす影響―コーピングに注目して―　心理学研究, 80, 512-519.

宮下 一博（2010）．大学生のキャリア発達―未来に向かって歩む―　ナカニシヤ出版

溝上 慎一（2010）．現代青年期の心理学―適応から自己形成の時代へ―　有斐閣

溝上 慎一（2012）．青年期の自己形成から見たキャリア発達，社会的自立　発達, 33, 11-7.

溝上 慎一（2014）．学校から仕事へのトランジションとは　溝上 慎一・松下 佳代（編）　高校・大学から仕事へのトランジション―変容する能力・アイデンティティと教育―（pp. 1-39）ナカニシヤ出版

文部科学省（2004）．キャリア教育の推進に関する総合的調査研究協力者会議報告書　Retrieved from http://www.mext.go.jp/b_menu/shingi/chousa/shotou/023/toushin/04012801/002/004.htm（2017 年 8 月 18 日）

森本 文子（2012）．若年無業者の相互作用的な語りにおけるコミュニケーションの構造と支援モデル　九州大学心理学研究, 13, 137-145.

森田 愛子（2014）．就職活動不安の高さと情報収集行動の関連―自己効力による違いの検討―　キャリア教育研究, 33, 21-28.

諸富 祥彦（2007）．「7 つの力」を育てるキャリア教育―小学校から中学・高校まで―　図書文化社

内閣府（2009）．　第 8 回　世界青年意識調査　Retrieved from http://www8.cao.go.jp/youth/kenkyu/worldyouth8/html/2-3-3.html（2017 年 8 月 31 日）

内閣府（2014）．平成 25 年度 我が国と諸外国の若者の意識に関する調査　Retrieved from http://www8.cao.go.jp/youth/kenkyu/thinking/h25/pdf/b2_3.pdf（2017 年 8 月 31 日）

内閣府（2015）．平成 27 年度版 子ども・若者白書（全体版）　Retrieved from http://www8.cao.go.jp/youth/whitepaper/h27gaiyou/index.html（2017 年 7 月 28 日）

日本生産性本部（2015）．平成 28 年度 新入社員「働くことの意識」調査結果　公益財団法人 日本生産性本部　Retrieved from http://activity.jpc-net.jp/detail/lrw/activity001478/attached.pdf（2017 年 8 月 31 日）

労働政策研究・研修機構（2017）．若年者の離職状況と離職後のキャリア形（若年者の能力開発と職場への定着 に関する調査）　Retrieved from http://www.jil.go.jp/institute/research/2017/documents/164.pdf（2017 年 8 月 31 日）

下山 晴彦（1986）．大学生の職業未決定の研究　教育心理学研究, 34, 20-30.

白井 利明（2008）．学校から社会への移行　教育心理学年報, 47, 159-169.

Stumpf, S. A., Colarelli, S. M., & Hartman, K. (1983). Development of the career exploration survey (CES). *Journal of Vocational Behavior, 22,* 191-226.

末廣 啓子（2014）．キャリア・デザイン―自分に合った職業とは何か？―　阿部 正浩・松繁 寿和（編）キャリアのみかた改訂版―図で見る 110 のポイント―（pp. 23-43）　有斐閣

杉本 英晴（2007）．大学生の就職活動プロセスにおけるエントリー活動に関する縦断的検討―時間的展望，就職イメージ，進路未決定，友人の就職活動状況に注目して―　名古屋大学大学院教育発達科学研究科紀要心理発達科学, 54, 81-92.

杉本 英晴（2008）．大学生における「就職しないこと」イメージの構造と進路未決定―テキストマイニングを

用いた検討― 名古屋大学大学院教育発達科学研究科紀要心理発達科学, 55, 77-89.
Super, D. C. (1957). *The psychology of careers*. New York: Harper & Row.（スーパー, D. C. 日本職業指導学会（訳）(1960). 職業生活の心理学 誠信書房）
髙橋 南海子・岡田 昌毅 (2013). 大学生の就職活動による自己成長感の探索的検討 産業・組織心理学研究, 26, 121-138.
竹内 一真 (2014). キャリアプレゼンテーションを通じた2年次キャリア教育の効果―教育ボランティアは大学生にどのような影響を与えるのか― 大手前大学CELL教育論集, 5, 75-82.
竹内 倫和 (2014). 組織と私 伊波 和恵・髙石 光一・竹内倫和（編） マネジメントの心理学―産業・組織心理学を働く人の視点で学ぶ―（pp. 39-57） ミネルヴァ書房
辰巳 哲子 (2013). キャリア教育の推進に影響を与えるカリキュラムマネジメント要素の検討―全国の中学校に対する調査分析結果から― キャリア教育研究, 31, 37-44.
田澤 実・梅崎 修 (2016). 保護者のかかわりと大学生のキャリア意識―保護者の就職活動への関心度と，学生の満足度に注目して― キャリア教育研究, 35, 21-27.
若松 養亮 (2001). 大学生の進路未決定者が抱える困難さについて―教員養成学部の学生を対象に― 教育心理学研究, 49, 209-218.
若松 養亮 (2013). 志望進路への適合性の評価観点と進路未決定―文科系大学生を対象として― キャリア教育研究, 32, 21-29.
山田 智之 (2011). 職場体験による中学生の進路成熟及び自律的高校進学動機の変容と影響要因 キャリア教育研究, 30, 1-14.
安田 江美・溝上 慎一 (2014). 初期キャリア以降の探求―「大学時代のキャリア見通し」と「企業におけるキャリアとパフォーマンス」を中心に― 中原 淳・溝上 慎一（編） 活躍する組織人の探求―大学から企業へのトランジション―（pp. 139-173） 東京大学出版会

コラム7　公認心理師と青年

　国民の心の健康の増進維持と的確な心理的支援の必要性・重要性の増大を受けて，公認心理師法が2015年9月に成立・公布され，2017年9月15日に施行された。公認心理師は心理専門職初の国家資格であり，臨床心理士や学校心理士のようなこれまでの学会などの認定資格とは一線を画し，個別の支援だけではなく，医療保健，教育，福祉，司法犯罪，産業労働という主要5分野での心理的支援と多職種との連携が求められている。また，その立場や義務は公認心理師法で定められており，罰則も含めて，法の下で心理的支援を行わなければならない。

　公認心理師の主要5分野と青年との関連をみると，医療保健分野では，青年期は自殺や精神疾患の好発期にあたり，摂食障害やうつ病などを患っている者は他の年代より多く，精神科医などとの連携が求められる。教育分野では不登校やいじめ，意欲減退などに対するアセスメントや支援，教員などとのコンサルテーションなど，「チーム学校」の一役を担うことが期待されている。福祉分野では，虐待や貧困などに対して，児童相談所などの行政機関との連携と継続的支援を行う。司法犯罪分野では，非行少年やぐ犯少年に関して専門機関との連携を行うとともに，被害者支援も含めて長期的な関わりが必要である。産業労働分野では，キャリア形成や就職活動における心理的なサポート，ニートや早期離職者に対する支援，また「ブラックバイト」などといわれる違法な（不適切な）就労に対する介入などを行うことが求められている。

　公認心理師が支援の対象とする者は必ずしも青年とは限らないが，上記のように，青年が支援の対象となる場合も多数あり得る。また，児童や青年は，自分の心の健康を維持することや，自分の心の健康を害するリスクなどについての知識が十分ではない。公認心理師の業務には，「心の健康に関する知識の普及を図るための教育及び情報の提供を行うこと」（公認心理師法第2条第4号）も含まれている。公認心理師が児童や青年と関わる際には，必ずしも上記のような困難を抱えている者だけではなく，これから困難を抱えないようにするための予防的な関わりもあるのである。新しくできた資格であるが，今後の活躍と世間の認知の広まりを期待したい。

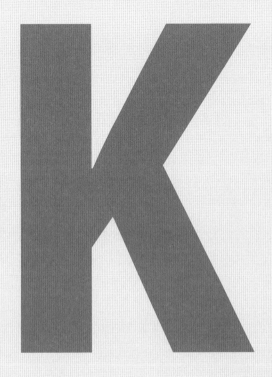

社会参加

　青年期になると，活動できる範囲が大幅に広がります。部活やサークル，ボランティア，アルバイト，インターン，政治活動など，社会的な活動をあげれば切りがありません。青年にとってそのような社会活動への参加・関与は発達のきっかけになります。一方，社会活動はその名のとおり，社会つまり多数の他者と関わるものであるため，他者に与える影響や他者から受ける影響は，肯定的なものでも否定的なものでも多く，また大きいものとなります。そのような点も含めて，青年はどのように社会参加しているのか，理解していきましょう。

K-1 青年期における社会参加の特徴

★知る　　　　　　　　　　　　　　　　　　　　　　　　　　　　　　原田　新

1. 青年期における社会参加への興味・参加状況

社会参加とは，例えば，「自分の既に属しているコミュニティー，あるいは，属したいと考えるコミュニティーに自分から積極的に働きかけること」（佐藤・熊谷，2011）と定義されるように，非常に幅広い概念である。例えば社会福祉活動，地域活動，子ども会やスポーツなどの指導，郷土づくり活動，国際交流活動など（内閣府，2000），地域社会への参加に関する様々な活動が含まれる。

「青少年の社会参加に関する世論調査」（内閣府，2000）によると，「社会参加活動に対する関心」への質問に対し，関心がある（「非常に関心がある」と「やや関心がある」の合計）と答えた者が65.6％となっており，約3分の2の青年が社会参加活動に関心を持っていることが示されている。また，同調査での「社会参加活動の参加状況」への質問に対しては，参加している・参加したことがあると答えた者が53.2％となっており，半数以上の若者が何らかの社会参加活動の経験を有していることがわかる。

一方，社会参加活動の中でも青年が参加することの多い**ボランティア**活動については，「我が国と諸外国の若者の意識に関する調査」（内閣府，2014）の中で，青年のボランティアに対する興味について調べられている。その結果によると，日本の青年の中で，ボランティアに対する興味を「ある」と答えた者が35.1％，「ない」と答えた者が41.9％，「わからない」と答えた者が23.0％となっている。他方，日本以外の国（韓国，アメリカ，イギリス，ドイツ，フランス，スウェーデン）は同質問に対し，いずれの国も「ある」の方が「ない」を上回っているとともに，「ある」の割合が42.6～61.1％と日本より高い。そのため，他国に比して，日本人青年はボランティアへの意欲がやや低めであるといえる。

また，「平成23年社会生活基本調査」（総務省，2012）の中で，実際にボランティア活動を行っている割合が示されている。それによると，15～19歳，20～24歳，25～29歳，30～34歳の年代は，1年間にボランティア活動を行った割合が20％前後であるのに対し，それより上の年代はおおよそ30％前後の割合で活動しており，青年の方が低い結果となっている。

2. 大学における社会参加活動支援

　日本人青年のボランティアへの意欲や活動参加の割合は決して高いとはいえない現状であるが，2001年には学校教育法が一部改正され，児童生徒の「体験的な学習活動，特にボランティア活動など社会奉仕体験活動，自然体験活動その他の体験活動の充実に努めるものとする」ことが規定されるなど，学校教育の中で社会参加活動が奨励されている（文部科学省，2001）。また，初等中等教育のみならず，高等教育機関においても，社会参加活動を正規の教育活動の中に位置づけながら，学生の行うボランティア活動等を積極的に奨励することが求められている（中央教育審議会，2002）。そして実際，大学において，ボランティア情報を提供したり，ボランティア活動の相談に応じる担当部署数や，大学の授業におけるボランティア関係科目数は，飛躍的に増加してきている（日本学生支援機構，2005，2009）。

　ボランティア活動の教育的効果には，大きく3通りの内容があげられる（津止・桜井，2009）。第1に，生活スキルやアカデミックスキルの向上，道徳心や自尊心，自己効力感の改善等，活動者の認知発達が期待できる点である。第2に，例えば障害児に対するボランティア活動への参加により，障害に対する専門知識の理解が促進されるなど，活動への参加によって専門知識の理解や，その学習への動機づけが促進される点である。第3に，ボランティア活動を通じて，市民的責任性や利他的意識といった市民性の向上がもたらされる点である。

　近年では，このような教育的効果をさらに促す教育手法として，サービス（貢献活動）とラーニング（学習）を一体化させた**サービスラーニング**の枠組みが注目されている。サービスラーニングは，研究者や実践者によって様々な定義がなされているが，山田（2016）はそれらの定義に共通する部分として，意図をもって設計された学習の場であること，地域社会のニーズに対応した貢献活動に参加すること，活動後に省察（振り返り，reflection）を行うことをあげている。サービスラーニングでは，貢献活動後の省察，事後学習こそが重要であり（山田，2016），それによって学生の学びや成長が促される。近年の大学教育においては，学習目的に沿ったサービスと，それに対する省察の機会を構造化したサービスラーニングのプログラムを作成し，それを単位認定される授業として提供するところが増えてきている。

K-2 青年期を通した社会参加の変化
★変わる
原田　新

1. 社会参加の意義の変化

　中央教育審議会（2002）は，「青少年の奉仕活動・体験活動の推進方策等について（答申）」の中で，**社会参加活動**に相当する奉仕活動・体験活動の意義について，3 段階の発達段階別に述べている。

　まず 18 歳未満の青少年にとっては，活動を通じて，他人に共感すること，自分が大切な存在であること，社会の一員であることを実感し，思いやりの心や規範意識を育むことができる。また，広く物事への関心を高め，問題を発見したり，困難に挑戦し解決したり，人との信頼関係を築いてともに物事を進めていく喜びや充実感を体得することができる。さらに，指導力やコミュニケーション能力を育むとともに，学ぶ意欲や思考力，判断力などを総合的に高め，生きて働く学力を向上させることができる。加えて，市民性，社会性を獲得し，新しい「公共」を支える基盤を作ることにもつながる。

　次に，18 歳以降の青年にとっては，社会人に移行する時期ないしは社会人として歩み出したばかりの時期に，地域や社会の構成員としての自覚や良き市民としての自覚を，実社会における経験を通して確認することができる。また，青年期の比較的自由でまとまった時間を活用して，例えば，長期間の奉仕活動等に取り組んだり，職業経験を積んで再度大学等に入り直したりするなど，実体験によって現実社会の課題に触れ，視野を広げ，今後の自分の生き方を切り開く力を身に付けることができる。また，特に，学生にとっては，何を目指して学ぶかが明確になって学ぶ意欲が高まり，就職を含め将来の人生設計に役立てることができる。

　さらに，成人にとっては，これまでに培った知識や経験を生かして様々な活動を行うことにより，自己の存在意義を確認し，生きがいにつながる。また，企業等で働く者，主婦，退職者など成人は，市民の一員として，新たな「公共」を支える担い手となることが期待される。

2. ボランティア動機の変化

　ボランティア動機研究においては，利他主義の精神に基づく利他的動機に焦点を当てた研究や，何らかの見返りを期待する利己的動機に焦点を当てた研

究が多数行われてきた。しかし近年では，ボランティア動機は複数の次元によって構成されているとみる「複数動機アプローチ」が主流となっている（桜井, 2002）。複数の次元としては，例えば Clary et al. (1998) の提唱する VFI (Volunteer Functions Inventory) モデルにおいて，①価値機能，②理解機能，③社会機能，④キャリア機能，⑤防衛機能，⑥強化機能という 6 次元が想定されている（表 K-2-1）。一方，日本においては，桜井 (2002) が，「自分探し」「利他心」「理念の実現」「自己成長と技術習得・発揮」「レクレーション」「社会適応」「テーマや対象への共感」という 7 因子を見出すなど，6 次元よりも多くのボランティア動機を示す結果が多数みられている。

また桜井 (2002) は，その 7 因子に対する年齢層による差異について検討している。その結果によると，若年層 (30 歳未満群) は，「自己成長と技術習得・発揮」「レクレーション」「自分探し」が，それより上の年齢層に比べて高得点である一方，高年齢層 (60 歳以上群) は，「利他心」「理念の実現」「社会適応」「テーマや対象への共感」が高得点である結果が示された。この結果は，ボランティア参加の際に，高年齢層はどちらかといえば利他的な動機に基づいて参加する一方，若年層は自身にとって何らかのポジティブな結果を期待する動機に基づいて参加しやすい傾向を示しているといえよう。このような，若年齢層が利己的な動機を特徴とする一方，高年齢層は利他的な動機を特徴とする結果は，海外の先行研究においても見出されている（Black & Kovacs, 1999）。

表 K-2-1　VFI モデルの 6 次元 (Clary et al., 1998 より作成)

①価値機能	ボランティア活動をすることで，他人に対して利他的かつ人道的な関心を持っているという価値を表明できる機能
②理解機能	新しい学習体験ができたり，他ではなかなか実行に移せない知識，技術，能力を試す機会を持てる機能
③社会機能	他者と友だちになったり，重要な他者から好意的に評価される機会を持てる機能
④キャリア機能	新しいキャリアへの準備手段として，あるいはキャリア関連スキルを維持する手段としての機能
⑤防衛機能	例えば他者より幸運であることから生じる罪悪感を払しょくしたいとか，自身の個人的問題を忘れたいなど，自身のネガティブな特徴から自分を守る機能
⑥強化機能	自身のネガティブな側面を排除しようとする防衛機能とは対照的に，自身の自己肯定感を維持するとともに高め，自身の成長や発達に寄与する機能

K-3 日本の青年と海外の青年の社会参加の差異

★比べる

石本雄真

社会参加にはいろいろな形があるが，ここでは社会にある様々な問題に対して取り組む活動に焦点を当てて日本の青年と海外の青年の差異を概観する。

1. ボランティア活動

日本，韓国，アメリカ，イギリス，ドイツ，フランス，スウェーデンの青年（13〜29歳）への調査では，現在**ボランティア活動**を行っている者の割合において日本の青年が最も少なく，過去に活動したことがあるという者を含めてもフランスに次いで低い割合となっている（内閣府，2014：図 K-3-1）。また同調査の結果では，実際の活動参加だけではなくボランティア活動への興味についても示されているが，この点においても日本の青年は，興味があるという者の割合が，調査対象国中唯一興味がないという者の割合を下回り，最も少ない割合を示している（図 K-3-2）。

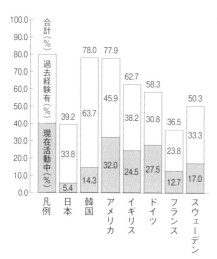

図 K-3-1　各国のボランティア活動者の割合
（内閣府，2014 より作成）

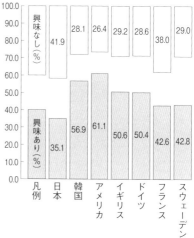

図 K-3-2　各国のボランティア活動への興味がある者とない者の割合（内閣府，2014 より作成）

2. その他の形での社会の問題に対する活動

世界価値観調査の Wave 6 のデータでは，16 〜 29 歳の青年のうち，これまで嘆願書への署名を行ったことがある者の割合は 17.7％となっており，データが公表されている 56 ヶ国中 20 番目に多い値ではあるが，OECD 加盟国の中ではメキシコ，トルコに次いで少ない。また，平和的なデモへの参加では，データが公表されている 54 ヶ国中最も少なく，唯一 1％を下回る値を示している（図 K-3-3）。実際の行動だけではなく，意識の面においても同様の傾向がみられる。冒頭に示した 7 ヶ国の調査においては，「社会をよりよくするため，私は社会における問題に関与したい」という問いや「将来の国や地域の担い手として積極的に政策決定に参加したい」という問いへの賛同（「そう思う」と「どちらかといえばそう思う」の合計）が最も少なく（内閣府，2014），日本，アメリカ，中国，韓国の中高生を対象とした調査においても，社会のことに関与したくないという者の割合が他国よりも高い傾向が示されている（日本青少年研究所，2009）。

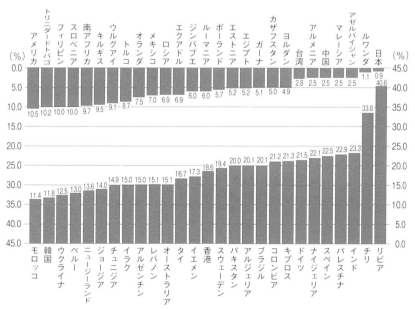

注）下段の国は右軸，上段の国は左軸を参照。

図 K-3-3　各国の平和的なデモへ参加した経験のある者の割合
(World Values Survey Association, 2015 より作成)

K-4 青年の社会参加の促進・抑制要因

★取り巻く

石本雄真

1. 社会活動への参加に関連する要因

青年のボランティア活動参加に関連する要因としては様々なものが示されている。多くの研究で共通して指摘されていることとして，社会経済的地位が高いほど活動に参加する傾向が強いことや（Haski-Leventhal et al., 2008; Marzana et al., 2012など），親や仲の良い友人がボランティア活動を行っているほど活動に参加する傾向が強いこと（van Goethem et al., 2014; Mainar et al., 2014など）があげられる。また，一度ボランティア活動に参加することでのちの活動参加につながり（Kim & Morgül, 2017），学校でのボランティア経験ものちの活動参加を高める（Haski-Leventhal et al., 2008; Hill & den Dulk, 2013）。

青年の**政治に関する活動**への参加にも親や友人の影響が指摘されており，親や友人と政治に関する話をすることや親がなんらかの政治に関する活動に関わっていることが政治に関する活動への参加を高めるという（Quintelier, 2013）。また，何らかの課外活動グループへの所属が政治に関する活動への参加を高めることも指摘されている（Marzana et al., 2012）。日本での研究においても，同様に趣味集団への所属が政治に関する活動への参加を高めることが示されているが，所属することそのものよりも多様な集団に所属するということがより大きな影響を持つこと，高校での部活動への参加は政治に関する活動への参加と関連しないことも示されており（浅野, 2011），中学生・高校生での課外活動の所属集団が主に部活動のみであることが，日本の青年の政治に関する活動への参加が他国よりも低いことの要因の1つとなっていることが考えられる。

2. 日本の青年が社会活動に参加しない要因

内閣府の調査において，職業を学生とする者（大半は青年であると考えられる）が選択するボランティア活動参加への妨げとなっているものとしては，「参加する時間がない」が最も多く選ばれており，「ボランティア活動に関する十分な情報がない」「参加する際の経費（交通費等）の負担」が続く（表K-4-1）。加えて，近年の青年の友人関係における特性も影響していると考えられる。

近年，若者言葉として"**意識高い系**"というボランティア活動などに積極的

表 K-4-1　学生がボランティア活動に参加しない要因（内閣府，2017 より作成）

ボランティア参加の妨げとなる要因	%	ボランティア参加の妨げとなる要因	%
参加する時間がない	50.0	特に妨げとなることはない	16.7
ボランティア活動に関する十分な情報がない	40.6	ボランティアを受け入れる団体等に不信感がある	8.3
参加する際の経費（交通費等）の負担	29.2	参加しても実際に役に立っていると思えない	6.3
参加するための手続きが分かりにくい	22.9		
参加するための休暇が取りにくい	19.8	参加する際の保険が不十分	5.2
一緒に参加する人がいない	16.7	その他	3.1

に取り組む者を揶揄する表現がある。本来は否定的な意味を含む言葉ではないものの，2010年ごろより否定的な使い方が増えたという（原田，2016a）。このような言葉を用いた友人・知人からの否定的評価を恐れるあまり，すでに活動に参加している青年であっても，友人をボランティア活動等に誘うことは控えるという実態も報告されており（原田，2016b），ボランティア活動参加の意思を持ちながらも，周囲からの否定的評価を恐れ参加しないという青年も一定数いることが予想される。ボランティア活動だけではなく，政治に関する活動に参加することも"意識高い系"という揶揄を受けることがあるとされており，実際に日本の青年は友人と政治に関する話をすることが少ないことも示されている（松本，2017；総務省，2016）。冒頭で示した通り，ボランティア活動参加や政治に関する活動への参加に対して友人の影響が大きいことを考えると，このように友人間でボランティア活動や政治に関する話題を避けることが，ボランティア活動参加を抑制する要因として大きいと予想される。

　他国と比較すると，日本の青年の社会の問題に関与する意思は低いものの，内閣府による「社会意識に関する世論調査」の結果では，年々社会のために役立ちたいと考える青年の割合は上昇している。実際に大災害のような明確なボランティアニーズが示された際には多くの青年がボランティア活動に参加しており，活動に参加する機会を待っているとも考えられる（古市，2011）。近年では楽しいイベントとしてボランティア活動への参加を促す仕掛けを持つイベントも増えており（例えば，Be inspired! 編集部，2017），そのようなイベントへの参加がその後のボランティア活動参加につながっていくことが期待される。

K-5 青年期における反社会的行動とリスク行動

★陥る

髙坂康雅

1. 反社会的行動としての非行

　反社会的行動とは，広義には，社会において承認・共有されている価値体系や規範，あるいは法令に反する行為であると定義できる。成人が反社会的行動をとると，刑法やその他の法規などによって罰せられる。一方，未成年が反社会的行動をした場合には，年齢により，犯罪少年（14歳以上20歳未満），触法少年（14歳未満）として扱われ，これらに20歳未満で法律に触れる行為をする恐れのある少年であるぐ犯少年を含めて，非行少年としてまとめられる。

　少年非行は，戦後の1951年をピークとする第一の波，1964年をピークとする第二の波，1983年をピークとする第三の波があり，2001年以降も一時期増加傾向にあったが，現在は戦後最低水準にまで減少している。少年非行については，「増加・凶悪化」というイメージが広まっているが，殺人や強盗のような凶悪犯罪は非常に少なく，横領や窃盗がほとんどであり，それらも2000年代に入り，低い水準を保っている。

2. 学校の中の反社会的行動—いじめ—

　学校の中でも，児童生徒間において，窃盗や横領，暴行などが生じることがある。それが一定期間，特定の人物に対して一方的に行われた場合，いじめと判断される。文部科学省では，いじめは「当該児童生徒が，一定の人間関係のある者から，心理的，物理的な攻撃を受けたことにより，精神的な苦痛を感じているもの」と定義されており，ここには無視や関係性攻撃（周囲に悪いうわさを流すなど）のような法令に反するものとはいい難い行動も含まれる。

　2015（平成27）年度のいじめ認知（発生）件数は，小学校で12,767校151,190件，中学校で7,571校59,422件，高校で2,882校12,654件となっている。学年としては中学1年生が最も多く，また小学校低学年から中学年にかけても高い水準となっている。いじめの様態・内容では，冷やかしやからかいなどが最も多く，軽くぶつかられたりするものや，仲間はずれ・無視などが続いている（文部科学省, 2016a; 表K-5-1）。中には，窃盗や横領，器物損壊，暴行など刑法などに関わる行為もあるが，警察による補導や家庭裁判所の保護的措置など公

表 K-5-1　学校段階別のいじめの様態（文部科学省, 2016a より作成）

区分	小学校	中学校	高校	特別支援学校
冷やかしやからかい，悪口や脅し文句，嫌なことを言われる	94,026 (62.2%)	39,987 (67.3%)	7,764 (61.4%)	733 (57.5%)
仲間はずれ，集団による無視をされる	28,404 (18.8%)	9,098 (15.3%)	1,960 (15.5%)	132 (10.4%)
軽くぶつかられたり，遊ぶふりをして叩かれたり，蹴られたりする	38,757 (25.6%)	9,995 (16.8%)	1,787 (14.1%)	319 (25.0%)
ひどくぶつかられたり，叩かれたり，蹴られたりする	13,648 (9.0%)	3,433 (5.8%)	676 (5.3%)	76 (6.0%)
金品をたかられる	2,810 (1.9%)	885 (1.5%)	414 (3.3%)	29 (2.3%)
金品を隠されたり，盗まれたり，壊されたり，捨てられたりする	10,253 (6.8%)	3,751 (6.3%)	769 (6.1%)	78 (6.1%)
嫌なことや恥ずかしいこと，危険なことをさせたり，させられたりする	12,240 (8.1%)	4,193 (7.1%)	965 (7.6%)	108 (8.5%)
パソコンや携帯電話等で，ひぼう・中傷や嫌なことをされる	2,072 (1.4%)	4,608 (7.8%)	2,366 (18.7%)	103 (8.1%)
その他	6,692 (4.4%)	1,907 (3.2%)	569 (4.5%)	63 (4.9%)

的な対応がとられる場合は少なく，多くの場合，教師による指導などでとどまっている。

　いじめのメカニズムとして，加害者・被害者・観衆と傍観者・仲裁者という4層構造が指摘されている（森田, 2010）。**観衆**は直接手を下さないが，周囲ではやし立てる者たちであり，**傍観者**はみてみぬふりをする者たちである。日本では，学年を追うごとに仲裁者が減り，観衆と傍観者が増えることが示されており（森田, 2010），これがいじめの発見を遅らせたり，事態をエスカレートさせたりすると考えられている。

3．リスク行動

　リスク行動とは「非行の範疇に含まれるほど重大な触法行為ではないけれども，法律で禁止されていたり，心身によくない影響を与えたり，社会的には認められていなかったりする未成年の行動全般」（河野, 2006）であり，具体的には，飲酒や喫煙，家出・深夜はいかいなどが，リスク行動としてあげられる。

　これらの行動は，不安や自信のなさに対して，適切な対処方法がわからないためにとられる行動である。また，これらの行動を通して，自己確認や他者からの賞賛を得ようとしている場合もあると考えられる。

K-6 シティズンシップ教育

★支える　　　　　　　　　　　　　　　　　　　　　　石本雄真

1. 日本における主権者教育

　2015年，日本において選挙権を得る年齢が18歳に引き下げられる改正公職選挙法が成立し，翌2016年に施行された。これに伴って，日本の学校において**主権者教育**が急激に拡がっている。選挙管理委員会による学校での出前授業の実施校数の推移をみると，選挙権年齢拡大の対象者を含む高等学校における2015年の急激な増加が示されており（図K-6-1；明るい選挙推進協会, 2017），2015年の時点では高等学校（高等部含む）の94.4%が何らかの主権者教育を実施している（文部科学省, 2016b）。一方で，主権者教育の効果の検証については十分ではない。主権者教育を受けたことがある者とそうでない者で投票率の差を検証したものでは，受けたことがある者の方がやや投票率が高いことが示されているものの（18, 19歳：65.0% vs 52.6%／20～24歳：54.6% vs 48.3%）その差は小さく，選挙に対する意識の差が授業の記憶および投票率の双方に影響を与えている可能性を考えるとその効果は明確ではない。また，意識面を効果指標として検討した関ら（2015）の研究においても明確な効果は見出されていない。

2. シティズンシップ教育

　欧米を中心とした海外諸国においては，日本において主権者教育が拡がる以

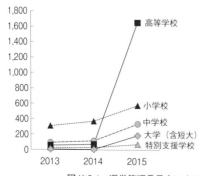

	2013年	2014年	2015年
小学校	309	369 (1.2)	575 (1.9)
中学校	93	115 (1.2)	335 (3.6)
高等学校	56	70 (1.3)	1,652 (29.5)
大学（含短大）	27	27 (1.0)	71 (2.6)
特別支援学校	6	3 (0.5)	185 (30.8)

注）括弧内は2013年を1としたときの各年の比率を示す。

図K-6-1　選挙管理委員会による学校での出前授業の実施校数の推移
（明るい選挙推進協会, 2017より作成）

前から，主権者教育をその中に含む，**シティズンシップ教育**（CE）の広まりがみられる（Geboers et al., 2013; 近藤, 2013）。CE は，目標となるシティズンシップ（市民性）によってその内容は異なり（橋本, 2013；水山, 2015），特に欧米とアジアでは大きく異なることが指摘されている（武, 2012；Torrente et al., 2015）。しかしながらその共通する部分としては，社会の構成員としての市民が備えるべき資質や能力を育成するために行われる教育であるということがあり（日本弁護士連合会, 2016），その目的のため，国による内容の違いはあれ，多くの場合は子どもの社会的，情動的スキルの向上を目指すという目的を含むものである（Torrente et al., 2015）。日本においても，一部の自治体や学校においてはそれらのスキルの向上をも目的に含む CE が行われているものの（村尾, 2015 など），広まりをみせる主権者教育においては選挙や狭義の政治について扱うものが大半であり（文部科学省, 2016b），社会的，情動的スキルの向上までは視野に入っていない。海外の CE については，投票行動を含む様々な指標に対して効果が示されている（Geboers et al., 2013）。それに対して，日本の主権者教育において明確な効果が示されていない理由の 1 つとしては，社会的，情動的スキルの向上を目的として含んでいないことがあげられよう。一方で，CE は特定の科目としてだけ成り立つものではなく，様々な教科や教科外活動において行われるものであり（唐木, 2015），日本においては道徳や給食の時間，掃除の時間，部活動，遠足などの教科外活動といった様々な教育過程の中で CE が行われてきたともいえる。しかしながら，近年では教育内容の増加に伴って教科外活動を削減する動きがみられるため，CE としての役割を十分に果たせなくなることが懸念される。

3. 効果的なシティズンシップ教育のために

CE が目的として含む社会的，情動的スキルの向上については，**Social and Emotional Learning**（**SEL**）の目的と重なるものであるとされ（Elias, 2003; Torrente et al., 2015），実際にシンガポールでは国のカリキュラムとして，CE の中に SEL が取り入れられている（Liem et al., 2017）。このことから，今後日本において主権者教育を効果的な CE へと改善していく上では，SEL を推進していくことが 1 つの有効な方法であると考えられる。

K-7 大学生の地域社会への責任感尺度

★測る

石本雄真

1. 尺度の概要

　大学生の地域社会への責任感尺度（谷田, 2015）は，民主主義社会の基本としての社会参加について，その責任感を効力感と態度の2つの側面から測定する大学生を対象とした尺度である。なお，谷田は地域社会への参加に対する責任感をシティズンシップの一部であるとしこの尺度を構成しているが，ここでのシティズンシップは前節で述べられているシティズンシップ教育（CE）が育成を目指すシティズンシップと同一ではないことに注意が必要である。前者が地域や国家の枠を超えた社会への参加を対象に含むのに対し，ここでのシティズンシップは地域社会への参加を意味するものである（ただしこれらは明確に区別されるものではない）。尺度は全11項目からなり，7項目で構成される下位尺度「連帯・積極・責任引受（以下，態度尺度）」と4項目で構成される下位尺度「地域社会への効力感（以下，効力感尺度）」の2下位尺度に分けられる。

2. 尺度の信頼性・妥当性

　649名の大学生（男性219名，女性430名；平均年齢19.9歳；年齢範囲18〜23歳）のデータおよび1ヶ月後に同一対象に対して実施された調査で得られ初回調査のデータと符合することのできた377名（男性97名，女性280名）のデータにおいて信頼性，妥当性が検討されている。初回調査のデータにおいて内的整合性の指標となるα係数は態度尺度において.90，効力感尺度において.82，尺度全体では.91であった。再検査信頼性係数は，態度尺度において.77，効力感尺度において.65，尺度全体では.76であった。ボランティア活動に力を入れた度合いと尺度全体の相関係数は.39（$p<.001$），向社会的行動尺度（菊池, 1988）得点と尺度全体の相関係数は.37（$p<.001$），共感経験尺度改訂版（角田, 1994）の中の共有経験尺度得点と尺度全体の相関係数は.33（$p<.001$），特性的自己効力感尺度（成田ら, 1995）得点と尺度全体得点との相関係数は.23（$p<.01$）であり，基準関連妥当性が確認されている。加えて，初回の得点が実際にボランティア活動をしたかどうかを予測するかについても検討されており，2項ロジスティック回帰分析の結果，態度尺度においては有意な値が示されて

表 K-7-1　大学生の地域社会への責任感尺度（谷田, 2015）

【質問1】以下の各文はあなたにどのくらいあてはまりますか。	はまったくあてはまらない	あまりあてはまらない	どちらともいえない	かなりあてはまる	非常にあてはまる
1　地域の中の問題を解決するために，何かができる。	1	2	3	4	5
2　地域生活改善のために進んで何かをお手伝いしたい。	1	2	3	4	5
3　地域社会のために役割を分担し，果たすことができる。	1	2	3	4	5
4　地域社会の問題に取り組むことに興味・関心がある。	1	2	3	4	5
5　地域のために何かする力が自分にあると思う。	1	2	3	4	5
6　地域の生活を改善する責任を，進んで引き受けたい。	1	2	3	4	5
7　自分が地域社会のために何ができるか，考えられる。	1	2	3	4	5

【質問2】あなたは次の意見をどう思われますか。	そうは思わない	どちらかといえばそうは思わない	どちらともいえない	どちらかといえばそう思う	そう思う
8　地域社会の一員として，何か地域社会のために貢献したい。	1	2	3	4	5
9　地域でのボランティアなどの社会的活動に参加したい。	1	2	3	4	5
10　地域での住み心地をよくするためにみんなと一緒に活動しようという気持ちがある。	1	2	3	4	5
11　住みよい地域づくりのために自分から積極的に活動していきたい。	1	2	3	4	5

連帯・積極・責任引受　2（　）+ 4（　）+ 6（　）+ 8（　）+ 9（　）+ 10（　）+ 11（　）＝
地域社会への効力感　1（　）+ 3（　）+ 5（　）+ 7（　）＝

いる（$p<.001$）。

3. 平均値

初回調査のデータにおける平均得点は態度尺度において 25.18（$SD=4.84$），効力感尺度において 13.01（$SD=2.74$），尺度全体では 38.19（$SD=6.92$）であった。

4. 尺度の意義と課題

CE の効果検証が十分に行われていない日本の現状においては，シティズンシップの一側面を測定する本尺度は有用な効果検証のツールとなる。一方で，前節の通り CE の多くは社会的，情動的スキルの向上を目指す目的を含むため，行われる教育の目的に応じて他の側面を測定する尺度も併せて実施する必要があろう。また，本尺度は大学生を対象として開発されたものであるため，現時点では対象年齢が限定されることにも注意が必要である。

■ 引用文献

明るい選挙推進協会（2017）．新有権者等若年層の参院選投票日後の意識調査について　Retrieved from http://www.akaruisenkyo.or.jp/wp/wp-content/uploads/2016/08/%EF%BC%A8%EF%BC%B0%E7%94%A8%EF%BC%88%E5%8F%82%E9%99%A2%E9%81%B8%E5%BE%8C%EF%BC%89.pdf（2017 年 8 月 29 日）

浅野 智彦（2011）趣味縁からはじまる社会参加　岩波書店

Be inspired! 編集部（2017）．社会参加型音楽フェス"ロックコープス"が日本人の常識を覆す．創始者に聞いた，日本で開催する「6 つの意義」　Retrieved from http://beinspiredglobal.com/interview-stephen-greene-2017（2017 年 8 月 29 日）

Black, B., & Kovacs, P. J. (1999). Age-related variation in roles performed by hospice volunteers. *The Journal of Applied Gerontology, 18*, 479-497.

中央教育審議会（2002）．青少年の奉仕活動・体験活動の推進方策等について（答申）中央教育審議会　Retrieved from http://www.mext.go.jp/b_menu/shingi/chukyo/chukyo0/toushin/1287510.htm（2017 年 8 月 31 日）

Clary, E. G., Snyder, M., Ridge, R. D., Copeland, J., Stukas, A. A., Haugen, J., & Miene, P. (1998). Understanding and assessing the motivations of volunteers: A functional approach. *Journal of Personality and Social Psychology, 74*, 1516-1530.

Elias, M. J. (2003). *Academic and social-emotional learning, Educational Practices Booklet*, #11. Geneva: International Academy of Education and the International Bureau of Education (UNESCO)

古市 憲寿（2011）．絶望の国の幸福な若者たち　講談社

Geboers, E., Geijsel, F., Admiraal, W., Jorgensen, T., & ten Dam, G. (2015). Citizenship development of adolescents during the lower grades of secondary education. *Journal of Adolescence, 45*, 89-97.

van Goethem, A. A., van Hoof, A., van Aken, M. A., de Castro, B. O., & Raaijmakers, Q. A. (2014). Socialising adolescent volunteering: How important are parents and friends? Age dependent effects of parents and friends on adolescents' volunteering behaviours. *Journal of Applied Developmental Psychology, 35* (2), 94-101.

原田 朱美（2016a）意識高い系，いつから悪口に？　世界不況とSNSが生んだ「炎上」　Retrieved from https://withnews.jp/article/f0160329002qq000000000000000G00110201qq000013178A（2017 年 8 月 29 日）

原田 朱美（2016b）「意識高い系」で失ったもの　ボランティア・政治参加，阻む無力感　Retrieved from https://withnews.jp/article/f0160402003qq000000000000000W03j10101qq000013222A（2017 年 8 月 29 日）

橋本 将志（2013）．日本におけるシティズンシップ教育のゆくえ　早稲田政治公法研究, *101*, 63-76.

Haski-Leventhal, D., Cnaan, R. A., Handy, F., Brudney, J. L., Holmes, K., Hustinx, L., ...Yamauchi, N. (2008). Students' vocational choices and voluntary action: A 12-nation study. *VOLUNTAS: International Journal of Voluntary and Nonprofit Organizations, 19* (1), 1.

Hill, J. P., & den Dulk, K. R. (2013). Religion, volunteering, and educational setting: The effect of youth schooling type on civic engagement. *Journal for the Scientific Study of Religion, 52* (1), 179-197.

角田 豊（1994）．共感経験尺度改訂版（EESR）の作成と共感性の類型化の試み　教育心理学研究, *42*, 193-200.

唐木 清志（2015）．学校教育におけるシティズンシップ教育　唐木 清志・岡田 泰孝・杉浦 真里・川中 大輔（監修）　日本シティズンシップ教育フォーラム（編）　シティズンシップ教育で創る学校の未来（pp. 16-23）　東洋館出版社

菊池 章夫（1988）．思いやりを科学する　川島書店

Kim, J., & Morgül, K. (2017). Long-term consequences of youth volunteering: Voluntary versus involuntary service. *Social Science Research*. Advance online publication. doi.org/10.1016/j.ssresearch.2017.05.002

近藤 孝弘（2013）．揺れる国家と市民性教育　近藤 孝弘（編）　統合ヨーロッパの市民性教育（pp. 1-18）　名古屋大学出版会

河野 荘子（2006）．リスク行動（飲酒・喫煙・家出）　白井 利明（編）　よくわかる青年心理学（pp. 156-157）ミネルヴァ書房

Liem, G. A. D., Chua, B. L., Seng, Y. B. G., Kamarolzaman, K., & Cai, E. Y. L. (2017) Social and emotional learning in singapore's schools: Framework, practice, research, and future directions. In E. Frydenberg,

A. Martin, & R. J. Collie（Eds.）, *Social and emotional learning in Australia and the Asia-Pacific*（pp. 187-203）. Singapore: Springer.
Mainar, I. G., Servós, C. M., & Gil, M. I. S.（2015）. Analysis of volunteering among Spanish children and young people: Approximation to their determinants and parental influence. *VOLUNTAS: International Journal of Voluntary and Nonprofit Organizations, 26*, 1360-1390.
Marzana, D., Marta, E., & Pozzi, M.（2012）. Social action in young adults: Voluntary and political engagement. *Journal of adolescence, 35*, 497-507.
松本 正生（2017）. 子どもから大人へ，政治意識と社会化環境—中学生・高校生・有権者調査から　*Voters, 37*, 6-8.
水山 光春（2015）. 世界に広がるシティズンシップ教育　唐木 清志・岡田 泰孝・杉浦 真里・川中 大輔（監修）　日本シティズンシップ教育フォーラム（編）　シティズンシップ教育で創る学校の未来（pp. 24-31）　東洋館出版社
文部科学省（2001）. 社会教育法の一部を改正する法律について（通知）　文部科学省　Retrieved from http://www.mext.go.jp/a_menu/shougai/houshi/hourei/03081203.htm（2018年3月14日）
文部科学省（2016a）. 平成27年度「児童生徒の問題行動等生徒指導上の諸問題に関する調査」（速報値）について　Retrieved from http://www.mext.go.jp/b_menu/houdou/28/10/__icsFiles/afieldfile/2016/10/27/1378692_001.pdf（2017年9月29日）
文部科学省（2016b）. 主権者教育（政治的教養の教育）実施状況調査について　Retrieved from http://www.mext.go.jp/component/a_menu/education/detail/__icsFiles/afieldfile/2016/06/14/1372377_02_1.pdf（2017年8月29日）
森田 洋司（2010）. いじめとは何か　中央公論新社
村尾 勝利（2015）. 東京都品川区における取組　唐木 清志・岡田 泰孝・杉浦 真里・川中 大輔（監修）　日本シティズンシップ教育フォーラム（編）　シティズンシップ教育で創る学校の未来（pp. 50-57）　東洋館出版社
内閣府（2000）. 青少年の社会参加に関する世論調査　Retrieved from http://survey.gov-online.go.jp/h02/H02-06-02-03.html（2017年8月31日）
内閣府（2014）. 我が国と諸外国の若者の意識に関する調査（平成25年度）　Retrieved from http://www8.cao.go.jp/youth/kenkyu/thinking/h25/pdf_index.html（2017年8月29日）
内閣府（2017）. 平成28年度市民の社会貢献に関する実態調査　Retrieved from https://www.npo-homepage.go.jp/toukei/shiminkouken-chousa/2016shiminkouken-chousa（2018年2月26日）
成田 健一・下仲 順子・中里 克治・河井 千恵子・佐藤 眞一・長田 由紀子（1995）. 特性的自己効力感尺度の検討—生涯発達的利用の可能性を探る—　教育心理学研究, *43*, 306-314.
日本弁護士連合会（2016）. 主権者教育における弁護士・弁護士会の役割—立憲民主主義を担う「市民」が育つために—　星野精版印刷
日本学生支援機構（2005）. 大学等におけるボランティア情報の収集・提供の体制等に関する調査報告書（平成16年度）【調査結果の概要】　Retrieved from http://www.jasso.go.jp/sp/about/statistics/volunteer/__icsFiles/afieldfile/2015/10/09/taiseihoukoku_05.pdf（2017年8月31日）
日本学生支援機構（2009）. 大学等におけるボランティア活動の推進と環境に関する調査結果について　概要　Retrieved from http://www.jasso.go.jp/sp/about/statistics/volunteer/__icsFiles/afieldfile/2015/10/09/summary.pdf（2017年8月31日）
日本青少年研究所（2009）中学生・高校生の生活と意識—日本・アメリカ・中国・韓国の比較—　Retrieved from http://www1.odn.ne.jp/youth-study/reserch/2009/tanjyun.pdf（2017年8月29日）
Quintelier, E.（2015）. Engaging adolescents in politics: The longitudinal effect of political socialization agents. *Youth & Society, 47*, 51-69.
桜井 政成（2002）. 複数動機アプローチによるボランティア参加動機構造の分析—京都市域のボランティアを対象とした調査より—　ノンプロフィット・レビュー, *2*, 111-122.
佐藤 慎司・熊谷 由理（2011）. 社会参加をめざす日本語教育—社会に関わる，つながる，働きかける—　ひつじ書房
関 篤志・瀧上 竣介・盛 裕志・横山 朗（2015）. 若者の主権者教育の効果—18歳選挙権の実現をにらんで—　ISFJ日本政策学生会議「政策フォーラム2015」発表論文
総務省（2012）. 平成23年社会生活基本調査 生活行動に関する結果 要約　総務省　Retrieved from http://

www.stat.go.jp/data/shakai/2011/pdf/houdou.pdf（2018年3月14日）
総務省（2016）．18歳選挙権に関する意識調査報告書　Retrieved from http://www.soumu.go.jp/main_content/000457171.pdf（2017年8月29日）
武 寛子（2012）．中学校教師のグローバル・シティズンシップ教育観に関する研究　学文社
谷田（松﨑）勇人（2015）．大学生の地域社会への責任感尺度の作成　日本教育工学会論文誌, 39, 31-40.
Torrente, C., Alimchandani, A., & Aber, J. L.（2015）. International perspectives on SEL. In J. A. Durlak, C. E. Domitrovich, R. P. Weissberg, & T. P. Gullotta (Eds.), *Handbook of social and emotional learning: Research and practice*（pp. 566-587）. New York: Guilford.
津止 正敏・桜井 政成（2009）．学校教育とボランティア活動を巡って—本書の論点整理　桜井 政成・津止 正敏（編）　ボランティア教育の新平地—サービスラーニングの原理と実践—（pp. 1-17）　ミネルヴァ書房
World Values Survey Association（2015）. World values survey wave 6 2010-2014 official aggregate v.20150418. Aggregate File Producer: Asep/JDS, Madrid SPAIN.
山田 一隆（2016）．米国高等教育におけるサービスラーニング—市民学習と学習成果をめぐる政策と評価枠組の概観—　政策科学, 23, 113-136.

生き方と生きがい

　生きていることはあたりまえのことであり，普段そのことを強く意識することはあまりありません。しかし，人はただ「生きている」だけでは満足できず，自分の生き方を模索し，生きがいを求めます。「生きている」ことはできても，「生きていく」ことは難しいのかもしれません。生きることは一歩一歩死に向かうことです。それでも，人は「生きていく」。「生きていく」とはどういうことか，様々な観点から考えていきましょう。

L-1 生き方と生きがい
★知る
高坂康雅

　青年期になると，身体の変化に対する戸惑い，学業や友人関係，恋愛などに関する悩み，自分の将来に対する不安などを抱きやすくなる。その中で，青年はふと「自分は一体，何のために生まれ，生きているのだろう」という漠然とした問いに囚われることがあり（浜田, 1993），生きるということはどういうことなのかと深く考え，問い直す者もいるのである。

1. 生きることの価値

　自分の人生を考える上で，自分が何を重視しているかを把握することは重要であり，また，何を重視しているかによって，その人の生き方も変わってくると考えられる。

　Spranger（1914/1961）は，人が何を重視して生きるかの基盤となる価値を6つに類型化している。それは，(1) 理論型：真理や客観的認識，普遍的認識に価値を置く生き方，(2) 経済型：利得や損得など，経済性・効用性に価値を置く生き方，(3) 審美型：美しいものに価値を置く生き方，(4) 社会型：他者への献身・貢献のような人間愛・人との関わりに価値を置く生き方，(5) 権力型：他者を支配すること，他者より優位に立つことなど，権力的な意志や他者の支配に価値を置く生き方，(6) 宗教型：心の安定を求め，敬虔，献身，（神などへの）愛と奉仕などに価値を置く生き方，である。

　また，Morris（1956）は，人生の生き方に関して13の基本的な「生きる道」（中庸・秩序，内閉・自足，共感・愛，享楽・解放，参加・協同，行動・努力，多様・統合，安楽・快適，受容・静観，克己・厳格，瞑想・内面，活動・征服，献身・奉仕；梶田, 1990）を示している。

2. Fromm の存在様式

　Fromm（1976/1977）は，人の生き方（**存在様式**）として to have（もつこと）と to be（あること）の2つをあげている。to have は，（広義の）財産を取得し，それを守ることに主眼をおく生き方であり，「私が X を所有することによって私を定義すること」，「私は X を持つがゆえに私である」という自己定義をすることを意味している。そのため，to have 的な生き方を重視している

者は，お金や財産，知識，地位，権力，人気などをより多く所有しようとする。対して，to be は，能動性とそれに伴って生じる運動，思考，過程，経験，成長，変化などの中に自己を見出す存在様式である。そのため，to be 的な生き方をする者は「能動性の主体が私自身である」「〇〇を経験し，××を感じた者こそ私である」という自己定義を行う。また，to be 的な生き方をする者は，自分自身を十全に記述できないのと同じように，他者も記述することができないことを理解しているため，他者と比較したり，競い合ったりせず，共感し，信頼し合うことができるとされている。

　落合（2002）は，これら 2 つの生き方（存在様式）に加え，to give（与えること）という存在様式を提示している。これは，他者に与える，貢献することに自己を見出し，充実感を得る生き方である。他者の生活を豊かにするような知恵，他者そのものを無条件で受容する愛も，to give 的な生き方から生じるものである。その際，自分の時間やお金，労力などが失われることもあるが，それ以上に他者に与えることを重視するため，忘我的・無我的な生き方であるともいえる。

　人は，これら 3 つの生き方（存在様式）のいずれか 1 つで生きているわけではなく，これらの 3 つを組み合わせて生きていると考えられる。特に青年期では，to have 的生き方から to be 的な生き方へと比重が移っていき，成人期以降になると to give 的生き方が主になってくると考えられる。

3. 生きがいと生きがい感

　人が生きている中で，自分の存在意義を考える上で欠くことのできないものであり，それを獲得・達成することで充実感が得られる対象を**生きがい**と呼び，その生きがいを獲得・達成することによって生じる充実感や幸福感を**生きがい感**と呼ぶ。

　神谷（1966）は，人には生きがいに関わる 7 つの欲求（生存充実感への欲求，変化への欲求，未来性への欲求，反響への欲求，自由への欲求，自己実現への欲求，意味と価値への欲求）があり，それぞれが重視する欲求が満たされたときに生きがい感が生じるとしている。また山野（1999）は，生きがい感を得るには，生きがいの対象・目標の設定とそれに向けた挑戦・努力，励みや支えとなる人間関係が必要になると述べている。

L-2 青年期を通した生き方の変化
★変わる

髙坂康雅

1. 自由の獲得

　青年は青年期を通して，子どもから大人へと変わっていく。何をもって子どもとし，何をもって大人とするかは，きわめて難しい問題ではあるが，ちょっとしたきっかけや経験を通して，青年は「自分はもう子どもではないんだ」「自分はもう大人なんだ」と感じることがある。

　白井（2006）は大学生の「子どもでなくなったきっかけ」と「大人になったきっかけ」に関する報告を，図 L-2-1 のようにまとめている。中学生，高校生，大学生と学校段階が上がるにつれて（あるいは年齢が上がるにつれて），選挙権などの権利が与えられる。また，子ども時代は親からいわれた通りにしていたが，そこに矛盾を感じ，徐々に対等に関わり，親から頼られるようにもなってくる。学校だけではなく，友人関係や恋愛関係，アルバイト，部活・サークルなど，自分と関わる他者や世界も広がっていく。そして，それに伴って，子どもらしさが失われていき，また子どもらしさを示すことに抵抗や恥ずかしさも

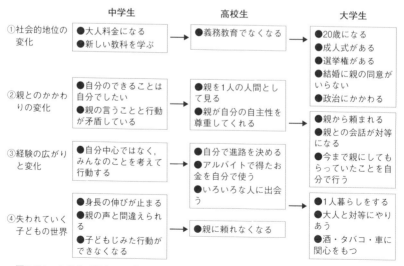

図 L-2-1　大学生が報告した「子どもでなくなったきっかけ」と「大人になったきっかけ」
（白井, 2006 より作成）

感じるようになっていく。

　このような変化を端的に表せば，「**自由の獲得**」といえるであろう。親や学校，社会から保護されると同時に，指示・支配されてきた子ども時代を抜け，自分のやりたいことをやるという自主性を獲得していく。その過程で，様々な経験をし，たくさんの人と出会うことで，世界も広がっていく。しかし，自由とは好き勝手にやっていいということではない。自由は「自らに由（依）る」，つまり，自分が頼るべきものは自分だけであり，自分の行動の結果は自分の責任となるということである。大人による支配から脱し，空高く羽ばたこうとする青年の足には，責任という重りがついているのである。そのバランスをうまくとれるようになるために，青年は，時には誤った行動をしたりして試行錯誤を繰り返すのである。

2. 生き方を見通す―女性のライフコース―

　女性の大学進学率の高まりや社会進出の増加によって，大学など高等教育とその後の就職という流れは，以前ほど男女で違いがみられなくなった。一方，大学卒業後をみると，女性の場合，結婚・妊娠・出産・子育てなどのライフイベントによって，仕事を継続するか辞めるか，また，復帰するか専業主婦となるかなどの選択を求められることが多い。

　国立社会保障・人口問題研究所（2017）が未婚者を対象に行った調査では，20～24歳の女性のうち，結婚か出産の機会に一度退職し，その後復帰する再就職コースを希望する者が36.6％と最も多く，次いで結婚し子どもを持つが，仕事も続ける両立コースが32.6％，結婚か出産の機会に退職し再就職しない専業主婦コースが19.5％と続いている。一方，予定するライフコースでは，再就職コースは34.8％，両立コースは29.8％であり，これらは希望とあまりかわらないが，専業主婦コースは8.7％に減る。結婚せずに働き続ける非婚就業コースでは，希望が5.0％であったのに対し，予定は17.5％に増加する。女性はこれからのライフコースについて，仕事やパートナー，あるいは社会環境と調整しながら，選択を迫られるのである。

　ちなみに，このような質問は男性には行われていない。男性は，結婚やパートナーの出産を機に，仕事を辞めることが少なく，育児休暇の取得率も低いままである。しかし，男性にとっても，これらは大きなライフイベントであり，結婚や子育てにより働き方について問い直しが行われるのである。

L-3 日本の青年と海外の青年の価値観の違い

★比べる

髙坂康雅

　日本の青年と海外の青年を比較する場合，日本とその国との間には，人種，宗教，歴史，気候風土，文化，言語，識字率，進学率，経済状況，政治形態，戦争・紛争の有無など，多種多様な差異がある。その差異は，その国々の人々の生き方や価値観・人生観などに多大な影響を，多層的に及ぼしており，何らかの得点の差異を1つの要因に帰結することは難しい。しかし，日本と他の国とを何らかの点で比較することは，他国の青年を知り，日本の青年を理解する上で，一定の意味があると考えられる。

　日本を含む世界各国の価値観を把握する調査として，世界価値観調査（World Values Survey）がある。世界価値観調査は1981年から5年おきに行われている世界的な調査であり，その内容は，政治・経済・労働・宗教・家族・社会・環境・国際問題など多岐にわたる（山﨑，2016）。2010年から2014年に行われた第6回（wave 6）の対象は60の国・地域の18歳以上の者である。この調査の中に，Schwartz（2012）に基づいた「人生で大切なこと」に関する設問がある。「人生で大切なこと」について「○○を大切にする人」という項目が10項目用意され，それぞれについて「まさに自分のようだ（Very much like me）」から「まったく自分とは違う（Not at all like me）」の6件法で回答が求められている。

　図L-3-1には，この設問のうち5つの項目について，日本・アメリカ・中国・スウェーデン・インドの5ヶ国の18～29歳の対象者の平均値を示した（World Values Survey, 2014）。これをみると，日本の青年はいずれの項目についても高く評価していることが読み取れる。特に「冒険し，リスクを冒すこと，刺激のある生活が大切な人」や「社会の利益のために何かするということが大切な人」「伝統や，宗教や家族によって受け継がれてきた習慣に従うことが大切な人」は，他の4ヶ国よりも1点ほど高くなっている。またスウェーデンも「冒険し，リスクを冒すこと，刺激のある生活が大切な人」以外の4項目では，日本に次いで高い値を示している。「裕福で，お金と高価な品物をたくさん持つことが大切な人」についてはアメリカも高い値を示している一方，中国は最

も低い値となっている。インドは全体的に低い値を示しているが，特に「社会の利益のために何かするということが大切な人」や「伝統や，宗教や家族によって受け継がれてきた習慣に従うこと」は低くなっている。

これらの結果は，普段日本人が他の国の人々に抱くイメージとは異なっているようにみえる。「冒険し，リスクを冒すようなこと，刺激のある生活が大切な人」はアメリカで高い値を示すようなイメージがあるかもしれないが，日本人がこの5ヶ国のなかでは最も高いというのは意外かもしれない。もちろん項目内容や翻訳，それぞれの言語がもつ含意などが影響している可能性もある。しかし，このような調査結果は，単純に日本人はこういう人たち，アメリカ人はこういう人たちと，決めつけることはできないことを示唆している。

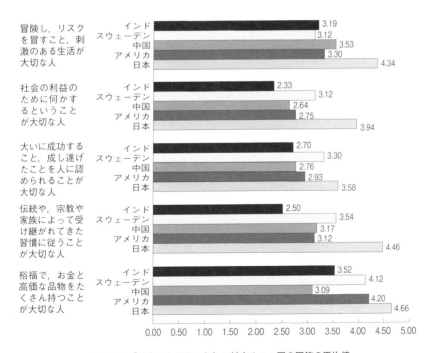

図 L-3-1 「人生で大切なこと」に対する5ヶ国の回答の平均値
(World Values Survey, 2014 より作成)

L-4 青年の生き方に影響を及ぼす要因
★取り巻く

髙坂康雅

1. 社会的・時代的な要因の影響

　青年の生き方や価値観に影響を及ぼしている要因は数多くあると考えられる。例えば、近年ではインターネットや携帯電話・スマートフォンが普及している。また、動画サイトのアフィリエイト（広告）収入やデイトレードなどで短時間で大金を得る者も出てきている。このような**高度情報通信社会**において、即時性・効率性が高まり、それに伴って生き方や価値観も変化すると考えられる。

　また、"**失われた 20 年**"と呼ばれる長い経済の低迷と実感の得られない景気の上昇、年功序列と終身雇用という安定的なキャリア形成の基盤となっていた日本独自の制度の崩壊、政治に対する不信感など、政治・経済的な状況の変化も青年の生き方や価値観に影響を及ぼすと考えられる。髙坂（2016）は、自己の内的な動機に基づいた自己探求ではなく、周囲との同調・協調に主眼を置き、「周囲から後れをとらないこと」「今よりもマイナスにならないこと」「安心・安定・安全」などを重視する青年を表す概念として「**リスク回避型モラトリアム**」を提唱している。このリスク回避型モラトリアムという青年期の過ごし方も、現代社会の状況を反映した、青年の生き方に関する1つの選択であると考えられる。

　秋葉ら（1995）は、Sprangerの価値類型（L-1 参照）をもとに作成された**オルポート・ヴァーノン価値テスト**を 15 歳から 25 歳までの青年を対象に実施し（1992～1993 年実施）、津留（1975）の調査結果（1972 年実施）と比較している。その結果、大学生では、「理論的価値」や「経済的価値」が重視されるようになっている一方、「審美的価値」や「社会的価値」は重視されなくなっていることを示している。この結果について秋葉ら（1995）は、効用性・経済性の重視と心理や普遍的認識の追求というような個人的・現実的なものに価値を見出す傾向は、1972 年から 1992 年の 20 年間で**個人主義（ミーイズム）**の傾向が進行したことを示していると考察している。秋葉ら（1995）の調査が行われてすでに 25 年が経過している。改めて同様の調査を実施することで、青年の価値観の変化とそれに影響を及ぼす時代的・社会的要因が検討されることを期待する。

2. ライフイベントの影響

　生き方や価値観は，青年期（あるいはそれ以前）に確立して，それ以降変化しないわけではなく，加齢や社会的な状況の変化などによって，生き方は変わり，また変えることを余儀なくされることも少なくない。

　高井（2008）は，60歳以上の男女を対象に，人生観が変化した年齢について検討している。その結果，男性では30代と50代に，女性では20代と50代に，人生観の変化を経験している者が多かった（図L-4-1）。男性の場合，30代は仕事上の責任が高まる一方，結婚や子どもの誕生などによって，自分中心・仕事中心から，仕事と家庭のバランス（**ワーク・ライフ・バランス**）の転換が求められる時期でもある。50代では定年退職がテーマになり，定年後の生活や趣味などの準備が始まるとされている。女性の場合，20代は結婚・出産が大きな転機となっている。男性とは異なり，女性は結婚によって名字が変わる場合が多く，結婚・出産を機に離職・引っ越しをすることもあり，これまで形成してきたアイデンティティが大きく揺らぐ時期でもある。また50代になると，子育てが一段落したことにより，自分の仕事や趣味に関心を向け直したり，老後の生活について考えたりすることもある。また，閉経などにより心身のバランスが崩れやすい時期でもある。

　青年期を通して，自分なりの生き方や価値観を見出したとしても，このようなライフイベントによって，生き方や価値観の問い直しや変化が求められる。さらに時代的・社会的状況も重なることにより，生き方や価値観は生涯にわたって変化していくものであるといえるのである。

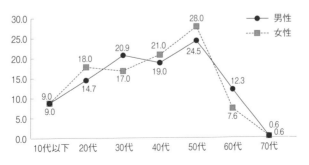

図 L-4-1　人生観が変化した年齢段階（高井，2008 より作成）

L-5 青年期の無気力と非社会的行動
★陥る

髙坂康雅

1. 青年期の無気力

　青年期の無気力に関しては，青年の特徴として「四無主義（無気力，無感動，無関心，無責任）や**スチューデント・アパシー**（笠原，1977）などとして指摘されて久しい。**無気力**とは，物事に積極的に取り組もうとする意欲・やる気が一定期間損なわれた状態であり，必ずしも青年期だけに生じるものではない。しかし，思春期・青年期は，脳が発達途上にあり，動機づけ回路が不安定で不活性の状態になりやすく，また，ストレスに対する耐性も低いことから，無気力になりやすいことが指摘されている（亀谷，2005）。下坂（2001）は青年期における無気力の発達的変化について検討し，「自己不明瞭」や「疲労感」は中学生や高校生が大学生より高く，「他者不信」は女子において高校生の方が大学生よりも高いことを明らかにしている。ここからも，青年期前・中期の方が無気力であることが示されている。

　無気力のメカニズムの解明は，Seligman（1975）の**学習性無力感**が出発点となっている。何らかの行動をすることにより，自分が望む結果が得られる（随伴性認知）という予測が立たない場合，人は行動を起こさない，つまり無気力になるというものである。またコントロール感や自己効力，自己決定感などによって無気力（あるいはその反対としての動機づけ）を説明しようとするものもある（鎌原，2005）。

　また，**統合失調症**やうつ病，低血糖症など心身の病気の症状の1つとして無気力になることもあり，無気力の原因やメカニズムを明らかにすることは容易ではない。

2. 青年期における非社会的行動—自殺と自傷行為—

　無気力状態に陥ると，様々な社会生活においても不適応になりがちである。中学生や高校生であれば，学力不振や不登校，大学生であれば留年や就職活動の中止，ひきこもり，さらに生きること自体に無気力になってしまうと，**希死念慮**を抱き，実際に**自傷**や自殺行為を行うことにもつながっていく。特に不登校やひきこもり，自殺，自傷行為など，他者との関わりを避け，社会的に孤立

するような行為は，総じて**非社会的行動**と呼ばれる。

　日本は先進国の中でも自殺率が高く，自殺は20代の死因として最も多いとされている。厚生労働省（2017）によると，2016年の自殺者数は21,897名であり，このうち19歳以下は520名，20代は2,235名であり，男性の方が女性よりも約2.5倍多いのも特徴的である。自殺の原因・動機としては，19歳以下では「学校問題」（30.6％）が最も多く，20代では「健康問題」（32.4％）が最も多くなっている。

　Maltsberger（1986）は自殺の危険性が高まっている者の感情状態として，孤立感，無価値感，怒りをあげている。自分は誰からも必要とされていない，誰も助けてくれないという状態が，人を自殺へと駆り立てると考えられる。

　自殺は自殺意図を有するものであるが，自傷行為は「自殺意図を持たず，直接的に体を傷つける行為」（加藤，2017）であるとされている。具体的には，手首や腕，脚を刃物で切る**リストカット**や，薬物を過剰に服用する**オーバードーズ**，手首や腕を自分で噛む行為，タバコや熱湯などで火傷をつくる行為などが含まれる。岡田ら（2010）は中学生を対象に自傷行為経験について調査を実施し，「切る自傷」の経験率は男子で2.1％，女子で3.5％であり，学年が上がるほどその経験率が上がることを明らかにしている。また，阿江ら（2012）が16～29歳を対象に行った調査では，男子の3.0％，女子の15.7％が自傷行為を経験していることが示されている。このように青年期の自傷行為は男子よりも女子の方が相対的に多いことが明らかになっており，自殺とは対照的である。

　自傷行為については，傷を他者にみせたり，その写真をSNS上にアップしたりする者もいるため，他者からの注目を集めるための行為として捉えられることがある。しかし，松本（2016）は「自傷の本質は，周囲へのアピールではなく，むしろその反対に，困難や苦痛を孤独に解決しようとする点にある」と述べている。困難や苦痛を解決するために他者を頼れるのであれば，自傷はしないのであり，自傷しなければならない者は，それだけ社会から孤立しているといえる。このような自傷行為の背景には，「生きたい」「社会とつながりたい」という思いがある。このような思いを汲み取り，生きる意欲を取り戻すかが，非社会的行動をする者の支援に課題となってくるのである。

L-6 青年に対するカウンセリング
★支える

増淵裕子

1. 青年期の悩み

青年期は，2次性徴の発現に始まり，他者や社会との関わりを通してアイデンティティを形成していく，身体的にも心理的にも変化の大きい時期である。それゆえに，友人関係や恋愛，自分自身の性格や進路など，様々なことに悩み，不安定になりやすい時期でもある。横田ら（2011）によると，大学生の悩みは「卒業後の進路」「就職活動」という進路の悩みが上位であり，次いで「単位取得・卒業」「学業・研究の進め方」という学業の悩み，その後に，対人関係，経済面，健康面での悩みの順となっている（図L-6-1）。

2. 青年期に生じやすい問題と病気

青年期に生じやすい問題や病気として，不登校，ひきこもり，いじめ，非行などの問題や，統合失調症，うつ病，摂食障害，対人恐怖（社会不安障害），強迫性障害，発達障害，パーソナリティ障害などの病気・障害があげられる。

なお，**発達障害**（ADHD，LD，自閉症スペクトラム障害など）は青年期のみに生じる障害ではなく，生得的にみられるものであるが，進学や就職活動，就労へと自己管理が必要な場面が増える中で，障害の特性ゆえの困難（ミスが多い，スケジュール管理がうまくできない，コミュニケーションが苦手など）に直面

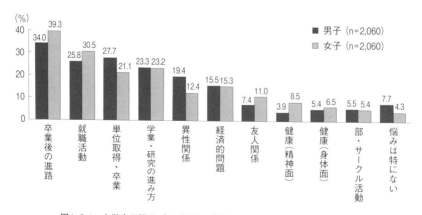

図L-6-1　大学生の悩み（2つ以上で選択したもの）（横田ら，2011より作成）

し，学校生活や仕事がうまくいかず，心身に不調をきたす青年も増えている。

　このように，青年期に生じやすい問題や病気は多岐にわたるため，青年期一般にみられるような一時的な不安定であるのか，病気の可能性があるのか，生得的な特性に由来するのかといった点を適切にアセスメントし，それぞれの状態や問題に応じた支援をすることが重要である。

3. 青年に対するカウンセリングや支援の場

　青年に対するカウンセリングの場としては，学校の**スクールカウンセラー**，市区町村の教育相談所，大学の学生相談室，医療機関，民間のカウンセリング機関等が挙げられる。また，子ども・若者総合相談センター（30歳代頃までの子ども・若者とその家族等を対象），地域若者サポートステーション（15〜39歳までの若者の就労支援機関）や，地域の精神保健福祉センターならびに保健所（思春期青年期相談やひきこもり相談）等でも，相談や支援を実施している。

4. 青年に対するカウンセリングのポイント

　上述のように，青年のカウンセリングにおいては，まず，アセスメントの力が求められる。そのためには，青年期が発達心理学的にどのような時期にあるかについての理解と同時に，青年期の問題や病気についての知識が必要である。そして，対応にあたっては，カウンセリングの基本である受容，共感はもちろん大切であるが，それだけにとどまらず，必要に応じて，具体的・現実的支援，発達促進的支援をしていくことが重要である。例えば，日常生活や対人関係のスキル向上の支援，学校生活を円滑に送るための具体的提案や調整，就労に向けての具体的支援，医療機関などの関係機関につなげる，といったことである。徳田（2003）は，関係育成的支援（個人間交流の支援）と内省促進的支援（個人の内面の成長の支援）の両方が重要であることを指摘している。また，李（2011）は，思春期のクライエントに対するカウンセリングの工夫として，心理的問題を意識化・言語化させることにこだわらず，クライエントが興味を持っている話題で雑談をする，クライエントが興味を持っていることを一緒にする（スポーツやゲーム），非言語的手段を用いる（絵画療法や箱庭療法）などが有効であることや，クライエントの試行錯誤を尊重する姿勢が重要であることを述べている。

　このように，青年のカウンセリングでは，その青年が生き生きと自分らしく生活を送れるよう，柔軟な姿勢で発達を支援することが求められるのである。

L-7　生きる意味への問い経験尺度

★測る

増淵裕子

　青年の生き方（人生観，生きがいなど）を検討することは，アイデンティティ形成が重要課題となる青年期の発達をみる上でも，学校や社会，職場などへの適応や精神的健康をみる上でも重要である。青年の生き方を測定する尺度として，生きがい感スケール（近藤・鎌田，1998），充実感尺度（大野，1984），主観的幸福感尺度（伊藤ら，2003）などがあげられる。

　ここでは，青年の生き方に関する尺度の1つとして，生きる意味への問い経験尺度（亀田，2015）を取り上げる（表L-7-1）。この尺度は，人間全般や自分が生きていくことに対する問いかけを**「生きる意味への問い」**とし，生きる意味への問い経験の頻度を測定するものである。従来から，生きがい感を測定する尺度として，Purpose-in-Life（PIL）テストがあるが，PILテストは，生きる意味への問いの「答え」に関する考え方や感情を測定しており，生きる意味への問いを経験するかどうか自体や，その経験の頻度は測定できない。しかし，生きる意味への問いの「答え」だけでなく，生きる意味を問うこと自体に発達的意味があるのではないかという見地から開発された尺度である。

　尺度作成にあたっては，心理学者，哲学者，作家などが青年期に近い時期に生きる意味に関する個人的な体験を記述した文章から項目を収集し，大学生336名に調査を行い，因子分析により3下位尺度26項目からなる尺度を構成した。下位尺度は，「人生の価値の懐疑」（「生きることは無駄な努力なのでは」など，人生全体の価値を疑う内容），「人生の目的への問い」（「私は何の職業に就くべきか？」など，自分の人生の進路や目標を問う内容），「存在の根拠への問い」（「私の人生は，個人の枠を超えた宇宙の計画に含まれているのではないか」など，存在自体の根拠を問い直す内容）の3つである。亀田（2015）における各下位尺度の合計得点の平均値と SD は，「人生の価値の懐疑」は16.49（SD=7.71），「人生の目的への問い」は25.07（7.94），「存在の根拠への問い」は10.56（4.60）。Cronbachの α 係数は順に，.90，.86，.80となっている。

　他の尺度との関連として，「人生の価値の懐疑」「人生の目的への問い」とPILテストとの間に負の相関，5因子性格特性とは，「人生の価値の懐疑」「人

生の目的への問い」と神経症傾向との間に正の相関,「人生の価値の懐疑」と外向性との間に負の相関が得られている。また,「人生の価値の懐疑」「人生の目的への問い」はアイデンティティと負の相関がみられている。

表 L-7-1　生きる意味への問い経験尺度 （亀田, 2015 より作成）

【質問】過去6ヶ月以内に以下の問いを考えたことがありますか。

	全くことがない考えた	一度ことがある考えた	少しことがある考えた	よくことがある考えた	とてもことがある考えた
1 生きていることは無駄な努力なのでは？	1	2	3	4	5
2 私は何の職業に就くべきか？	1	2	3	4	5
3 私の人生は,個人の枠を超えた宇宙の計画に含まれているのではないか？	1	2	3	4	5
4 私の人生は生きるに値するのか？	1	2	3	4	5
5 私はこの人生で,何をすべきなのか？	1	2	3	4	5
6 私が生まれたのは単なる偶然ではなく,何らかの使命が与えられているのでは？	1	2	3	4	5
7 誰にとっても,生きることには何の価値もないのではないか？	1	2	3	4	5
8 どのようにすれば,私の人生を価値あるものにできるか？	1	2	3	4	5
9 何の努力をしなくても私は存在するだけで素晴らしいのではないか？	1	2	3	4	5
10 私は,たとえ何か大きなことをしても,生きている意味はないのでは？	1	2	3	4	5
11 本当の友達はどのようなものなのか？	1	2	3	4	5
12 存在することそのものが奇跡ではないか？	1	2	3	4	5
13 頑張っても頑張らなくても私の人生はたいして変わらないのでは？	1	2	3	4	5
14 私は何を目標に生きていこうか？	1	2	3	4	5
15 私が宇宙全体にとって,いなくてはならない理由は何か？	1	2	3	4	5
16 なぜ苦しくても,私が生き続けなければならないのだろうか？	1	2	3	4	5
17 私は身近な人々にとって何をしてあげられるのか？	1	2	3	4	5
18 私が死んだらこの世界は消えてしまうのか,このまま残るのか？	1	2	3	4	5
19 私は,ずっと生きていて,何かいいことがあるのだろうか？	1	2	3	4	5
20 本当の私とは何か？	1	2	3	4	5
21 私の命より大切なものがあるのか？	1	2	3	4	5
22 なぜ自殺してはいけないのか？	1	2	3	4	5
23 この世に生まれてきたからには,何かするべきことがあるのでは？	1	2	3	4	5
24 なぜ人類を生き延びさせなければならないのか？	1	2	3	4	5
25 どのような人が私の理想の結婚相手なのか？	1	2	3	4	5
26 価値あることなど何もないのでは？	1	2	3	4	5

人生の価値への懐疑　1( )+4( )+7( )+10( )+13( )+16( )+19( )+22( )+24( )+26( ) =
人生の目的への問い　2( )+5( )+8( )+11( )+14( )+17( )+20( )+23( )+25( ) =
存在の根拠への問い　3( )+6( )+9( )+12( )+15( )+18( )+21( ) =

■ 引用文献

阿江 竜介・中村 好一・坪井 聡・古城 隆雄・吉田 穂波・北村 邦夫 (2012). わが国における自傷行為の実態 日本公衆衛生雑誌, 59, 665-674.

秋葉 英則・鳥山 平三・曽我 祥子・白井 利明・瀧野 揚三・伊藤 美奈子・栃尾 順子・中村 淳子・橋本 茂美 (1995). 現代青年の価値観と生活意識の変貌 秋葉 英則 (編) 現代青年の行動様式と価値観 (pp. 1-84) フォーラム・A

Fromm, E. (1976). To have or to be? New York: Harper & Row. (フロム, E. 佐野 哲郎 (訳) (1977). 生きるということ 紀伊國屋書店)

浜田 寿美男 (1993). 発達心理学再考のための序説 ミネルヴァ書房

伊藤 裕子・相良 順子・池田 政子・川浦 康至 (2003). 主観的幸福感尺度の作成と信頼性・妥当性の検討 心理学研究, 74, 276-281.

梶田 叡一 (1990). 生き方の心理学 有斐閣

鎌原 雅彦 (2005). 無気力とは―動機づけ心理学から― 大芦 治・鎌原 雅彦 (編) シリーズ荒れる青少年の心 無気力な青少年の心―無気力の心理 発達臨床心理学的考察 (pp. 16-28) 北大路書房

亀田 研 (2015). 青年期における生きる意味への問い経験尺度の作成―生きがい感,性格特性,アイデンティティの感覚との関連から― 青年心理学研究, 26, 147-157.

亀谷 秀樹 (2005). 無気力とは―生理心理学から― 大芦 治・鎌原 雅彦 (編) シリーズ荒れる青少年の心 無気力な青少年の心―無気力の心理 発達臨床心理学的考察 (pp. 44-57) 北大路書房

神谷 美恵子 (1966). 生きがいについて みすず書房

笠原 嘉 (1977). 青年期 中央公論社

加藤 弘通 (2017). 青年期の社会不適応 髙坂 康雅・池田 幸恭・三好 昭子 (編) レクチャー青年心理学―学んでほしい・教えてほしい青年心理学の15のテーマ― (pp. 219-234) 風間書房

国立社会保障・人口問題研究所 (2012). 平成22年わが国独身層の結婚観と家族観―第14回出生動向基本調査― 厚生労働統計協会

近藤 勉・鎌田 次郎 (1998). 現代大学生の生きがい感とスケール作成 健康心理学研究, 11, 73-82.

髙坂 康雅 (2016). 大学生活の重点からみた現代青年のモラトリアムの様相:「リスク回避型モラトリアム」の概念提起 発達心理学研究, 27, 221-231.

厚生労働省 (2017). 平成28年中における自殺の状況 Retrieved from http://www.mhlw.go.jp/file/06-Seisakujouhou-12200000-Shakaiengokyokushougaihokenfukushibu/h28kakutei_1.pdf (2017年10月6日)

Maltsberger, J. T. (1986). Suicide risk: The formulation of clinical judgment. New York: New York University Press. (マルツバーガー, J. T. 髙橋 祥友 (訳) 自殺の精神分析―臨床的判断の精神力動的定式化― 星和書店)

松本 俊彦 (2016). アディクションとしての自傷 松本 俊彦 (編) やさしいみんなのアディクション 臨床心理学増刊, 8, 170-171.

Morris, C. (1956). Varieties of human values. Chicago, IL: The University of Chicago Press.

落合 良行 (2002). 自分を生きる 落合 良行・伊藤 裕子・齊藤 誠一 (編) ベーシック現代心理学4 青年の心理学 改訂版 (pp. 247-262) 有斐閣

岡田 涼・谷 伊織・大西 将史・中島 俊思・宮地 泰士・藤田 知加子・望月 直人・大西 彩子・松岡 弥玲・辻井 正次 (2010). 中学生における自傷行為の経験率―単一市内における全数調査から― 精神医学, 52, 1209-1212.

大野 久 (1984). 現代青年の充実感に関する一研究―現代日本青年の心情モデルについての検討― 教育心理学研究, 32, 100-109.

李 敏子 (2011). ファーストステップ心理的援助―子どものプレイセラピーから思春期の面接まで― 創元社

Schwartz, S. H. (2012). An overview of the Schwartz theory of basic values. Online Readings in Psychology and Culture, 2, 1-20.

Seligman, M. E. P. (1975). Helplessness: On depression, development, and death. San Francisco, CA: W. H. Freeman.

下坂 剛 (2001). 青年期の各学校段階における無気力感の検討 教育心理学研究, 49, 305-313.

白井 利明 (2006). 青年期はいつか 白井 利明 (編) よくわかる青年心理学 (pp. 4-5) ミネルヴァ書房

Spranger, E. (1922). Lebensformen. Berlin: Max Niemeyer Verlag. (シュプランガー, E. 伊勢田 燿子 (訳) (1961). 文化と性格の諸類型 I・II 明治図書)

高井 範子（2008）.「人生観の変化」に関する研究―老年期の自由記述分析から― 日本発達心理学会第19回大会発表論文集, 570.
徳田 仁子（2003）. 学校臨床における見立て・アセスメント 伊藤 美奈子・平野 直己（編） 学校臨床心理学・入門―スクールカウンセラーによる実践の知恵― (pp. 61-83) 有斐閣
津留 宏・坂田 一・原谷 達夫・返田 健・秋葉 英則・野辺地 正之・関 峋一・八重島 建二（1975）. 現代青年の価値観と生活様式 依田 新（編） 現代青年の生態―青年心理学Ⅱ― (pp. 31-58) 金子書房
World Values Survey (2014). World values survey wave 6 (2010-2014) (Aggregated documentation) Retrieved from http://www.worldvaluessurvey.org/WVSDocu mentation WV6.jsp (2017年10月3日)
山野 晃（1999）. 事例から見る生きる質の問題としての「生きがい」 人間主義心理学会（編）人間の本質と自己実現 (pp. 239-257) 川島書店
山﨑 聖子（2016）. 世界価値観調査とは 池田 謙一（編）日本人の考え方 世界の人の考え方―世界価値観調査から見えるもの― (pp. 3-35) 勁草書房
横田 直喜・篠原 広樹・森 義博・奥野 哲（2011）.大学生のライフスタイルと将来観―当研究所（明治安田生活福祉研究所）「大学生に関する意識調査」より― クォータリー生活福祉研究, 19, 48-69.

コラム引用文献

ベネッセ教育総合研究所（2008）．子どものICT利用実態調査　Retrieved from http://berd.benesse.jp/ict/research/detail1.php?id=3310（2018年3月7日）

Del Mauro, J., & Williams, D. J. (2013). Children and adolescents' attitudes toward seeking help from professional mental health providers. *International Journal of Advancement of Counseling, 35*, 120-138.

石隈 利紀（1999）．学校心理学―教師・スクールカウンセラー・保護者のチームによる心理教育的援助サービス　誠信書房

久世 敏雄（2000）．青年期とは　久世 敏雄・齋藤 耕二（監修）福富 護・二宮 克美・高木 秀明・大野 久・白井 利明（編）　青年心理学事典（pp.4-5）　福村出版

溝上 慎一（2010）．現代青年期の心理学―適応から自己形成の時代へ　有斐閣

永井 智・新井 邦二郎（2005）．中学生における悩みの相談に関する調査　筑波大学発達臨床心理学研究, *17*, 29-38.

大野 久（2011）．量的研究と質的研究の長短所と補完的折衷：体系的折衷調査法の提案　岩立 志津夫・西野 泰広（編）　発達科学ハンドブック：2　研究法と尺度（pp.174-185）　新曜社

おわりに

　本書を企画した理由は，青年研究・青年期研究の発展と活性化にある。「はじめに」で述べたように，青年心理学は独自の視点，価値観，方法などを通して，独自の発展をしてきた。そのことが現在の青年心理学を確固とした1つの学問領域として位置づけてきた理由である。しかし，それは同時に，他の領域・分野の研究者の参入や連携，共同研究を困難にしてきた要因でもある。実際，青年心理学に関わる研究者の数は減ってきており，日本青年心理学会の会員数も減少の一途をたどっている。

　編者（髙坂）はこのような現状を憂い，青年研究・青年期研究の発展と活性化，そして青年研究・青年期研究を行っている者同士の交流を目的として，2013年度～2015年度の3年間，日本心理学会，日本教育心理学会，日本発達心理学会，日本パーソナリティ心理学会において，「青年心理学の新展開」というシリーズ的シンポジウムを10回開催してきた。あえて日本青年心理学会で行わなかったのも，青年心理学会内に閉じ籠ることなく，他領域・分野の研究者に青年研究・青年期研究の現在を発信したかったためである。シンポジウムの成否はわからないが，このシリーズ的シンポジウムが本書の土台となっている。

　本書の執筆者は，シリーズ的シンポジウム「青年心理学の新展開」に登壇していただいた話題提供者全員（第10回を除く）と指定討論者の一部で構成されている。話題提供者の多くは若手と呼ばれる年代であるが，その分，新たな知見や海外の動向などには敏感である。なかには，専門からやや外れた項目をお願いした場合もあるが，全員に執筆を快諾していただいた。シンポジウムへの登壇も含め，改めて執筆者のみなさまには御礼申し上げる。

　また，ナカニシヤ出版の山本あかね氏には，本書の企画段階から携わっていただいた。12テーマ×7フィールドという，従来の書籍とは異なる構成となっている本書に関わることには大変なご苦労もあったかと思うが，丁寧に編集作業をしていただき，本書の刊行に向けてご尽力いただいた。山本あかね氏をはじめナカニシヤ出版のみなさまには，心より感謝申し上げる。

青年研究・青年期研究が発展・活性化するかは，今後の編者（髙坂）をはじめとする執筆者のみなさまにかかっている。それぞれが他分野・領域の研究者と交流し，研究を協働して進めることが，青年研究・青年期研究の発展・活性化には必要となる。本書がそのような研究発展・活性化の素地となり，また他分野・領域との交流・協働のための「ノード（結節点）」となれれば幸いである。

2018 年 3 月
春一番の吹く町田から
髙坂　康雅

事項索引

あ
愛着　74
アイデンティティ　40, 56
　　──地位　58
　　──の確立　145
　　──のための恋愛　112
　　──理論　44
　　否定的──　64
生きがい　199
　　──感　199
生きる意味への問い　210
意識高い系　186
異質性　95, 98
いじめ　188
1次性徴　3
インターンシップ　162
失われた20年　204
SEL → Social and Emotional Learning
LGBT　7
オーバードーズ　207
オナニー　10
親の離婚　80
オルポート・ヴァーノン価値テスト　204

か
回想展望法　154
拡散　58
学習性無力感　206
学校から仕事への移行　168
葛藤　74
観衆　189
感情教育　31
希死念慮　206
希薄化　98
基本的信頼感　145

客体的自己知覚　39
キャラ　99
キャリア　162
　　──教育　172
　　──探索尺度　174
　　──パス　166
　　──発達　164
gang-group　98
　　──の消失　98
共感性　20
教師‐生徒関係　128
教師認知　130
教師の多忙化　137
凝集性　98
強迫性パーソナリティ傾向　48
共変関係　77
クライエント中心療法　46
クラウド　94
CRAFT　85
クリーク　94
グループワーク　102
形式的操作期　20
月経前症候群　10
結晶作用　112
現実と空想の分化　146
構築的エピソードシミュレーション仮説　149
高度情報通信社会　204
幸福感　94
国際教員指導環境調査　133
こころの文化差　114
5次元モデル　60
個人主義　204
コミットメント　58
コミュニケーションスキル　102

混乱　57

さ
サービスラーニング　181
3次元モデル　60
自慰行為　10
自我理想　94
時間的展望　41, 144
　　──体験尺度　156
　　──の拡大　146
　　──の現実性　148
　　──療法　154
　　ジンバルド──尺度　147
　　ネガティブな──　152
　　バランスのとれた──　151
自己
　　義務──　41, 47
　　現実──　46
　　──愛的対象選択　92, 95
　　──意識　38
　　　公的──　48
　　　──的感情　39
　　　私的──　48
　　思考の──中心性　20
　　──関与性　13
　　──形成　40
　　──決定性　104
　　──決定理論　104
　　──嫌悪感　25
　　──像　38
　　──内省　25
　　──の二重性　40
　　──発達　40
　　──評価　38
　　──不一致理論　47

——変容　41
——連続性　148
知られる——　40
知る——　40
相互協調的——観　42
相互独立的——観　42
対話的——論　45
文化的——観　42
飽和した——　44
理想——　41, 46
自傷　206
——行為　118
自尊感情　24
7・5・3現象　163
失恋　118
シティズンシップ教育　191
視点取得　20
——能力　22
社会参加　180
——活動　182
社会生態学的アプローチ　115
社会性と情動の学習　31
社会的スキル　30
社会的認知的領域理論　78
社会的比較　26
若年無業者　170
就職活動不安　168
就職氷河期　63
終身雇用　166
修正感情体験　92
自由の獲得　201
主権者教育　190
状況に応じた切替　99
情緒的サポート　131
将来の見通し　150
職業発達段階　164
職場体験　172
自律　74
神経症傾向　66
新卒一括採用　166
身体イメージ　49
身体活動　6

親密性　113
信頼感　140
信頼関係　87
心理的分離　87
心理的離乳　77, 98
進路未決定　170
スクールカースト　101
スクールカウンセラー　135, 209
スチューデント・アパシー　206
ストレスコーピング　168
性感染症　11
性教育　12
政治に関する活動　186
精神的自立　86
生徒指導　134
青年期危機説　82
青年期の遷延化　62
青年時間的態度尺度　156
性別受容性　14
摂食障害　48
早期完了　58
早期離職　163
相互協調性　115
相互性　77
相互独立性　115
早熟　9
草食系　114
——男子　116
痩身願望　48
想像上の観衆　20
Social and Emotional Learning　31, 191
ソーシャルサポート　169
ソーシャル・リレーション　128
組織社会化　165
存在様式　198

た
第1発育急進期　2
第2の個体化　82
第2発育急進期　2

大学生の地域社会への責任感尺度　192
代理補償　28
他者の影響　153
達成　58
脱中心化　20
チーム学校　135
チャム　92
chum-group　98
——の肥大化　98
超自我　94
DSM-5　48
DV　120
デート——　120
適応指導教室　140
適合観点　168
転職　167
展望地図法　155
to give（与えること）　199
to have（もつこと）　198
to be（あること）　198
道具的サポート　131
統合　57
登校刺激　138
統合失調症　206
同調圧力　100

な
悩み　27
2次性徴　3
20答法　38
認知行動療法　85
年齢規範　117
ノード　ii

は
パーソナル・リレーション　128
発達加速現象　8
発達障害　208
反社会的行動　188
晩熟　9
peer-group　98
ピア・プレッシャー　→　同

調圧力
PMS　10
ひきこもり　84
PISA　132
非社会的行動　207
憑執状態　112
貧困　81
ファシリテーター　103
不安　27
VLF　30
2つのライフ　165
不登校　138
プロアクティブ行動　169
文化心理学的アプローチ　115
包括的性教育　7
傍観者　189
ポジショニング　45

補償　28
ボランティア　180
　――活動　184
　――動機　182
ま
MAMAサイクル　58
ミーイズム　204
未婚化　117
無気力　206
メタ認知　20
メンタルタイムトラベル　149
モラトリアム　58

や
役割期待　129
やりたいこと志向　174

ら
ライフヒストリーグラフ　155
力動論　92
リスク　12
　――回避型モラトリアム　204
　――行動　189
リストカット　207
類似性　95
劣等感　28
恋愛様相モデル　122
ロールモデル　130

わ
ワーク・ライフ・バランス　205

人名索引

A
安達智子　174, 175
Addis, D. R.　149
Adler, A.　28
阿江竜介　207
赤澤淳子　120, 121
秋葉英則　204
Allen, J. P.　75
Andretta, J. R.　156
新井邦二郎　126
有村久春　134
Arnett, J. J.　62, 75
Arnord, L. E.　80
浅野智彦　186
Asquith, P.　83
Assadi, S.　79

B
Bühler, C.　75

Becker, M.　148
Black, B.　183
Blos, P.　75, 82, 86, 92, 94, 95
Boniwell, I.　151
Bosma, H.　59, 60
Boyd, J.　154, 156
Brooks-Gunn, J.　81
Buchanan, C. M.　80
Bukowski, W. M.　94
Busseri, M. A.　148

C
Campbell, K.　49
Carney, A. K.　144
Cartmel, F.　62
Chapman, A. H.　93
Chapman, C. M. S.　93
Chishima, Y.　156, 157

千島雄太　41, 99
Clary, E. G.　183
Coleman, J. C.　6, 82, 92, 93
Cooper, C. R.　75
Cottle, T. J.　150
Crocetti, E.　60, 61, 66
Cumsille, P.　79

D
Daddis, C.　79
Damon, W.　92
Darling, N.　79
Del Mauro, J.　126
van Doeselaar, L.　61
den Dulk, K. R.　186
Duncan, G. J.　81
Dunphy, D. C.　94

E
Eischas, K.　67
Elias, M. J.　191
Elkind, D.　20
遠藤由美　24
榎本淳子　98, 104
Erikson, E. H.　56, 57, 60, 64, 65, 75, 112, 113, 128, 145

F
Field, T.　118
Foshee, V. A.　121
Frazier, P.　118
Fromm, E.　198
藤井勝紀　6
Furlong, A.　62
古市憲寿　187

G
Gaesser, B.　149
Gaines, C.　78
Gately, D.　80
Geboers, E.　191
van Goethem, A. A.　186
Granic, I.　77
Grotevant, H. D.　75
郡司菜津美　13

H
Hahn, L.　10
濱田里羽　102, 103
浜田寿美男　198
繁多進　74
原田朱美　187
原田恵理子　31
原田新　66
橋本将志　191
Haski-Leventhal, D.　186
Hatano, K.　61, 66, 67
畑野快　58, 66
葉山大地　32
Hendry, L. B.　6, 82
Hermans, H. J. M.　45

日潟淳子　152
Higgins, E. T.　47, 50
Hill, J. P.　186
日野林俊彦　8, 9
平石賢二　22, 77, 82, 83
平木典子　30
平田俊明　14
廣瀬眞理子　84, 85
Hoffman, J. A.　75
Hollingworth, L. S.　75, 77
本田惠子　30
保坂亨　3, 98
星かおり　169

I
伊田広行　121
井出智博　153
石田英子　14
石川茜恵　152
石隈利紀　126
伊藤美奈子　138
伊藤裕子　14, 48, 49, 210
岩宮恵子　101

J
James, W.　40

K
梶田叡一　198
角田豊　192
鎌原雅彦　206
鎌田次郎　210
亀田研　210, 211
亀谷秀樹　206
神村栄一　48
上長然　5, 9
神谷美惠子　199
唐木清志　191
苅谷剛彦　174
笠原嘉　206
柏木惠子　38
加藤弘通　24, 207
加藤司　119
Kazan, D.　119

Kelly, J. B.　80
Kempen, H. J. G.　45
Kerckhoff, A. C.　166
Kiernan, K.　80
菊池章夫　192
Kim, J.　186
岸田元美　129, 130
北村陽英　21
Kitayama, S.　42
北山忍　42, 43
Kito, M.　115
Klein, S. B.　149
Klimstra, T.　61
小堀善友　10
小出寧　14, 15
小泉令三　31
小嶋秀夫　74
國分康孝　128, 129
近藤勉　191, 210
小杉礼子　166
河野荘雅　189
高坂康雅　28, 29, 46, 67, 104, 110, 111, 122, 123, 204
Kovacs, P. J.　183
Kroger, J.　58
Kuhn, M. H.　38
熊谷由理　180
栗林克匡　118
楠見孝　20
久世敏雄　18, 82

L
Lachman, M. E.　148, 149
Langwick, S. A.　121
Larson, G.　119
Laureiro-Martinez, D.　144, 147
LeCroy, C. W.　75
Lerner, R. M.　74
Lewin, K.　144, 146
Lewis, M.　39
Liem, G. A. D.　191
Luyckx, K.　60, 61, 66, 68

M

Mainar, I. G.　186
Maltsberger, J. T.　207
萬代優子　118
Marcia, J. E.　44, 58, 59, 61, 68
Markstrom-Adams, C.　67
Markus, H. R.　42
Marshall, W. A.　4
丸野佳乃子　99
Marzana, D.　186
増田貴彦　43, 115
的場みぎわ　102, 103
松田侑子　168
松井　豊　82, 92, 93, 95, 97, 118
松本正生　187
松本俊彦　207
松岡弥玲　24, 46
McCabe, M. P.　6
McKay, M. T.　156
McPartland, T. S.　38
Meeus, W.　59, 60, 61
Mello, Z. R.　144, 145, 152, 156
皆川邦直　92, 95
宮下一博　164
宮前淳子　121
宮澤洋子　11
三好昭子　65
溝上慎一　18, 26, 40, 41, 44, 45, 56, 57, 165, 166
Mizokami, S.　60
水間玲子　25
水本深喜　77, 86, 87
水山光春　191
Monroe, S. M.　118
Morgül, K.　186
Morgan, G. B.　156
森岡正博　116
森本文子　171
森田愛子　168
森田洋司　189
諸富祥彦　172

Morris, C.　198
村上達也　32, 33, 99
村尾勝利　191

N

永房典之　39
永井　智　126
永田利彦　49
中井大介　131, 140, 141
中井義勝　48, 49
中間玲子　68, 69
中西信男　64
中谷素之　38
中澤篤史　6
成田健一　192
根本橘夫　29
西平直喜　65
野口康彦　80
野中俊介　85

O

落合良行　21, 22, 76, 98, 104, 199
Oishi, S.　115
大石郁美　153
岡田昌毅　169
Okada, R.　104
岡田　涼　104, 105, 207
岡田　努　95, 98, 104
岡本祐子　153
岡村達也　98
奥田雄一郎　150, 151
O'Leary, K. D.　121
Oliver, J. A.　118
大野　久　36, 112, 113, 210
小塩真司　24, 122, 123
大谷宋啓　99

P

Pargament, K. I.　119
Park, L.　119
Patrick, J. H.　144
Paun, A. M.　118
Peebles, R.　49

Piaget, J.　20
Price, M.　118

Q

Quintelier, E.　186

R

Röcke, C.　148
Ricciardelli, L. A.　6
李　敏子　209
Robins, R. W.　24
Rogers, C. R.　46, 50
Ross, M.　149
Rye, M. S.　119
Ryan, R. M.　104

S

齋藤万比古　84, 93
齋藤誠一　152
斎藤　環　83
境　泉洋　85
坂本健二　92
坂野雄二　48
坂田桐子　119
桜井政成　181, 183
Santrock, J. W.　74, 82
佐藤慎司　180
佐藤有耕　76, 98, 104
Savickas　151, 153
澤田　昭　8
Schacter, D. L.　149
Schwartz, S. H.　202
Schwartz, S. J.　57, 66
Schwebel, A. I.　80
関　篤志　190
Seligman, M. E. P.　206
Selman, R. L.　22, 23, 30
清水將之　2
Shimizu, N.　67
下島裕美　156
下村英雄　95, 151
下坂　剛　206
下斗米　淳　93, 95
下山晴彦　174

白井利明　　50, 82, 145, 147,
　　150, 154, 155, 156, 168,
　　200
庄司一子　　141
Silverberg, S.　　86
Silverman, L. R.　　93
Sircova, A.　　148
Slep, A. M. S.　　121
Smetana, J. G.　　75, 78, 79,
　　83
園田直子　　155
返田健　　28
Spranger, E.　　198, 204
Steinberg, L.　　78, 86, 146
Stephan, J.　　58, 59
Strough, J.　　147
Stumph, S. A.　　174
須藤春佳　　98, 100
末廣啓子　　163
杉本英晴　　50, 51, 170
Sugimura, K.　　60, 66, 67
杉村和美　　56
Sullivan, H. S.　　92, 93
Super, D. C.　　174
鈴木公啓　　49
鈴木賢志　　148
鈴木幹子　　48, 49
鈴木翔　　101
鈴木裕也　　49
Sword, R. M.　　154
Szpunar, K. K.　　149

T

高木洲一郎　　49
高橋彩　　79
高橋南海子　　169
高井範子　　205

高石恭子　　44
高田利武　　26
武寛子　　191
竹内一真　　169, 173
田中道弘　　42
田中千晶　　6, 7
谷冬彦　　68
谷田勇人　　192, 193
Tanner, J. M.　　4
田代美代子　　7
Tashiro, T. Y.　　118
辰巳哲夫　　172
田澤実　　153, 169
Temple, E.　　156
寺島瞳　　121
Tesch, S. A.　　95
戸田まり　　75
徳田仁子　　209
Torrente, C.　　191
外山美樹　　26
Tremblay, M. S.　　6, 7
津止正敏　　181
辻平治郎　　39
津留宏　　204
都筑学　　144, 145, 152
Tulving, E.　　149
Turiel, E.　　78, 83

U

上野行良　　98
梅崎修　　153, 169
内海緒香　　79, 83

V

Vygotsky, L. S.　　22

W

若松養亮　　168, 170
若尾良徳　　117
Wallerstein, J. S.　　80
渡部麻美　　84
渡邉賢二　　77
渡辺弥生　　30, 31
Way, N.　　93
White, K. M.　　77
Williams, D. J.　　126
Wilson, A. E.　　149
Worrell, F. C.　　144, 156

Y

山田順子　　114, 115
山田一隆　　181
山田智之　　172
山田剛史　　155
山田洋平　　31
山岸明子　　93
山岸俊男　　115
山口のり子　　120
山口正二　　131
山根律子　　77, 87
山野晃　　199
山下倫実　　119
山﨑聖子　　202
梁井迪子　　27
安田江美　　165
余田翔平　　81
横田直喜　　208

Z

Zimbardo, P. G.　　151, 154,
　　156
Zittoun, T.　　41

【執筆者一覧】（五十音順，*は編者）

浅野良輔（あさの　りょうすけ）
久留米大学文学部講師
担当：G-3

天野陽一（あまの　よういち）
首都大学東京都市教養学部助教
担当：G-4

池田幸恭（いけだ　ゆきたか）
和洋女子大学心理学類准教授
担当：A-3，A-4，E-1，E-2

石川茜恵（いしかわ　あかね）
立正大学社会福祉学部助教
担当：B-3，B-4，I-4，I-5

石本雄真（いしもと　ゆうま）
鳥取大学教員養成センター講師
担当：K-3，K-4，K-6，K-7

伊藤美奈子（いとう　みなこ）
奈良女子大学研究院生活環境科学系教授
担当：H-6

岡田　努（おかだ　つとむ）
金沢大学人間社会研究域教授
担当：F-1，F-2

木戸彩恵（きど　あやえ）
関西大学文学部准教授
担当：C-2，C-3，C-4，C-6

郡司菜津美（ぐんじ　なつみ）
国士舘大学文学部講師
担当：A-5，A-6

髙坂康雅（こうさか　やすまさ）*
和光大学現代人間学部准教授
担当：A-1，A-2，A-7，B-1，B-2，B-5，B-7，C-1，
　　　C-5，C-7，D-5，D-7，F-3，F-7，G-1，G-2，
　　　G-7，H-5，J-7，K-5，L-1，L-2，L-3，L-4，L-5

信太寿理（しだ　じゅり）
愛知淑徳大学非常勤講師
担当：E-4，E-5

須藤春佳（すどう　はるか）
神戸女学院大学人間科学部心理・行動科学
　　科・大学院人間科学研究科准教授
担当：F-5，F-6

高橋　彩（たかはし　あや）
愛知学院大学政策科学研究所研究員
担当：E-3，E-6

千島雄太（ちしま　ゆうた）
筑波大学人間系心理学域特任助教
担当：I-1，I-2，I-3，I-6，I-7

寺島　瞳（てらしま　ひとみ）
和洋女子大学心理学類准教授
担当：G-5，G-6

中井大介（なかい　だいすけ）
愛知教育大学教育学部准教授
担当：H-1，H-2，H-3，H-4，H-7

畑野　快（はたの　かい）
大阪府立大学高等教育開発センター准教授
担当：D-1，D-2，D-3，D-4，D-6

原田　新（はらだ　しん）
岡山大学全学教育・学生支援機構准教授
担当：J-1，J-2，J-3，K-1，K-2

増淵裕子（ますぶち　ゆうこ）
昭和女子大学生活心理研究所助教
担当：L-6，L-7

水本深喜（みずもと　みき）
国立成育医療研究センターこころの診療部心
　　理療法士
担当：E-7

山崎　茜（やまざき　あかね）
広島大学大学院教育学研究科附属教育実践総
　　合センター客員准教授
担当：B-6，F-4

渡辺伸子（わたなべ　のぶこ）
東北公益文科大学公益学部講師
担当：J-4，J-5，J-6

【編者紹介】
髙坂 康雅（こうさか やすまさ）
和光大学現代人間学部　准教授
博士（心理学）・学校心理士
専門は青年心理学。著作に、『恋愛心理学特論―恋愛する青年／しない青年の読み解き方―』（単著：福村出版）、『レクチャー青年心理学　学んでほしい・教えてほしい青年心理学の15のテーマ』（編著：風間書房）、『思春期における不登校支援の理論と実践―適応支援室『いぐお～る』の挑戦―』（編著：ナカニシヤ出版）、『劣等感の青年心理学的研究』（単著：風間書房）など多数。

ノードとしての青年期
2018年3月31日　初版第1刷発行　（定価はカヴァーに表示してあります）

編　者　髙坂康雅
発行者　中西　良
発行所　株式会社ナカニシヤ出版
〒606-8161　京都市左京区一乗寺木ノ本町15番地
　　　　　Telephone　075-723-0111
　　　　　Facsimile　075-723-0095
　Website　http://www.nakanishiya.co.jp/
　E-mail　iihon-ippai@nakanishiya.co.jp
　　　　　郵便振替　01030-0-13128

装幀＝白沢　正／印刷・製本＝ファインワークス
Copyright © 2018 by Y. Kosaka
Printed in Japan.
ISBN978-4-7795-1274-2

◎LINE、mixi、Facebook、Twitter、Instagramなど、本文中に記載されている社名、商品名は、各社が商標または登録商標として使用している場合があります。なお、本文中では、基本的にTMおよびRマークは省略しました。
◎本書のコピー、スキャン、デジタル化等の無断複製は著作権法上での例外を除き禁じられています。本書を代行業者等の第三者に依頼してスキャンやデジタル化することはたとえ個人や家庭内の利用であっても著作権法上認められておりません。